AF479258

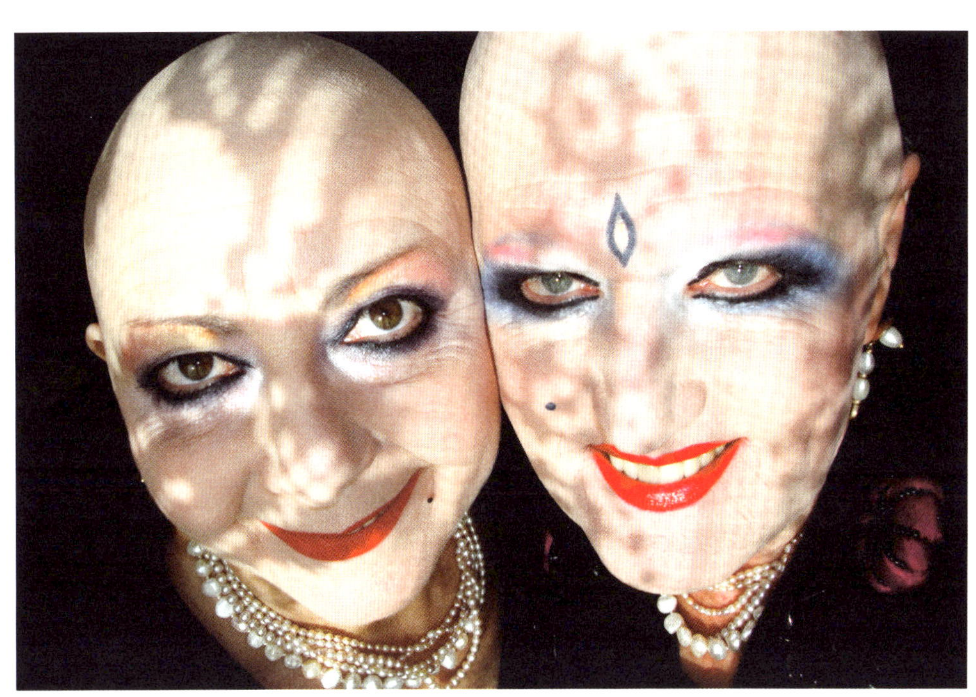

DISTANZ

OBSIDIAN

EVA & ADELE

MARTa Herford

INHALT / *CONTENT*

TEXTE / *TEXTS*

WERKE / *WORKS* 13

OBSIDIAN

EVA & ADELE kommen aus der Zukunft. Seit 1991 erscheinen sie stets gemeinsam, stets gleich gekleidet, stets mit einem Lächeln auf den Lippen in der internationalen Kunstwelt rund um den Globus und verwandeln die Orte ihres Auftretens: „Wo immer wir sind ist Museum". Was auf den ersten Blick wie eine unterhaltsame Verkleidungs-Performance erscheint ist lebenslange Verpflichtung und Hingabe an eine ebenso radikal wie differenziert ausgearbeitete künstlerische Existenz. Denn es gibt kein Leben von EVA & ADELE außerhalb von EVA & ADELE.

EVA & ADELE haben eine Vergangenheit. Ebenso wie die Schaffung einer neuen Zwillingsidentität von der Utopie eines Lebens jenseits der Geschlechtergrenzen kündet, so markiert die vereinigende Auflösung zweier individueller Künstlerbiographien den Übergang von Alltag in Vision. Anders aber als Utopien mit ihrer aus der Unerreichbarkeit schöpfenden Fernzielästhetik erwächst die Vision im Hier und Jetzt aus einem Schattenreich der Unzulänglichkeit. Sie bleibt dem Leben verhaftet, behauptet einen Realitätsbezug und zieht ihre Energie aus Vergangenem.

EVA & ADELE sind in jedem Moment Gegenwart. In der Überblendung von Kunst und Leben materialisieren sie mit ihrem öffentlichen Auftreten die Realität einer anderen Existenz. Sie erfinden sich täglich neu, suchen nach anderen Formen von Identität – Mann und Frau zugleich, zugespitzt in Kleidung und Farben, schillernd zwischen Glücksversprechen und Verunsicherung. Indem beide Partner in einem bestimmten Moment des Lebens unwiderruflich beschlossen, die rastlose individuelle Suche nach einer gültigen künstlerischen Identität aufzugeben zugunsten einer verbindlichen Gemeinschaftsexistenz, leben sie die Vision einer neuen Rollendefinition und damit eines Zur-Ruhe-Kommens im Spiegel des Anderen.

„Wherever we are is museum": Das Museum ist der Ort, an dem Zukunft, Gegenwart und Vergangenheit zusammentreffen. Hier leuchtet das utopische Lebensprojekt von EVA & ADELE als Kunstwerk, hier ist der Ort für die Begegnung mit ihrer realen physischen Existenz und hier manifestiert sich auch eine jeweils individuelle Geschichte, die mit all ihren Verwerfungen und Umschiffungen immer wieder in das Jetzt drängt. Erscheint ihr umfassendes mediales und malerisches Œuvre als die konsequente Verlängerung ihrer Lebens-Performance in eine materielle Kunstproduktion – und damit ebenfalls aus der Zukunft kommend –, so stehen die fast tagebuch-

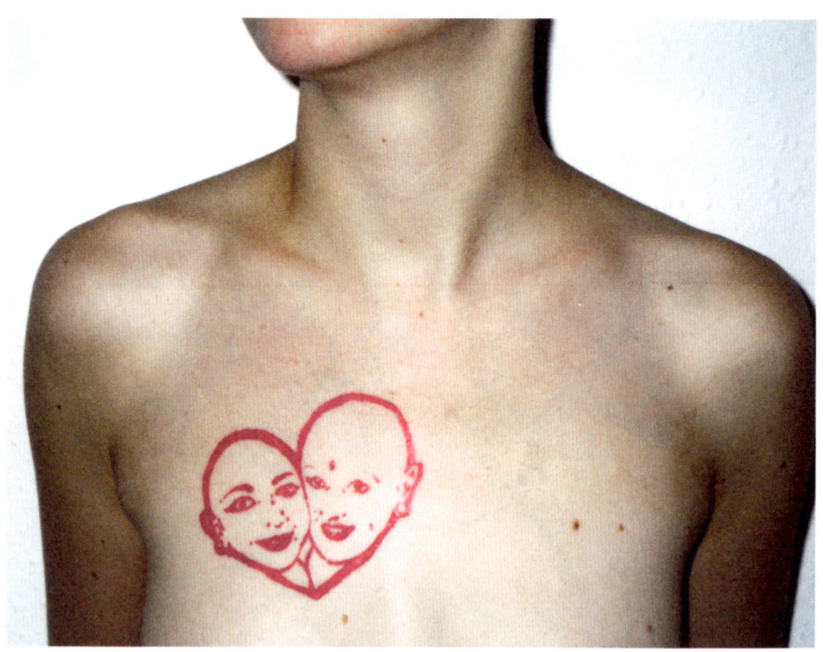

LOGO TATTOO, *Natalie Jergeschew, 2010*

artigen, grundsätzlich gemeinsam geschaffenen Zeichnungen eher mit den Fragen einer ihr Recht einfordernden Vergangenheit in Verbindung.

Und dennoch: „TSG I" war ein Schock. Zeichnungen von kaum zu fixierenden Doppelwesen mit ineinander geblendeten Augen, Doppelmündern, mit Hörnern und Deformationen, hart mit dem Bleistift gefasste Physiognomien von Puppengesichtern, denen nicht nur jeglicher menschliche Liebreiz fehlt, sondern die auch zeichnerisch alle Raffinesse, Grauwerte und Meisterschaft verleugneten. Sie sind reine Energie, Doppelströme, Suchbewegungen, Notizen eines korrodierenden Selbstbildes zwischen Abziehbild und Identitätssuche, verstörend, verunsichernd, beklemmend – und vor allem überhaupt nicht das, wofür EVA & ADELE standen. Zugleich aber wies der Titel den Weg: „Transsexuellengesetz", in Deutschland deutlich weiter gefasst als in vielen anderen europäischen Ländern und für EVA & ADELE ein Weg, jenseits von hormonellen und operativen Behandlungen eine weibliche Zwillingswesenheit zu etablieren, die auch juristisch

anerkannt ist. Der Preis aber ist eine doppelte psychologische Begutachtung, eine schonungslose Kindheitsanamnese, die bis zu den ureigenen Wurzeln der Persönlichkeit dringt. Diese Schatten und Gespenster, Fallhöhen und Abgründe umkreisen und fassen die Zeichnungen ab 2009, holen sie mühsam ans Tageslicht und bringen sie dort schließlich zum Leuchten. Eng gebunden an Geborgenheit stiftende Orte wie die Ile de Ré oder das Zuhause in Berlin zeichnen auch die Titel diesen Weg nach: Von den „Kaktusblüten" über „Nebenglanz" bis zu „Spiegelgespiegelt" arbeiten sich diese Chimären ans Licht, zu den harten Bleistiftstrichen treten glänzend rote Lacklederfragmente (objets trouvés aus der Kostümproduktion) und schillernde Staniolpapiere. In der jüngsten Serie „Obsidian" schließlich, die der Ausstellung auch den Titel gibt, scheinen die Bleistiftwelten gefestigt, Symmetrien und Spiegelungen erzeugen erste Ausgewogenheit, die Elemente organisieren sich wieder mehr um ein Zentrum, Flügel, Gründungen, Ballungen erzeugen eine Ruhe, die zwischen Leichtigkeit und Erdung dem Abgrund plötzlich eine stärkende Tiefe verleihen. Vor diesem

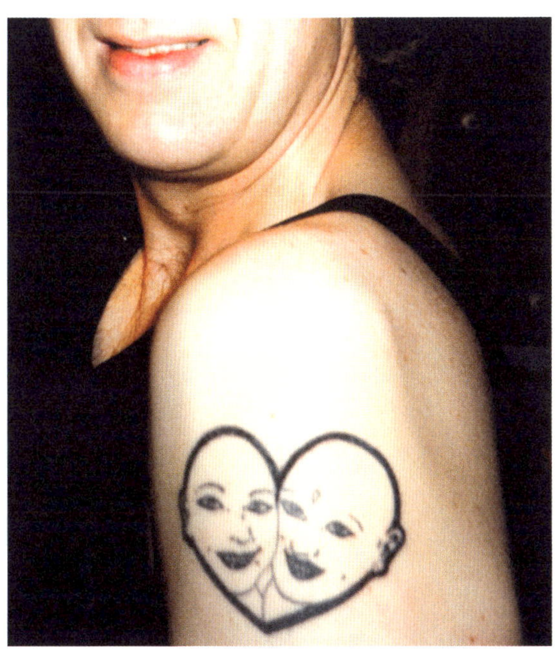

LOGO TATTOO, *Alois Johann Leo Haas, 1995*

Hintergrund erscheinen auch die neun Lackkostüme in einem neuen Licht zwischen Korsett und Befreiung, zwischen modischer Extravaganz und verführerischer S/M-Ästhetik – eine zweite Haut, die sowohl Schutz und Halt bot als auch an einem bestimmten Punkt abzustreifen war. So führt diese erste umfassende Präsentation des zeichnerischen Werks zwischen 2009 und 2012 von EVA & ADELE ebenso unerwartet wie faszinierend in eine Zwischenwelt, die dem rosafarbenen Glanzlicht ihrer Auftritte graugetränkten Schatten hinzufügt, zwischen Leidenschaft und Kälte, zwischen einem glühenden Leben für die Kunst und den dunklen Winkeln einer niemals abgeschlossenen Identitätssuche. „Obsidian" ist ein Wendepunkt, ein magischer Moment für jeden Besucher, eine unbeantwortbare Frage an die Bedingungen unserer Existenz.

Ich bin EVA & ADELE zu tiefem Dank verpflichtet, dieses Wagnis mit mir und dem Museum Marta Herford eingegangen zu sein. Gemeinsam machten wir uns vor einem Jahr auf den Weg, aus der spontanen Faszination für einige

in ihrem Atelier entdeckte Zeichnungen eine komplexe und tiefgründige Ausstellung zu entwickeln, die vielleicht nicht gleich ein völlig neues Bild dieses Künstlerpaars entwirft, dessen Existenz aber um eine nicht unwesentliche Facette erweitert. Für die große Offenheit, für das Engagement und die mitreißende Begeisterung, mit der die beiden Künstlerinnen dieses Projekt vorangetrieben haben, sind wir außerordentlich dankbar und zollen ihnen zugleich großen Respekt. Auch den zahlreichen Sponsoren und Unterstützern, die sich allesamt von dem Projekt EVA & ADELE faszinieren und überzeugen ließen, spreche ich meinen herzlichen Dank für die Ermöglichung dieses engagierten Projekts aus. Ich bin davon überzeugt, dass es nicht nur in unserem Hause gleichermaßen ein Lächeln wie auch eine tiefe Berührtheit und Nachdenklichkeit hinterlassen wird. **Roland Nachtigäller**

OBSIDIAN

EVA & ADELE come from the future. Since 1991 they have always appeared together, always with a smile on their faces, always dressed alike in the international art world as they transform their surroundings: "Wherever we are is museum." What at first glance seems to be an entertaining dressing-up performance is in fact an expression of lifelong commitment and devotion to an artistic existence which is as radical as it is differentiated – EVA & ADELE have no life outside EVA & ADELE.

EVA & ADELE have a past. Just as the creation of a new twin identity proclaims the utopia of a life beyond gender boundaries, the unifying dissolution of two individual biographies marked the transition from everyday to a vision. But unlike utopias with their ethereal, remote aesthetics feeding on inaccessibility, the vision arises in the here and now from a shadowy realm of inadequacy. It remains steeped in life, claims to be rooted in reality, and obtains its energy from the past.

EVA & ADELE are present in every moment. In this blend of art and life, they conjure up with their public appearance the reality of another existence. They reinvent themselves daily, seek different forms of identity: man and woman simultaneously, intensified by their clothes and colours, iridescent

between promises of happiness and uncertainty. With both partners having irrevocably decided at a certain point in life to abandon their restless individual search for a valid artistic identity in favour of a binding shared existence, they live out the vision of a new role definition and hence a coming-to-rest in the mirror of each other.

"Wherever we are is museum." The museum is the place where future, present and past come together. This is where EVA & ADELE's utopian life project shines as a work of art, this is the scene of encounter with their actual physical existence, and this is where each individual history with all its faults and detours keeps pushing its way into the present. Whereas their comprehensive media and painterly oeuvre appears as the consistent extension of their life performance into a material art production – and hence also emanating from the future – the almost diary-like drawings also always executed jointly are closer to questions of a past clamouring to be heard.

Even so, 'TSG I' came as a shock: drawings of a double creature almost impossible to pin down with convoluted eyes, double mouths, with horns and deformations, physiognomies of dolls' faces starkly captured in pencil which not only lack all human grace but also reject all sophistication, greyscale and mastery.

They are pure energy, bipolar currents, searching movements, notes of a corrosive self-image between decal and the search for identity, disturbing, unsettling, depressing – and above all not at all what EVA & ADELE stood for. At the same time, however, the title pointed the way: 'Transsexuellengesetz' (Gender Recognition Act), which in Germany goes much further than in many other European countries and provided a way for EVA & ADELE to establish a legally recognized female twin entity without hormonal treatment or surgery. The price that had to be paid was a double psychological evaluation and a merciless childhood analysis laying bare the most personal roots. These shadows and ghosts, drop heights and precipices circle and surround the drawings from 2009; they painstakingly bring them to light and ultimately make them shine. Places providing a sense of security such as the Ile de Ré and at home in Berlin also trace this journey. From the 'Kaktusblüte' (Cactus blossom) and 'Nebelglanz' (Silver Haze) to 'Spiegelgespiegelt' (Mirrormirrored), these chimeras work their way to the light, while the harsh pencil lines are joined by shiny fragments of red patent leather (found objects from costume production) and shimmering tinfoil paper. Finally, in their latest series entitled 'Obsidian' (after which the entire exhibition is named), the pencil realms appear to have become established, symmetries and reflections produce initial balance, the elements are arranged more around a centre again, wings, foundations and clusters create a calm which, between lightness and earthing, suddenly gives the abyss a reinforcing depth.

Given this, the nine patent leather costumes also appear in a new light between corsetry and liberation, between stylish extravagance and seductive S&M aesthetics – a second skin that offered support and protection, and at a certain point was intended to be peeled off. This first extensive presentation of EVA & ADELE's drawings between 2009 and 2012 takes us on an unexpected yet fascinating journey into an intermediate world, which adds grey-drenched shade to the dazzling pink of their appearances, between passion and cold, between a life burning for art and the dark corners of a never-ending search for identity. 'Obsidian' is a turning point, a magical moment for every visitor, an unanswerable question about the conditions of our existence.

I am indebted to EVA & ADELE for embarking upon this precarious venture with me and the Marta Herford museum. Starting from the spontaneous fascination for a number of drawings discovered in their studio, we set off together a year ago to develop a complex, profound exhibition which, while not necessarily creating a completely new picture of this artistic couple, certainly adds a not insignificant facet to their existence. Our gratitude and our respect go out to them for the considerable openness, dedication and rousing enthusiasm with which both artists have driven this project. I would also like to express my heartfelt thanks to the many sponsors and supporters, all of whom found the EVA & ADELE project so fascinating and so convincing, for making this unswerving project possible. There is no doubt in my mind that it will leave visitors smiling yet moved and thoughtful all at once.

Roland Nachtigäller

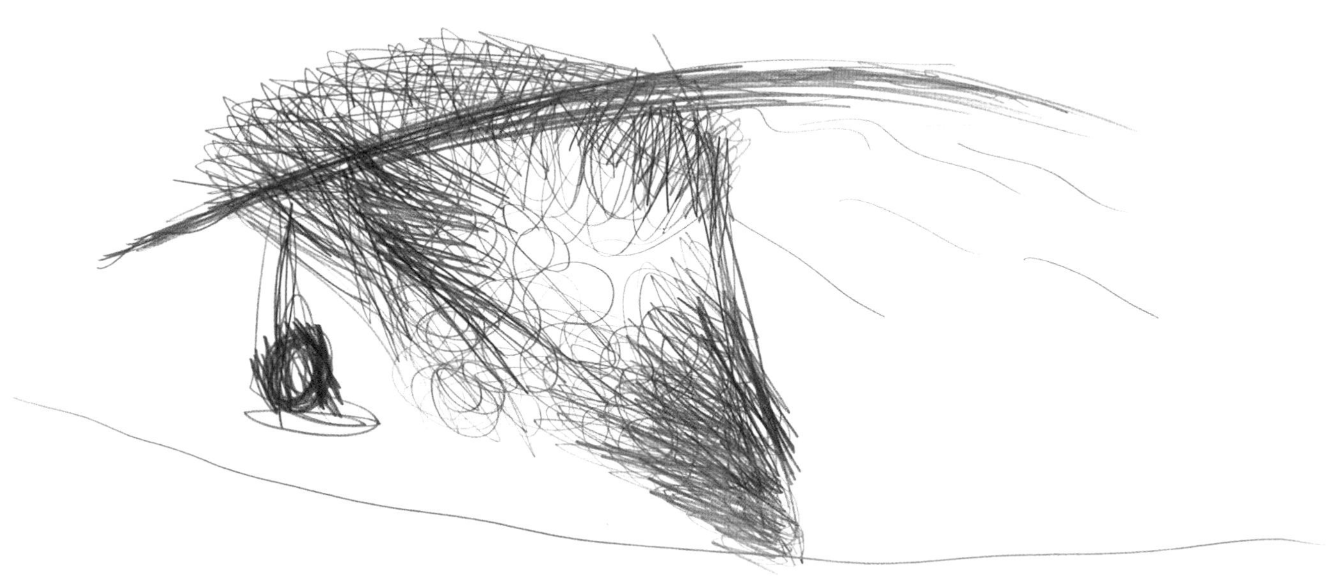

OBSIDIAN 2, *2012*
Graphit auf Zeichenpapier / Graphite on drawing paper
34 x 50 cm

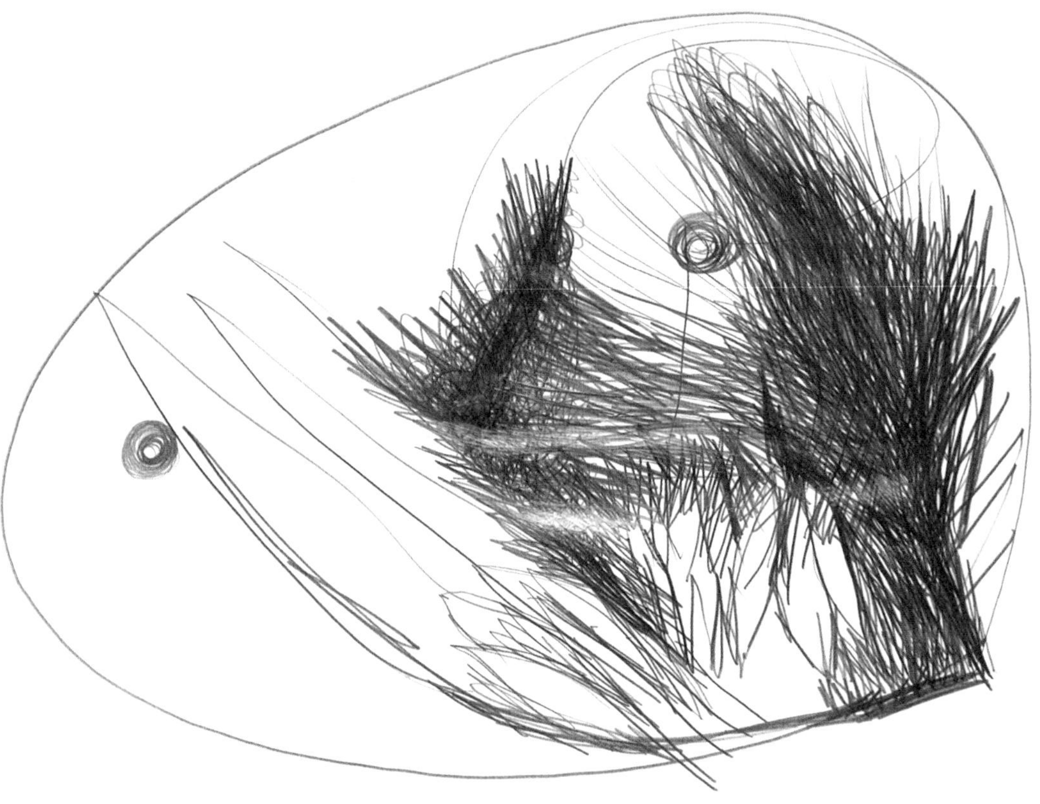

OBSIDIAN 3, *2012*
Graphit auf Zeichenpapier / Graphite on drawing paper
34 x 50 cm

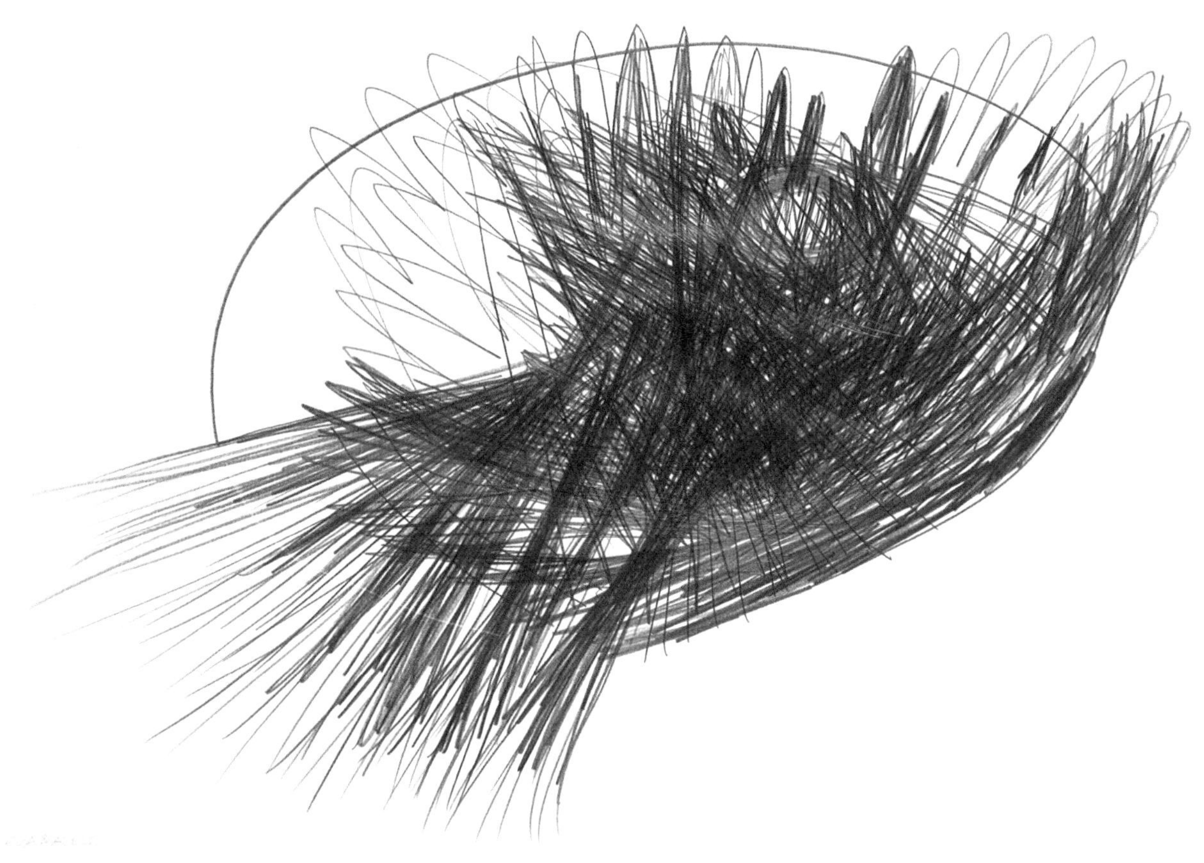

OBSIDIAN 4, *2012*
Graphit auf Zeichenpapier / Graphite on drawing paper
34 x 50 cm

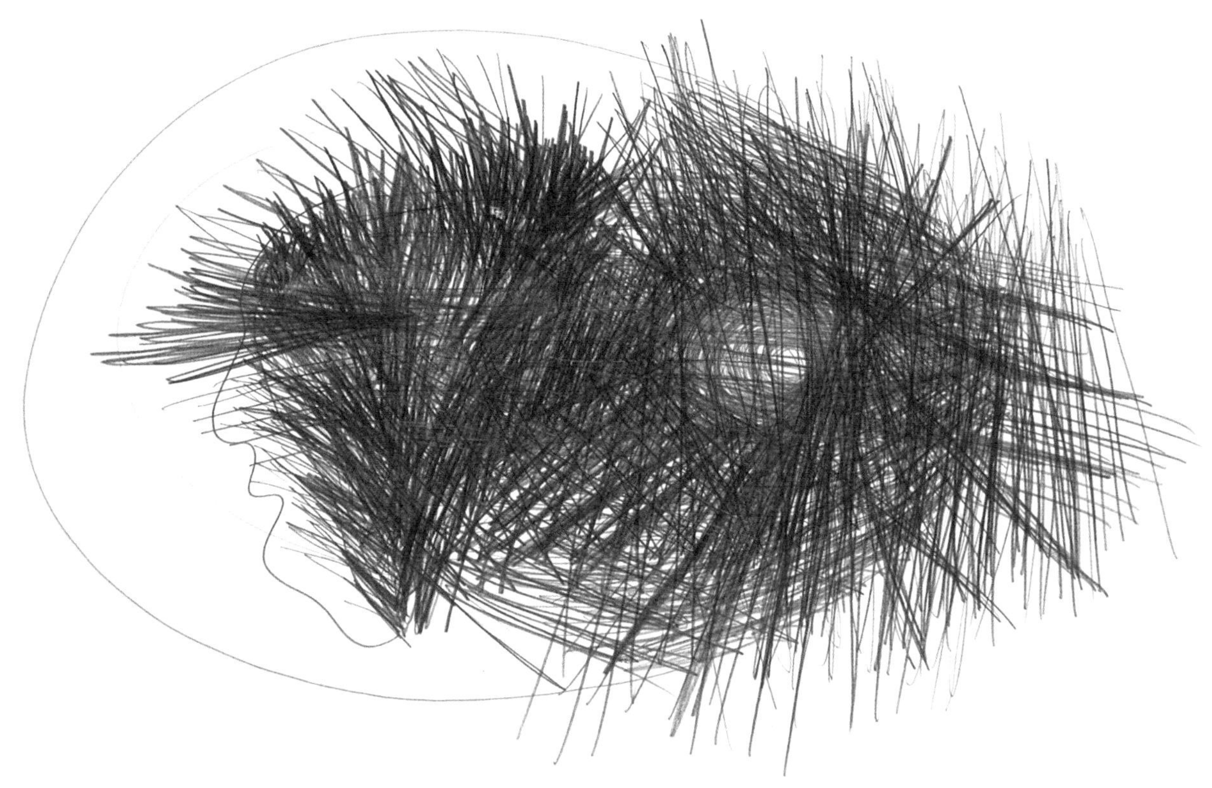

OBSIDIAN 5, 2012
Graphit auf Zeichenpapier / Graphite on drawing paper
34 x 50 cm

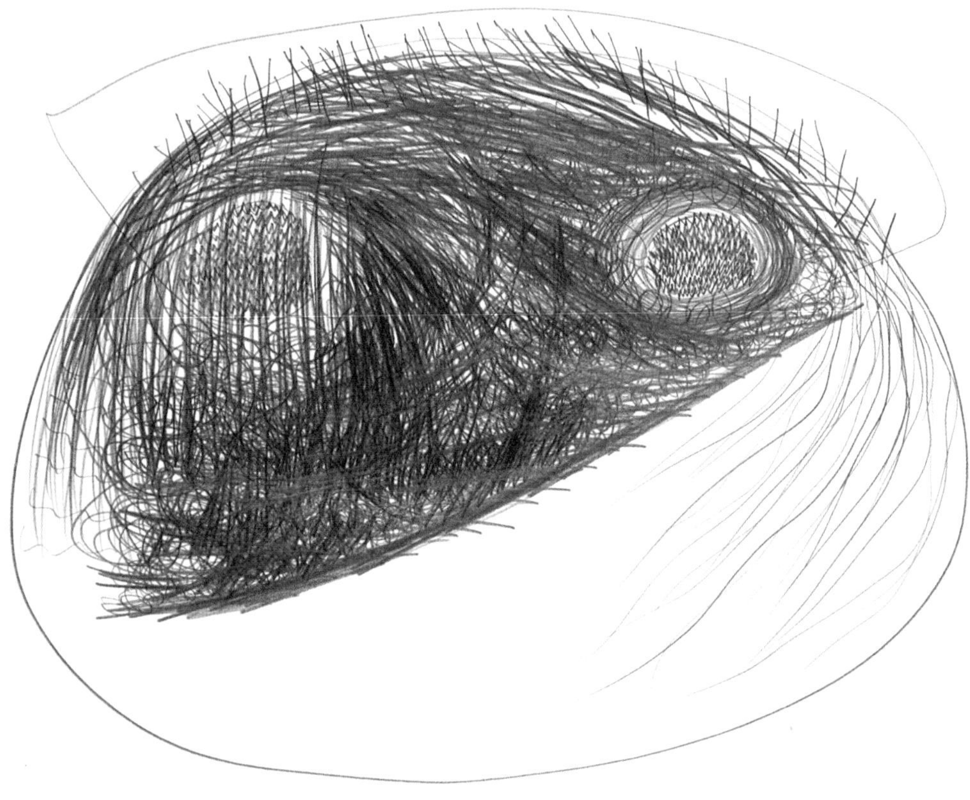

OBSIDIAN 10, *2012*

Graphit auf Zeichenpapier / Graphite on drawing paper

34 x 50 cm

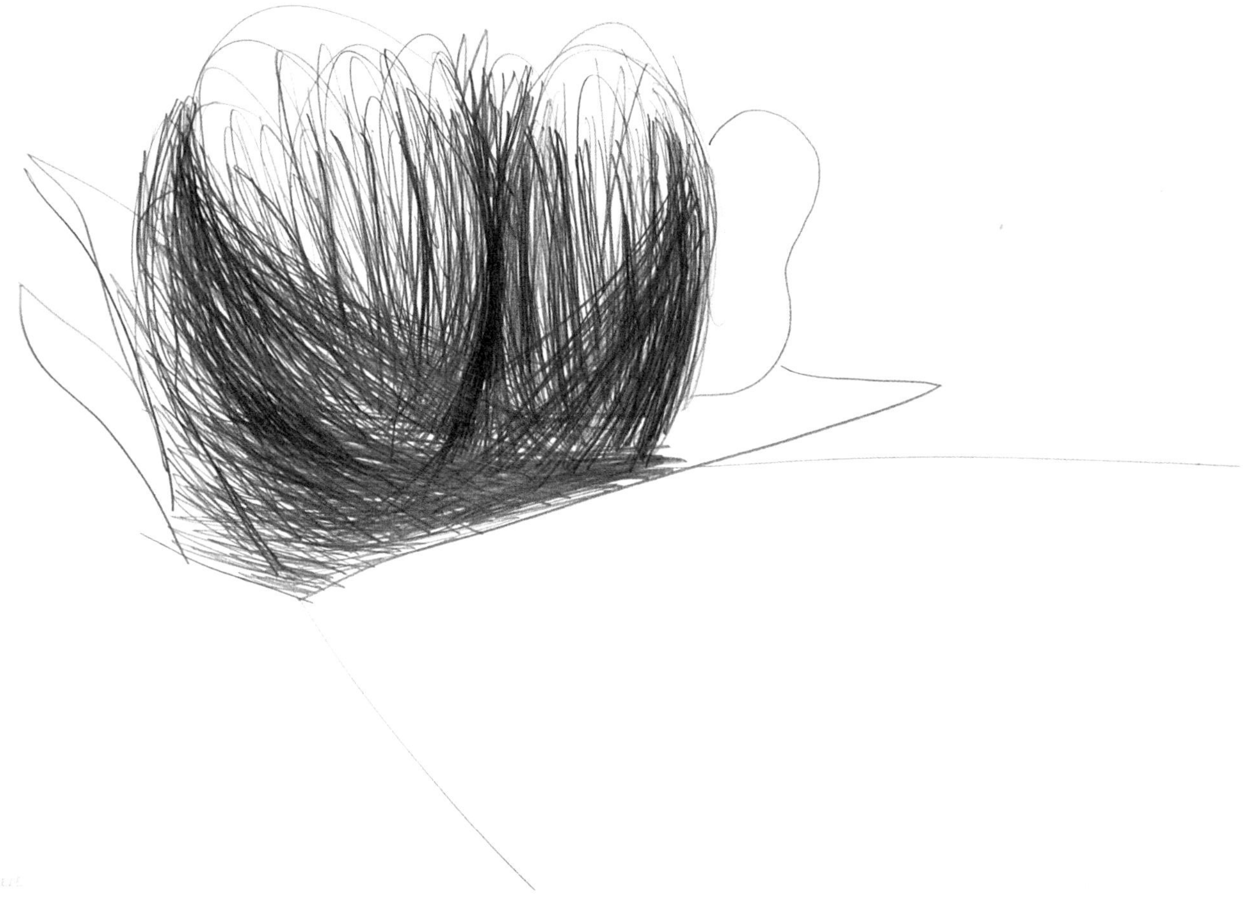

OBSIDIAN 11, *2012*
Graphit auf Zeichenpapier / Graphite on drawing paper
34 x 50 cm

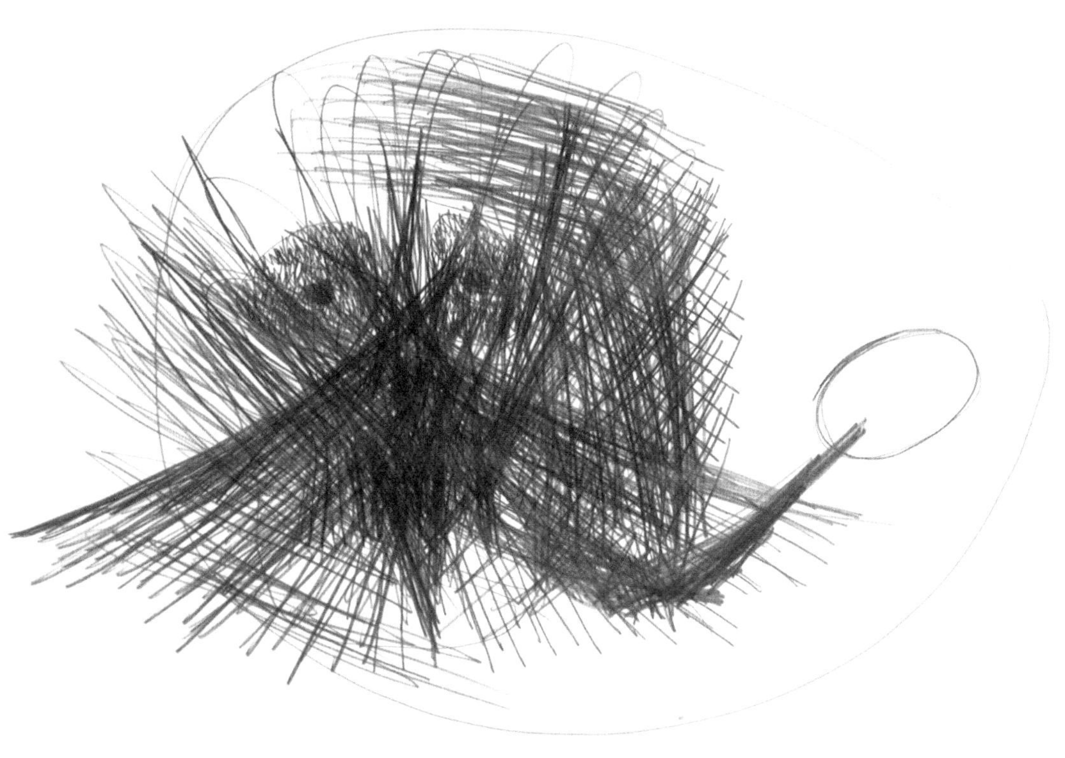

OBSIDIAN 8, *2012*
Graphit auf Zeichenpapier / Graphite on drawing paper
34 x 50 cm

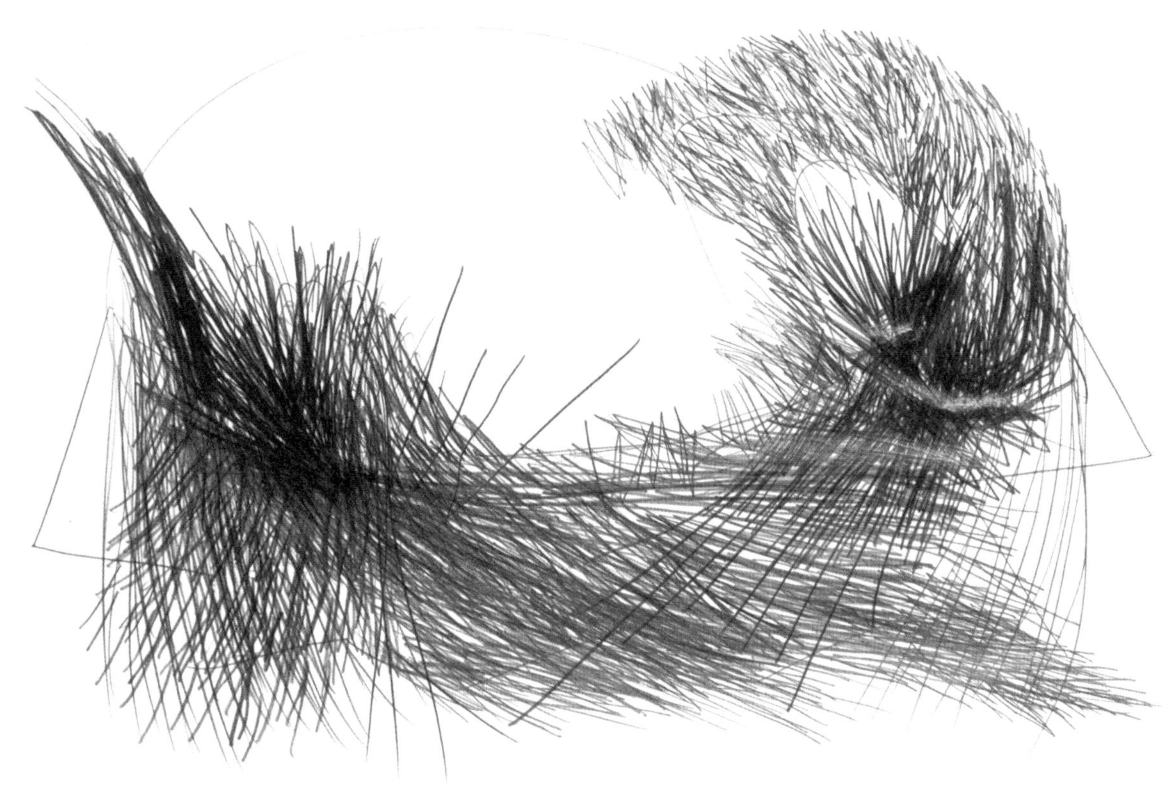

OBSIDIAN 9, *2012*
Graphit auf Zeichenpapier / Graphite on drawing paper
34 x 50 cm

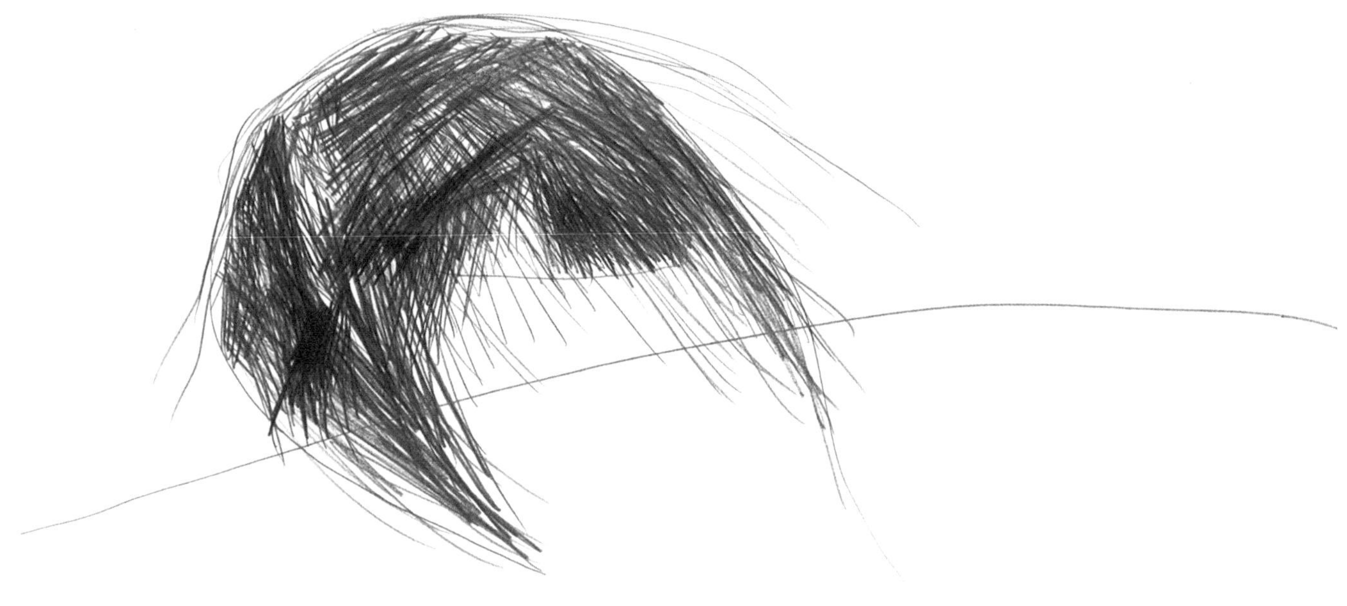

OBSIDIAN 12, *2012*
Graphit auf Zeichenpapier / Graphite on drawing paper
34 x 50 cm

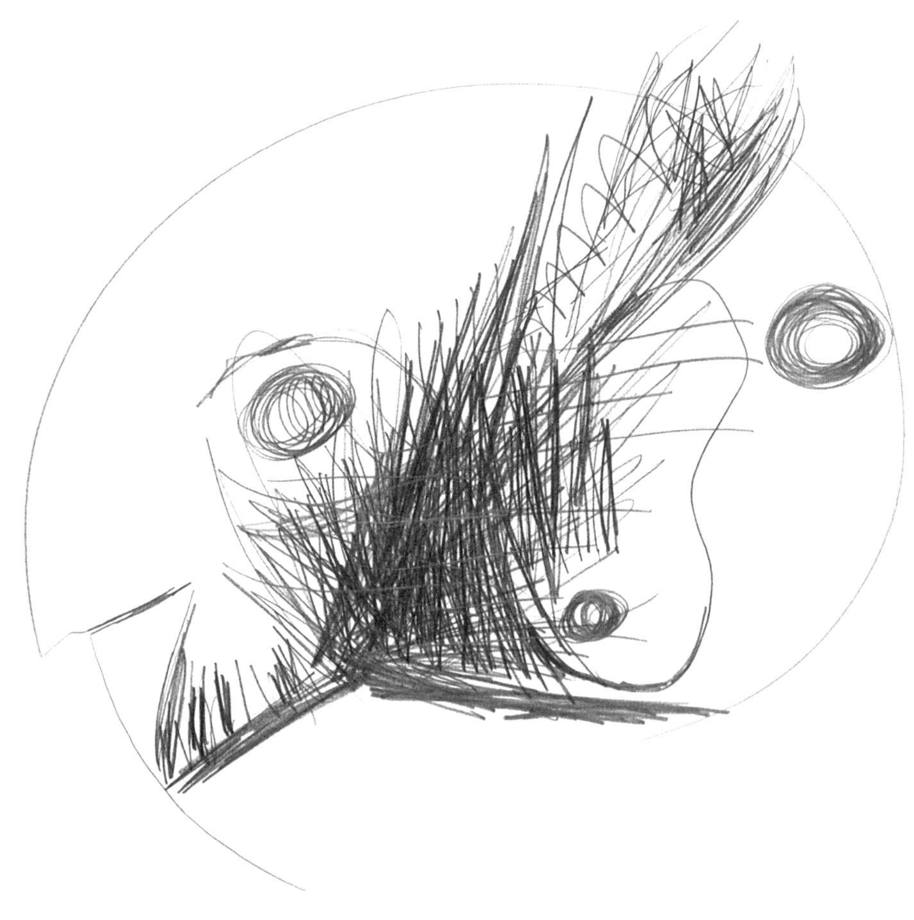

OBSIDIAN 13, *2012*
Graphit auf Zeichenpapier / Graphite on drawing paper
34 x 50 cm

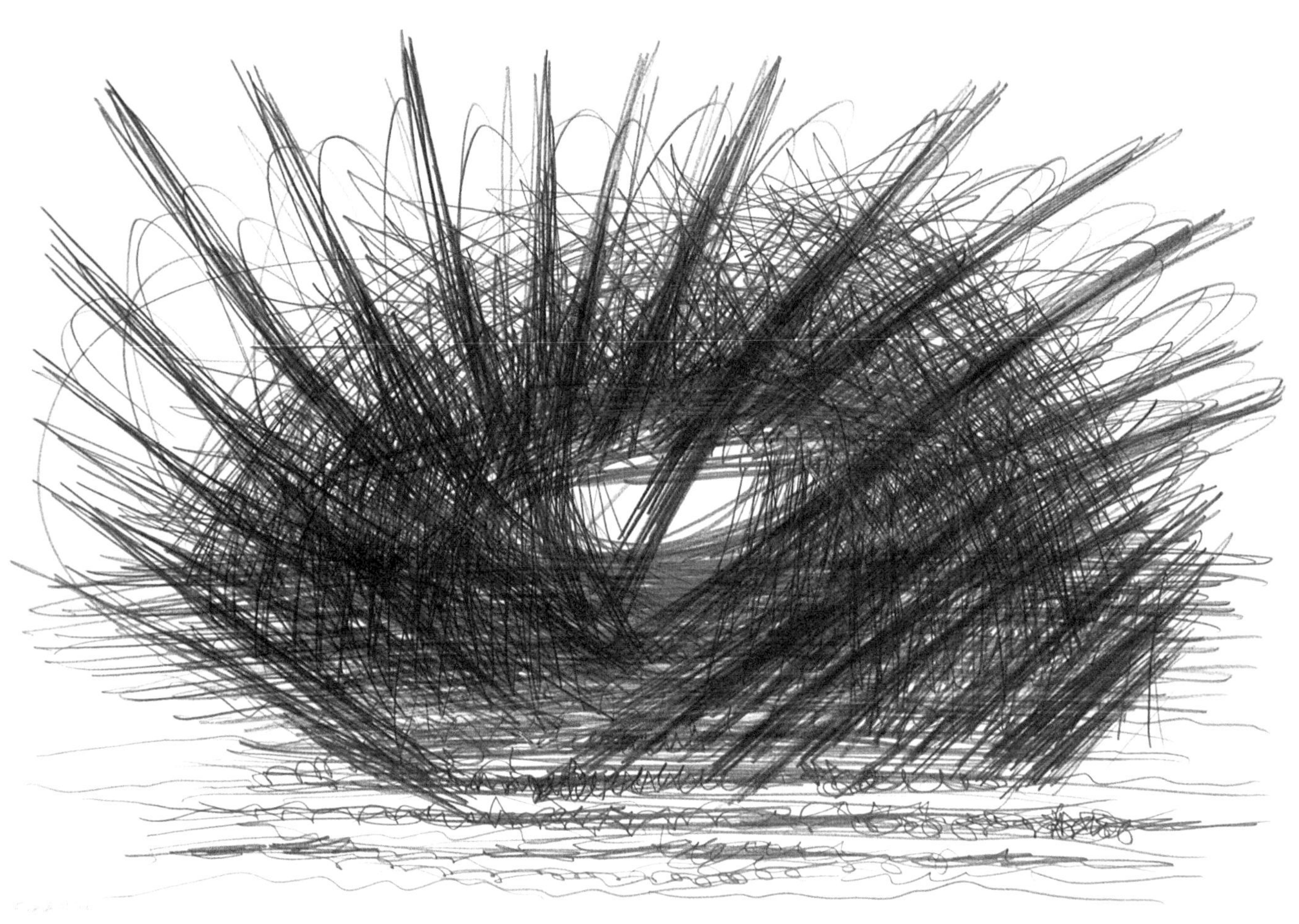

OBSIDIAN 14, *2012*

Graphit auf Zeichenpapier / Graphite on drawing paper

34 x 50 cm

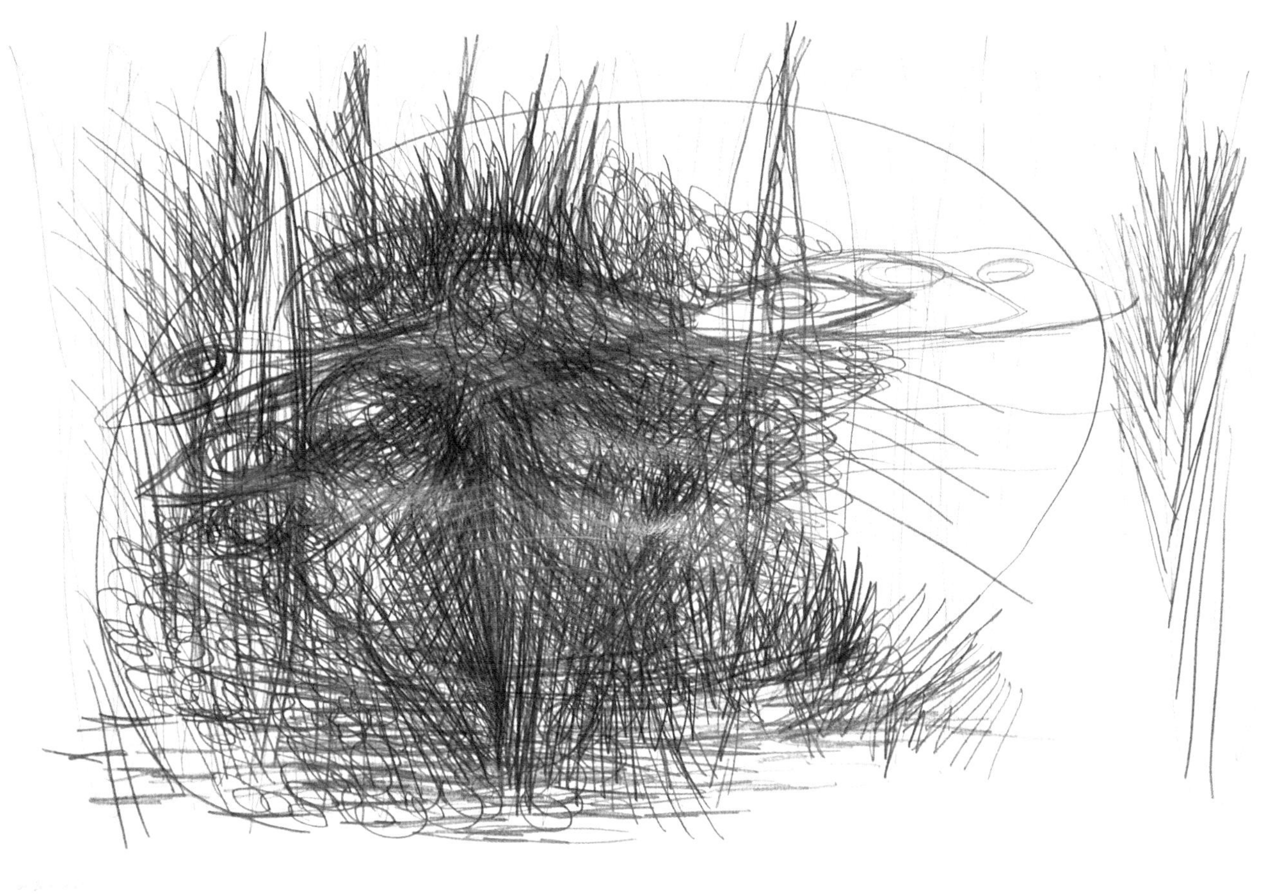

OBSIDIAN 15, *2012*

Graphit auf Zeichenpapier / Graphite on drawing paper

34 x 50 cm

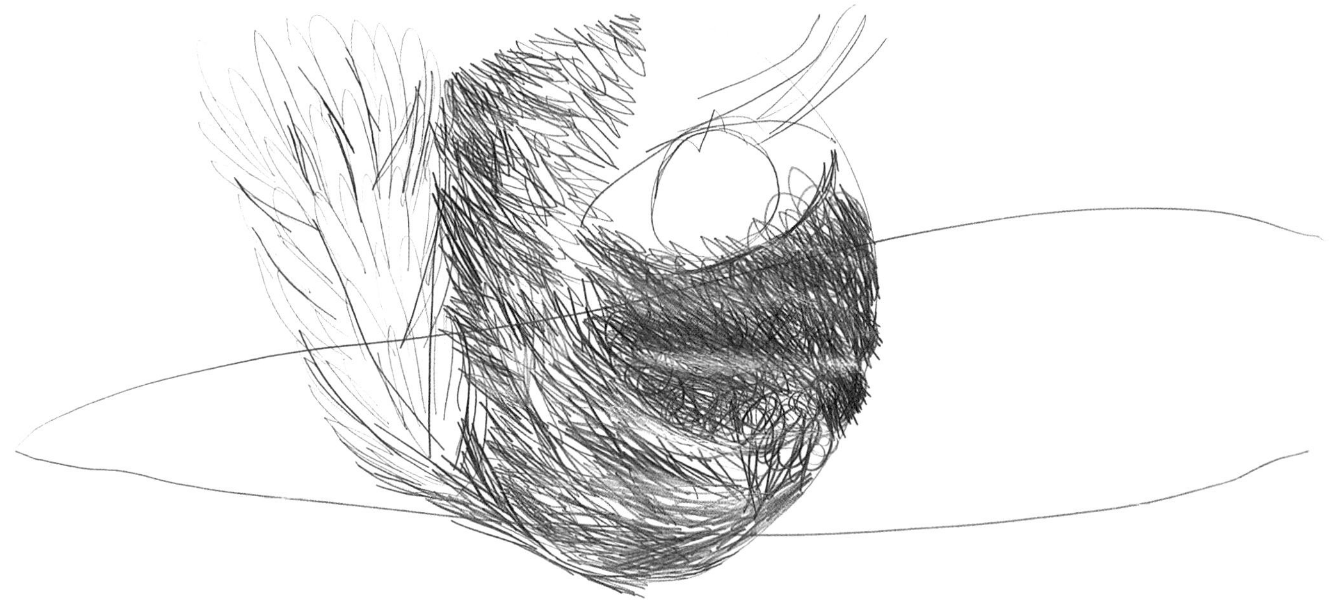

OBSIDIAN 16, *2012*
Graphit auf Zeichenpapier / Graphite on drawing paper
34 x 50 cm

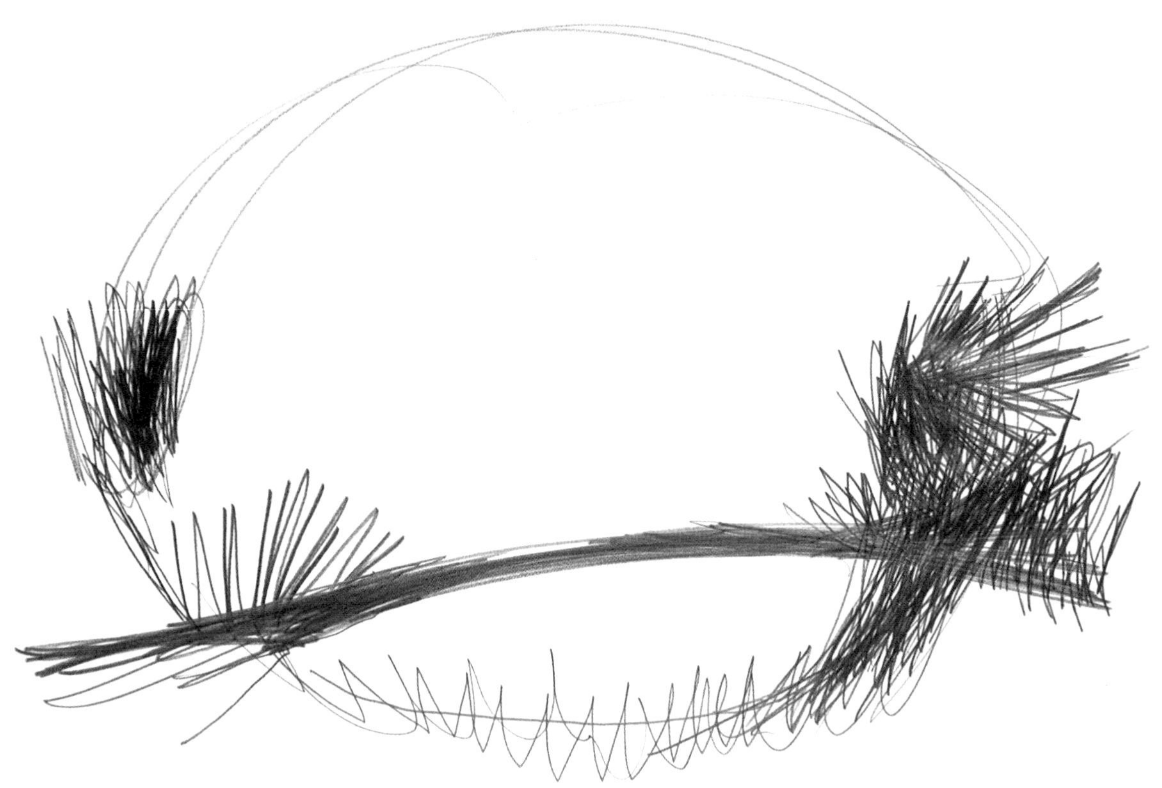

OBSIDIAN 17, *2012*

Graphit auf Zeichenpapier / Graphite on drawing paper

34 x 50 cm

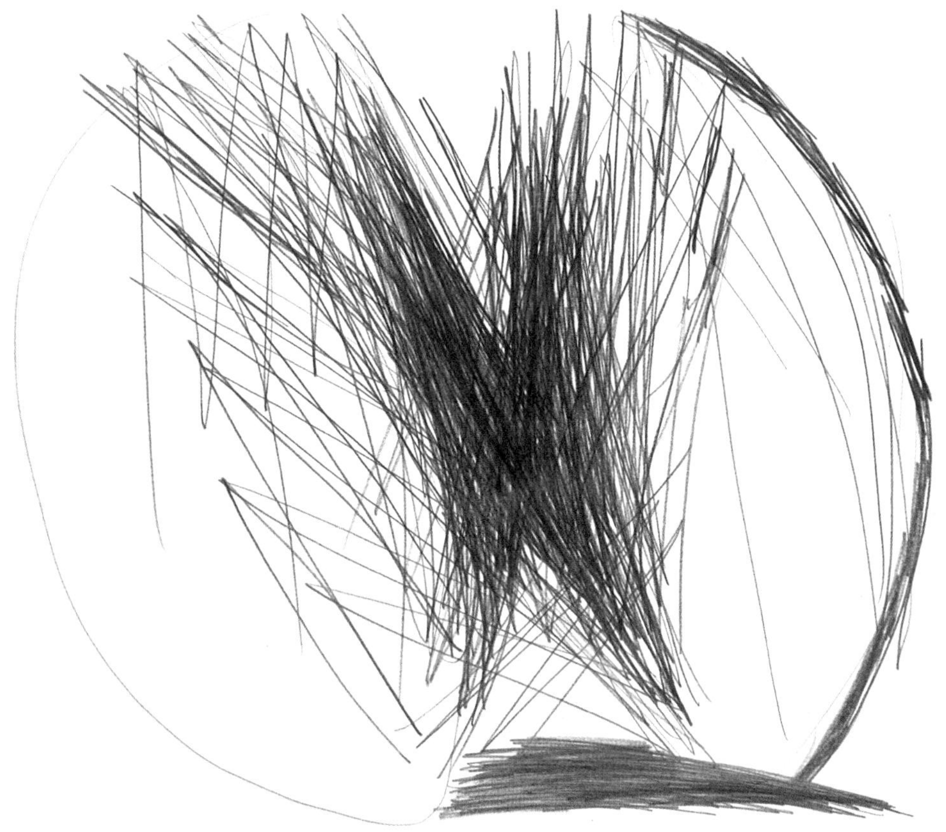

OBSIDIAN 18, 2012

Graphit auf Zeichenpapier / Graphite on drawing paper

34 x 50 cm

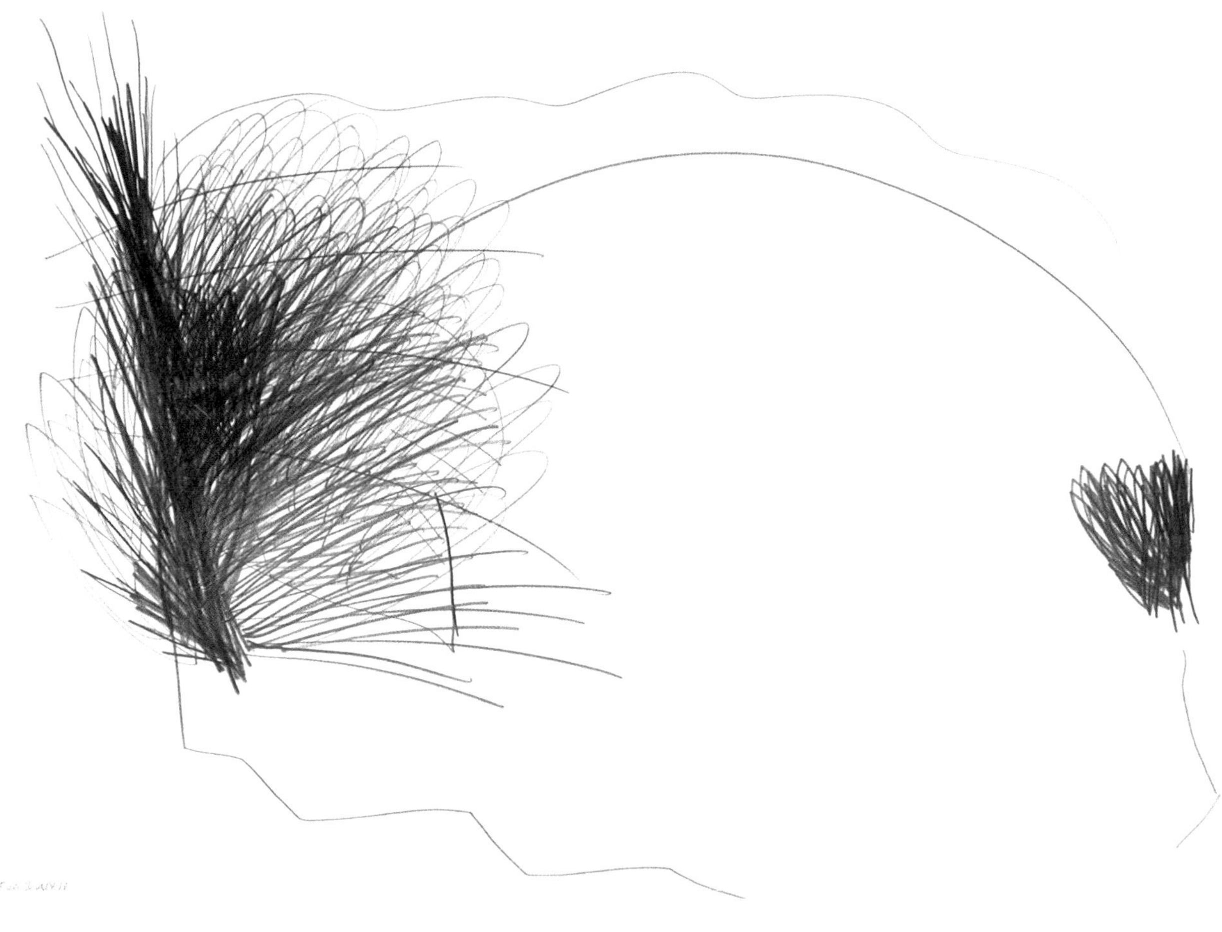

OBSIDIAN 21, *2012*

Graphit auf Zeichenpapier / Graphite on drawing paper

34 x 50 cm

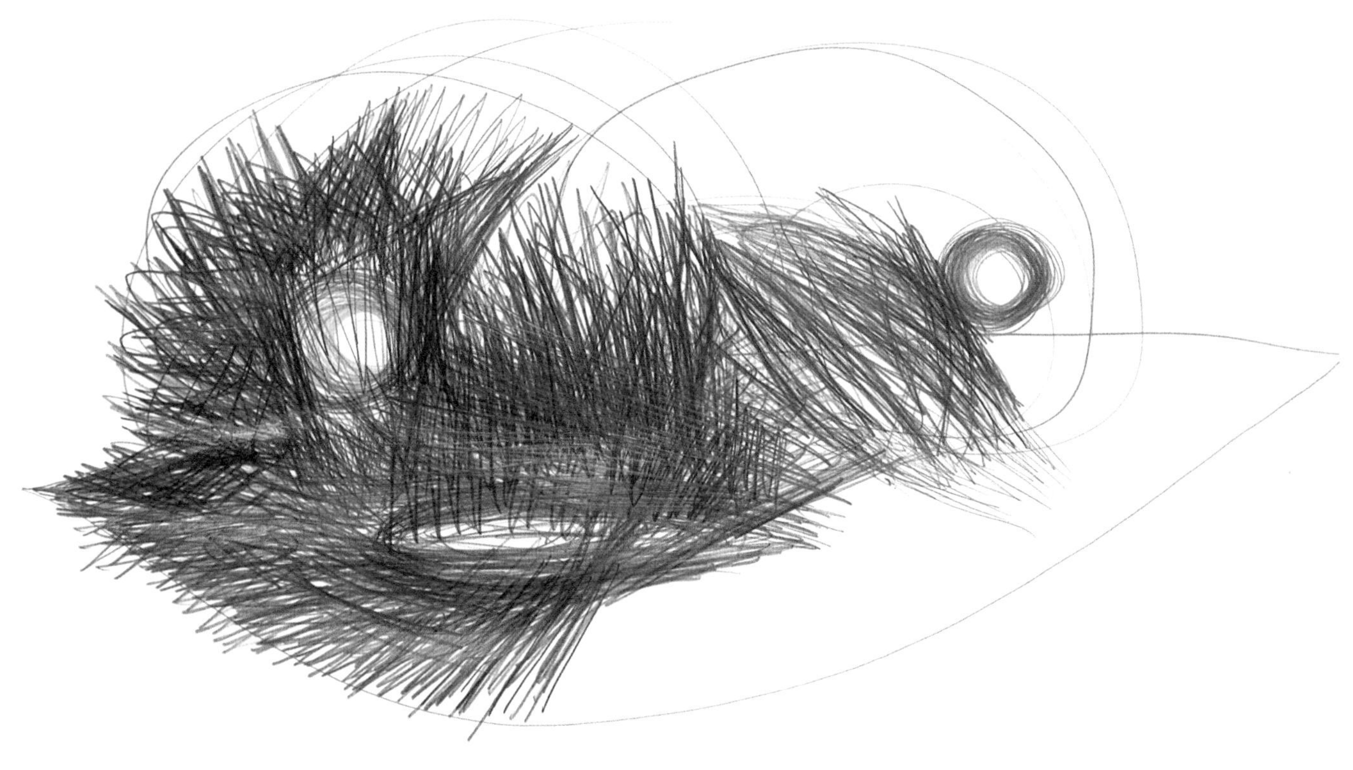

OBSIDIAN 26, *2012*

Graphit auf Zeichenpapier / Graphite on drawing paper

34 x 50 cm

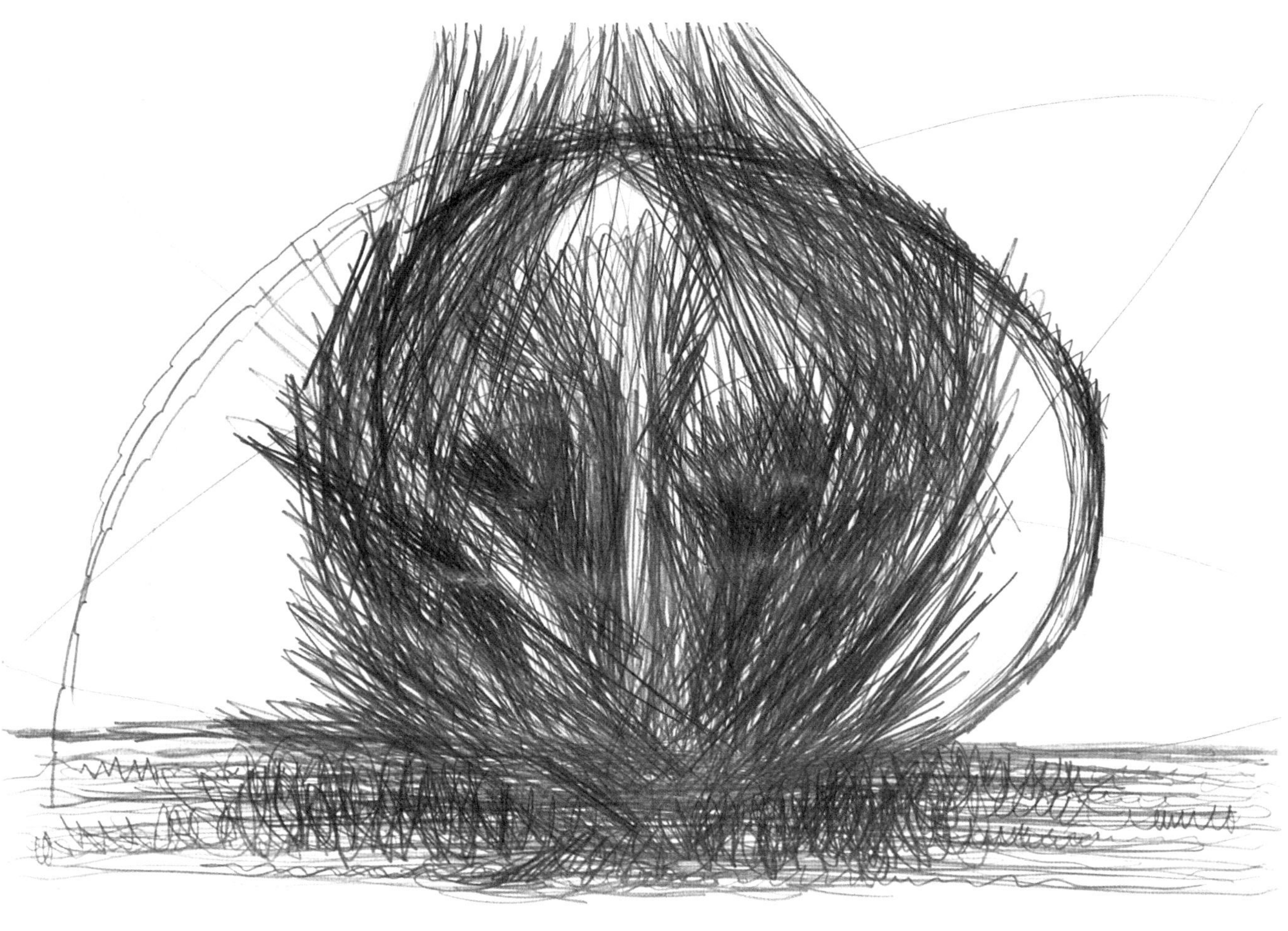

OBSIDIAN 23, *2012*
Graphit auf Zeichenpapier / Graphite on drawing paper
34 x 50 cm

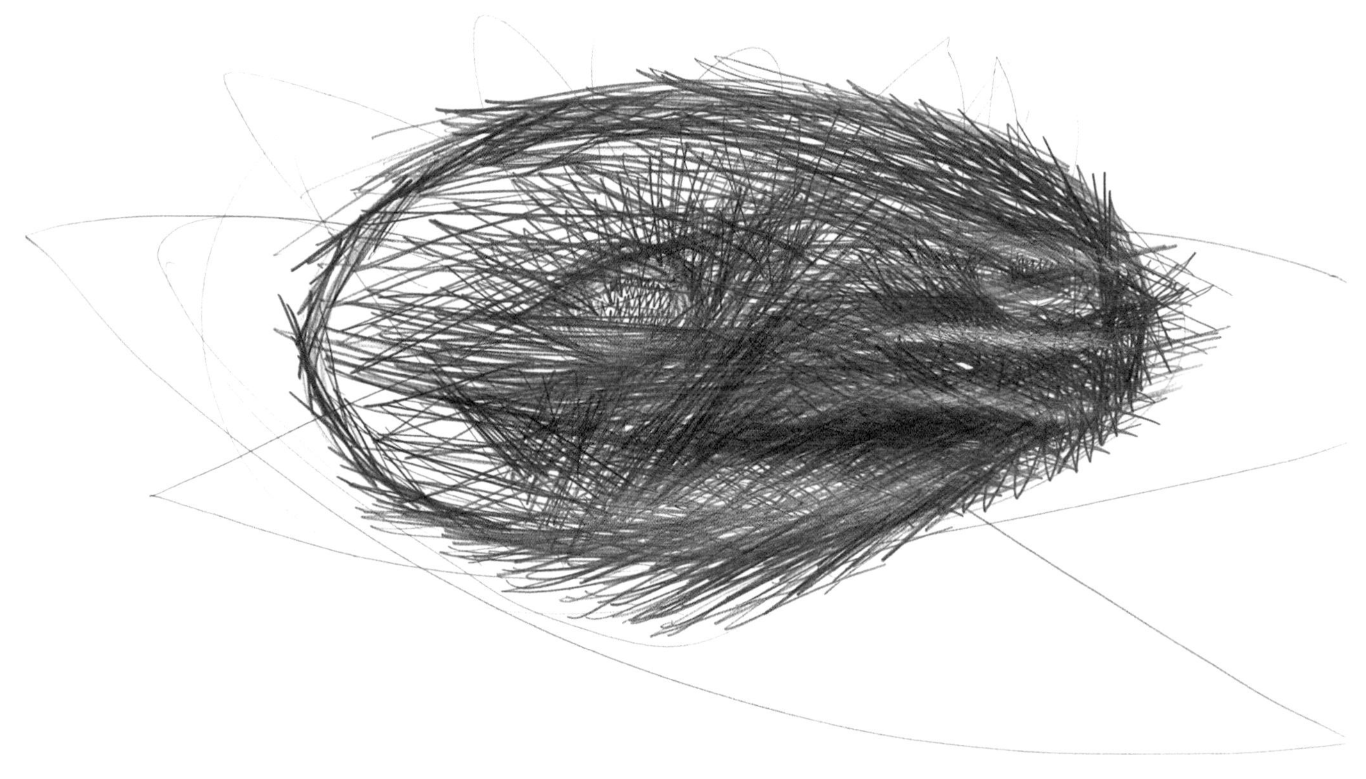

OBSIDIAN 24, *2012*

Graphit auf Zeichenpapier / Graphite on drawing paper

34 x 50 cm

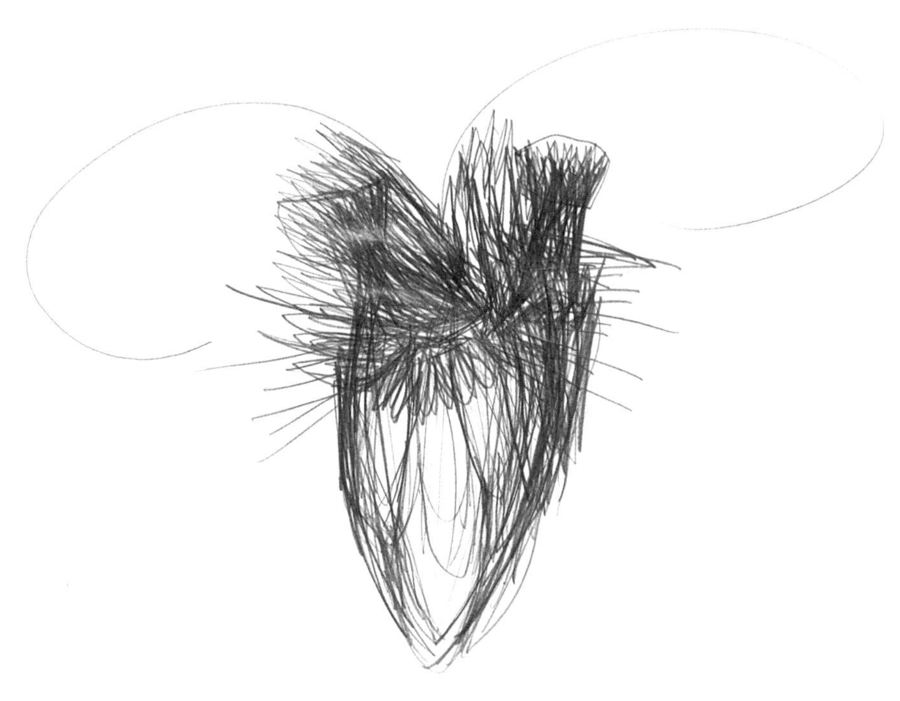

OBSIDIAN 25, *2012*
Graphit auf Zeichenpapier / Graphite on drawing paper
34 x 50 cm

EVA & ADELE, *Performance-Kostümpaar, 1991*
Vinyl Rot I, Satinfutter / Vinyl red I, satin lining

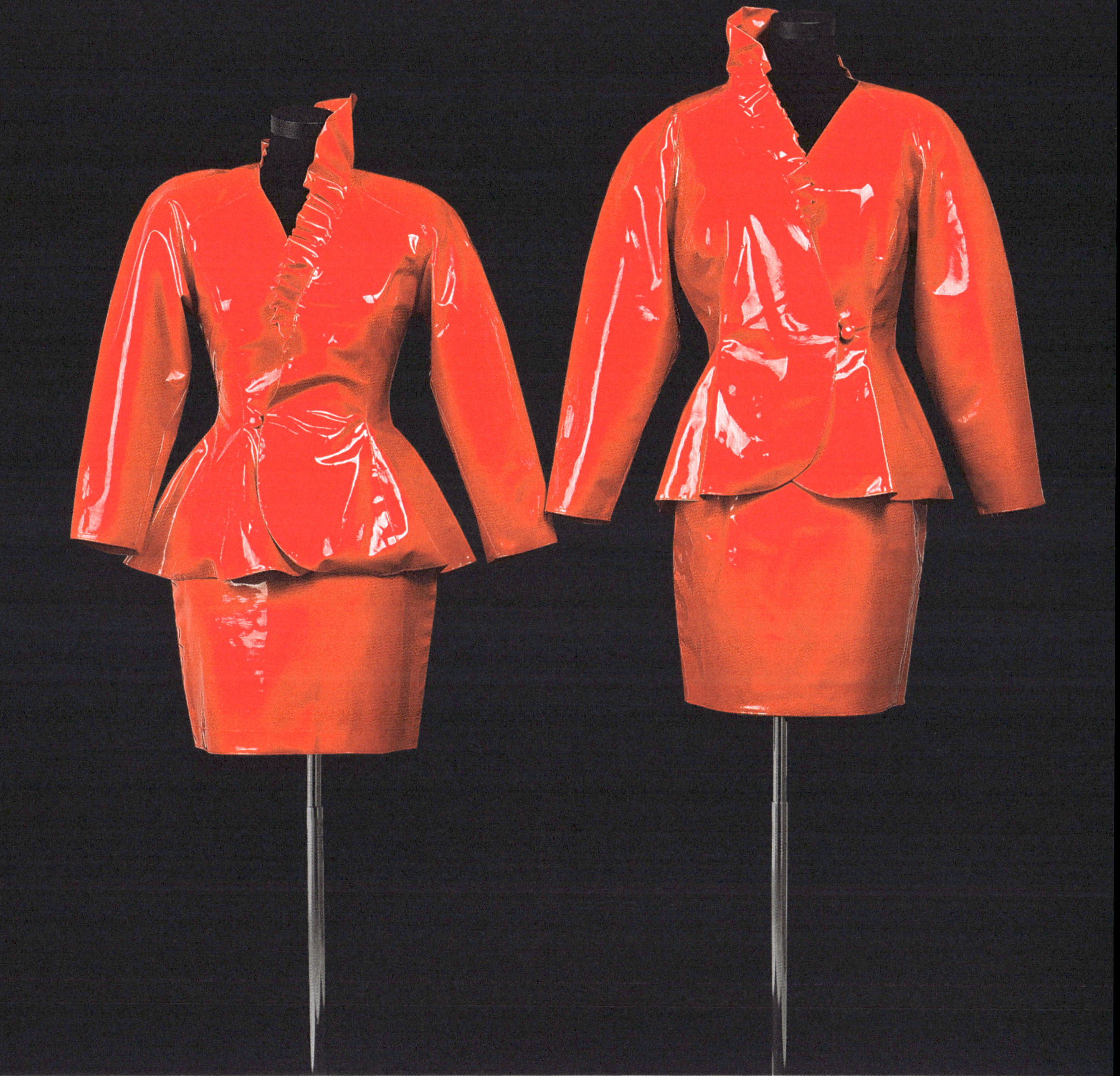

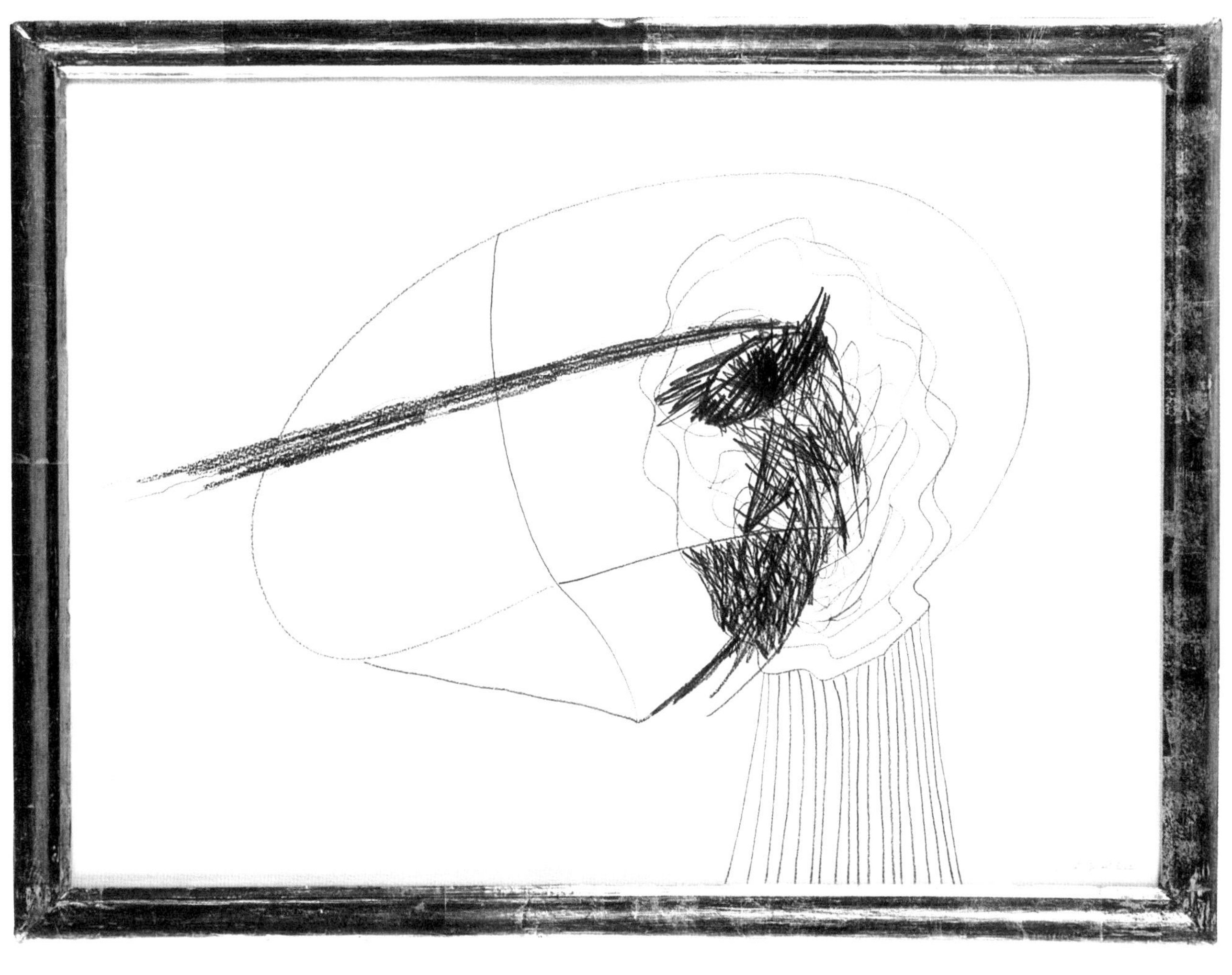

SPIEGELGESPIEGELT I, *2012*

Graphit auf Bütten, Künstlerrahmung / Graphite on laid paper, artist framed

40,1 x 53,5 cm

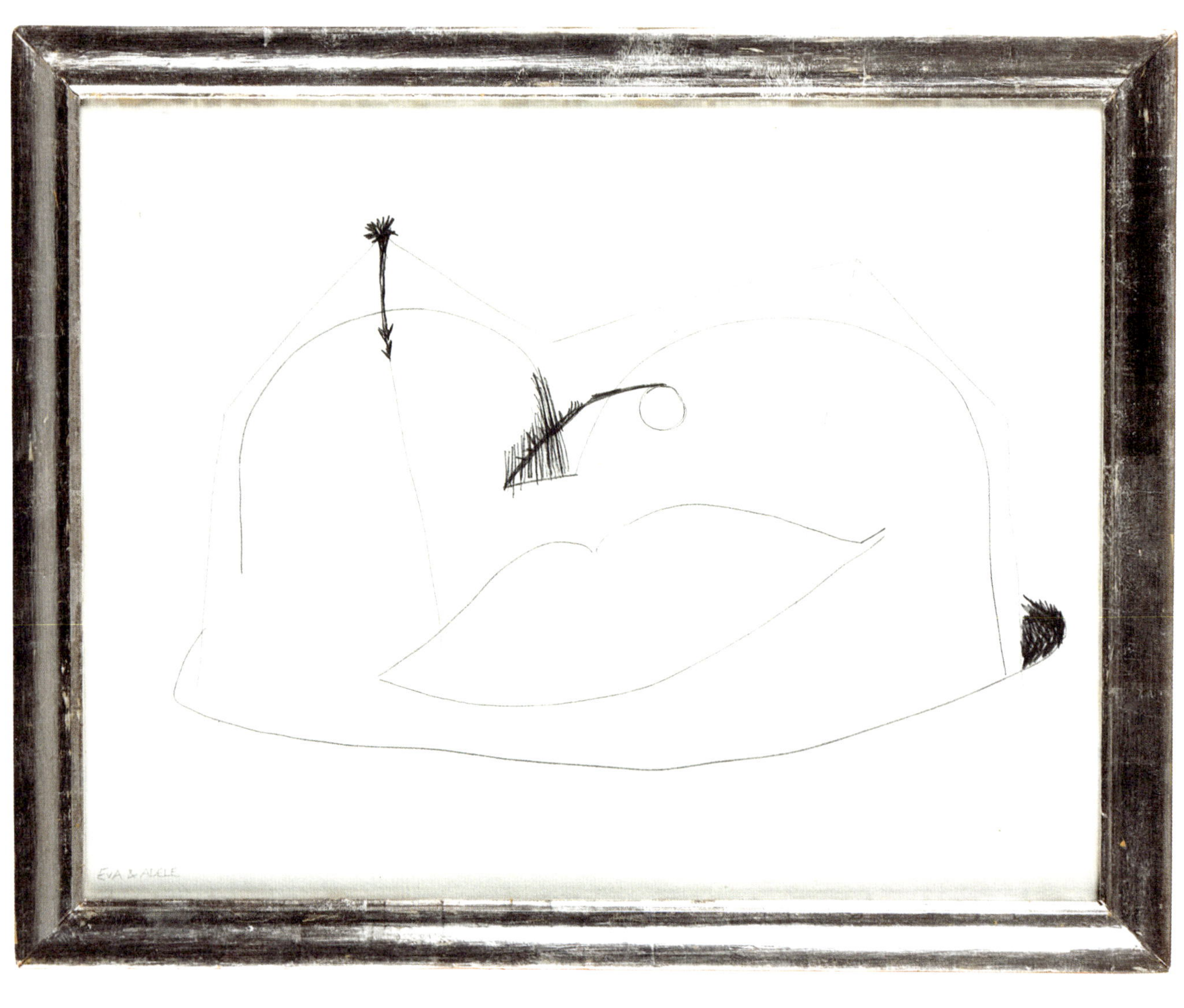

SPIEGELGESPIEGELT O, 2012

Graphit auf Bütten, Künstlerrahmung / Graphite on laid paper, artist framed

45,2 x 56,8 cm

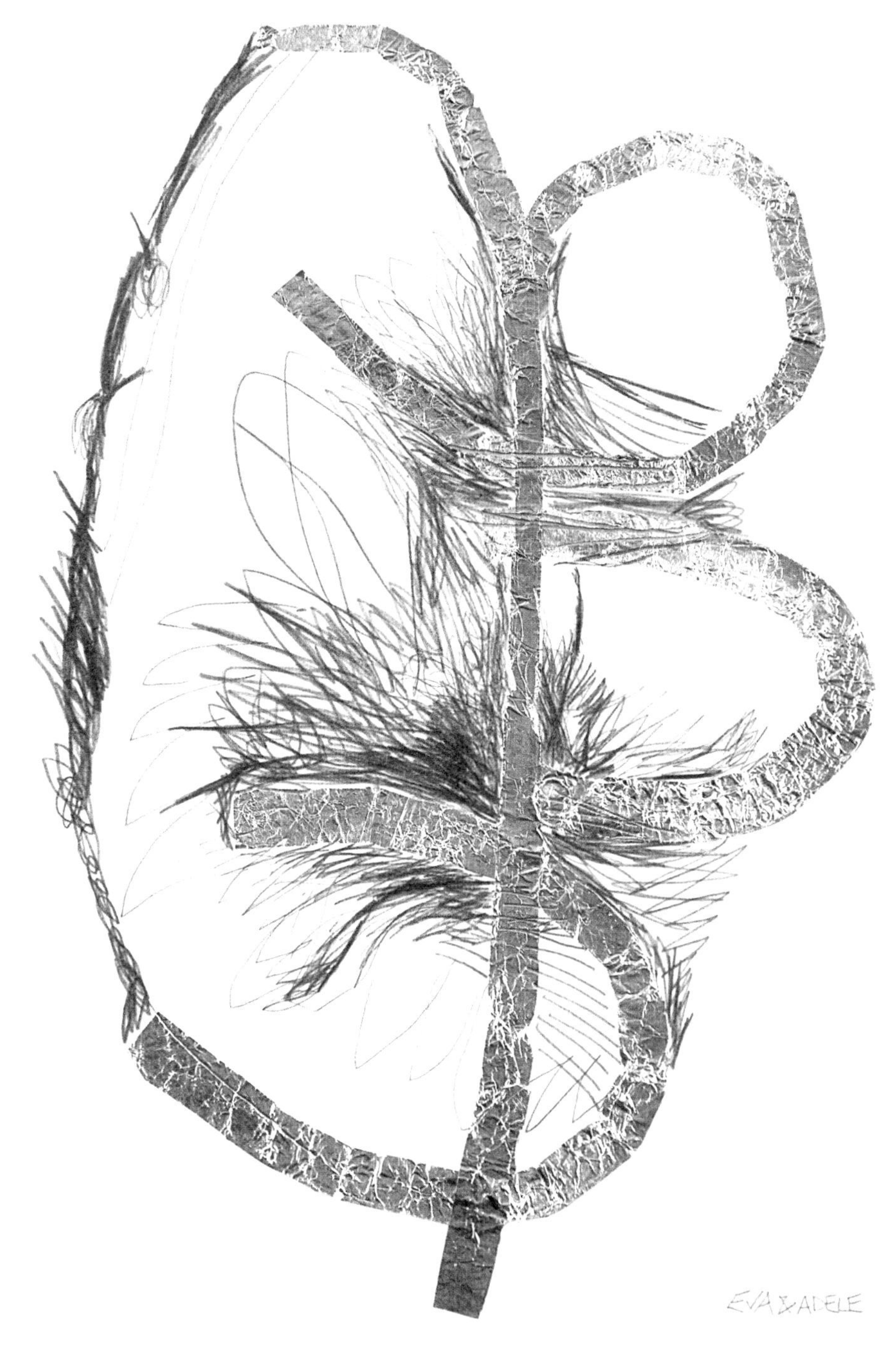

NEBELGLANZ, *St. Christoph 3, 2011*
Staniol, Graphit auf Bütten / Tinfoil, graphite on laid paper
41,8 x 30,2 cm

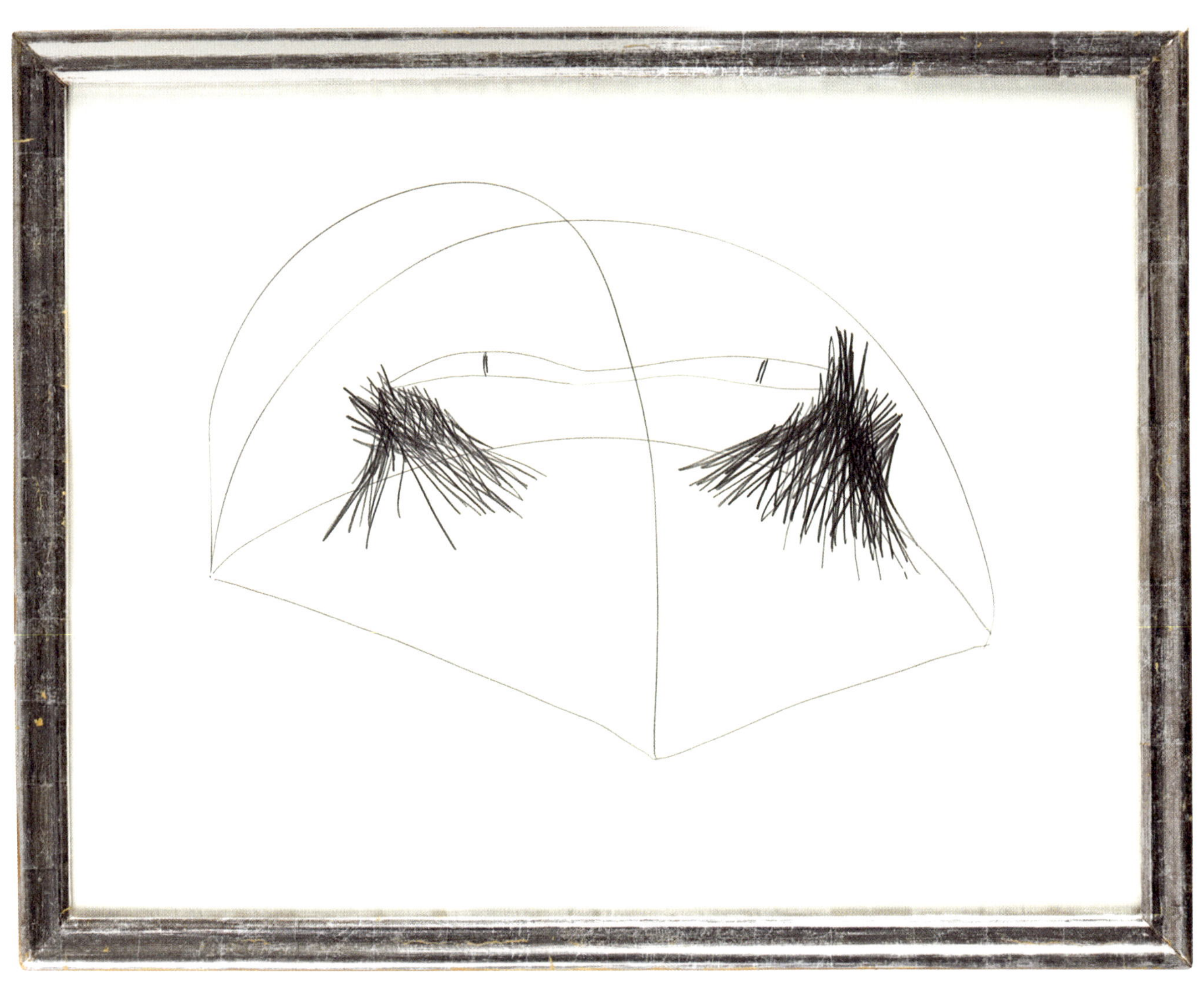

SPIEGELGESPIEGELT K, *2012*

Graphit auf Bütten, Künstlerrahmung / Graphite on laid paper, artist framed

43,8 x 55,6 cm

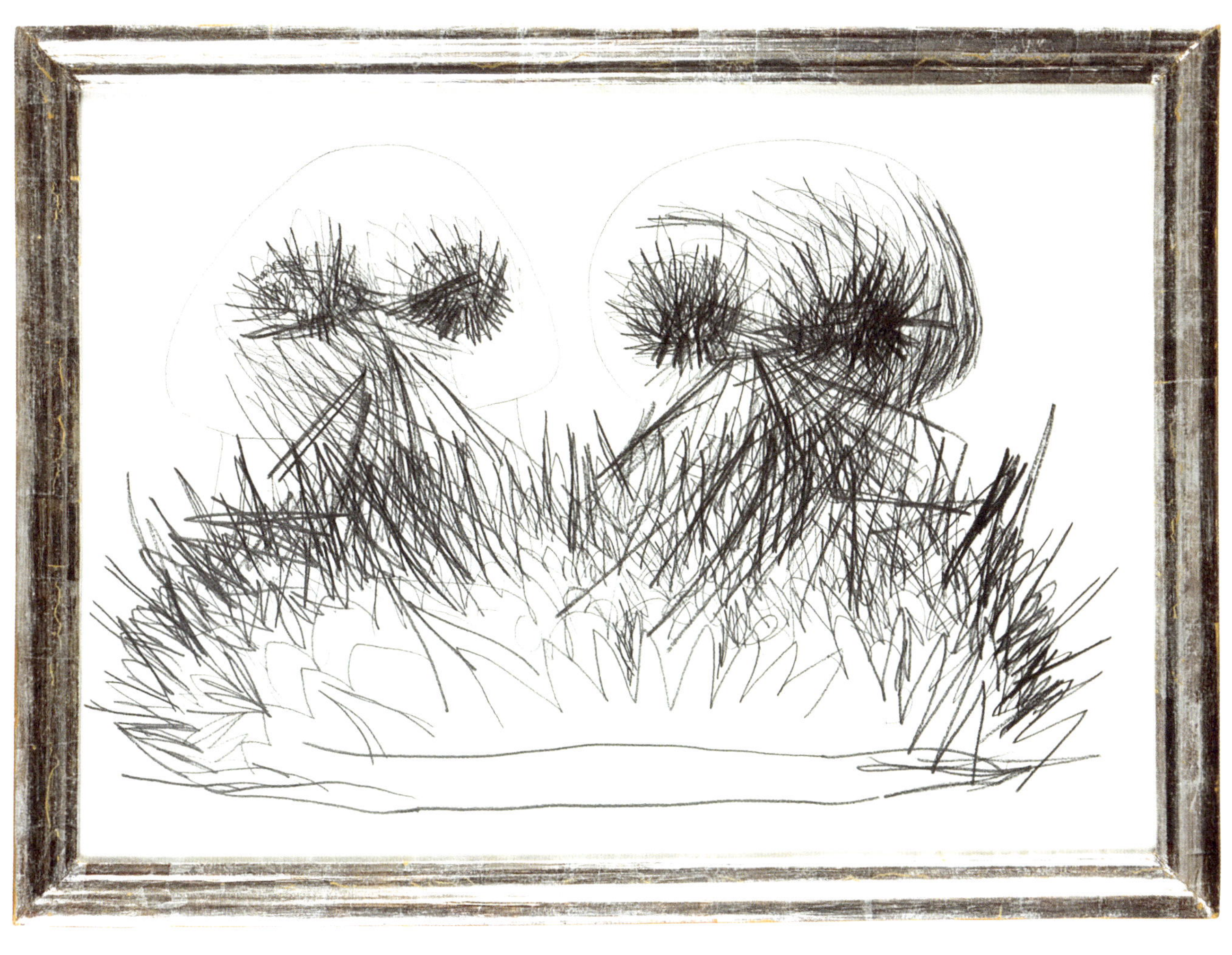

SPIEGELGESPIEGELT H, *2012*

Graphit auf Bütten, Künstlerrahmung / Graphite on laid paper, artist framed

40,7 x 55,7 cm

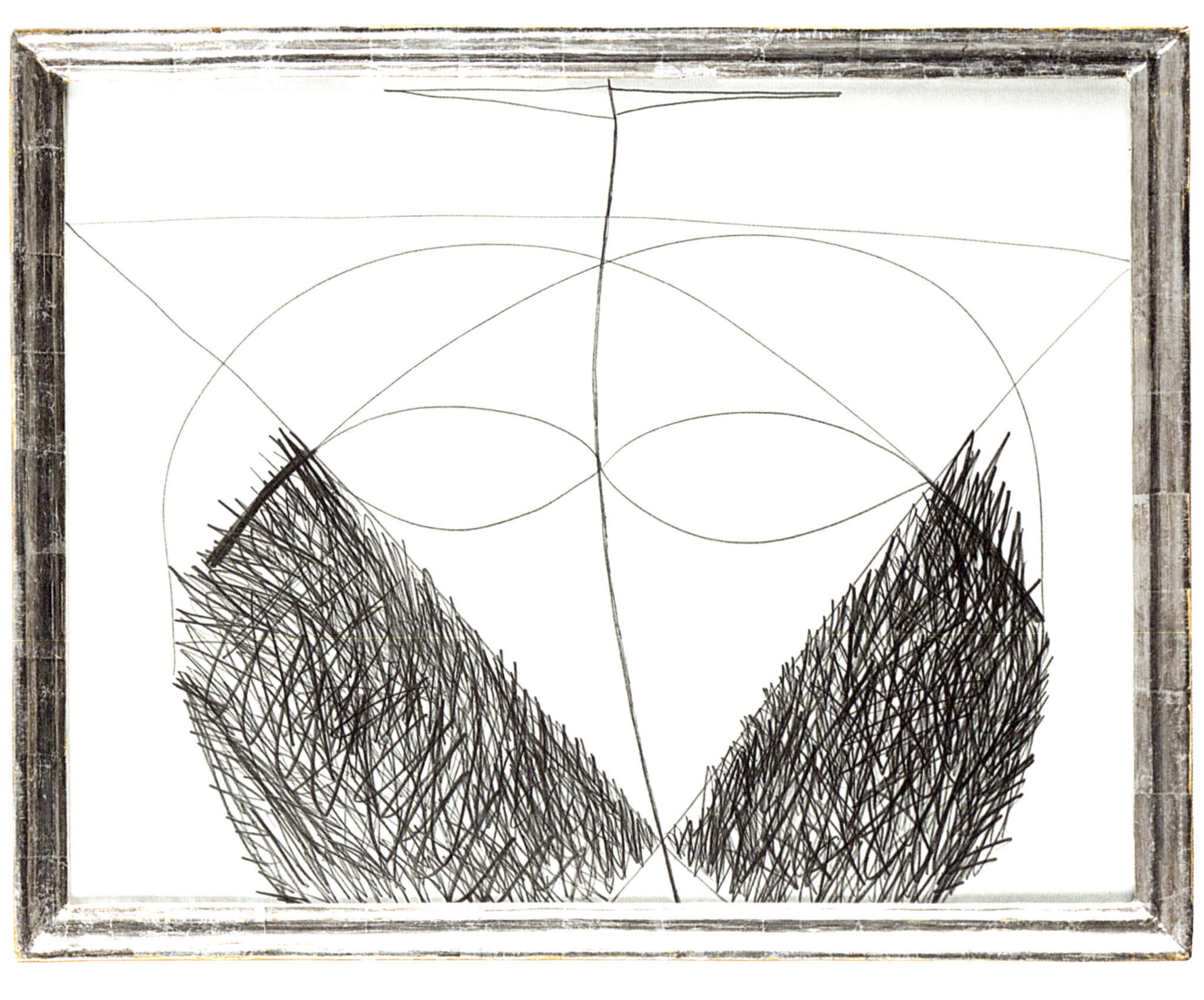

SPIEGELGESPIEGELT S, 2012

Graphit auf Bütten, Künstlerrahmung / Graphite on laid paper, artist framed

34,9 x 44,3 cm

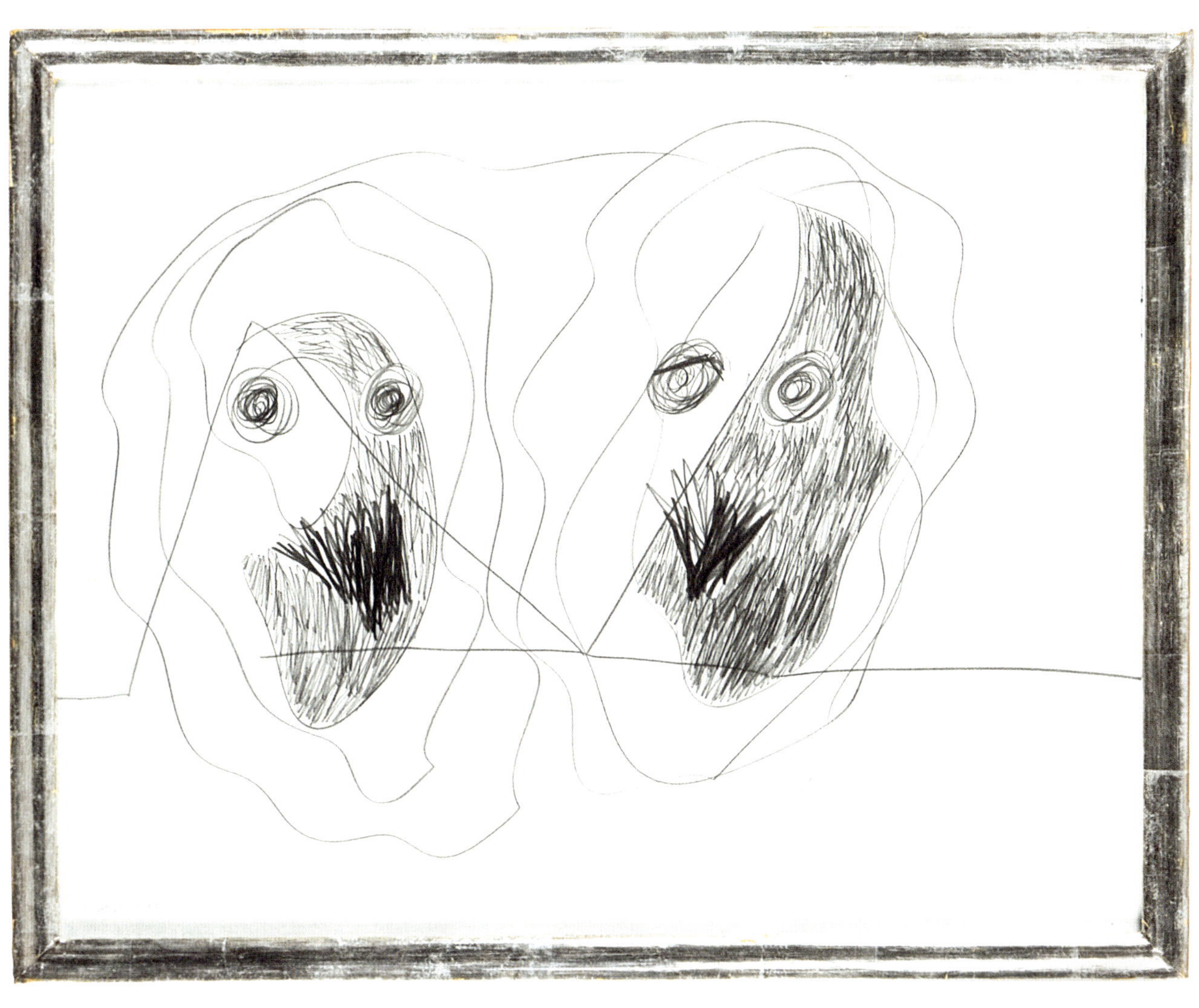

SPIEGELGESPIEGELT D, *2012*

Graphit auf Bütten, Künstlerrahmung / Graphite on laid paper, artist framed

33,6 x 42,4 cm

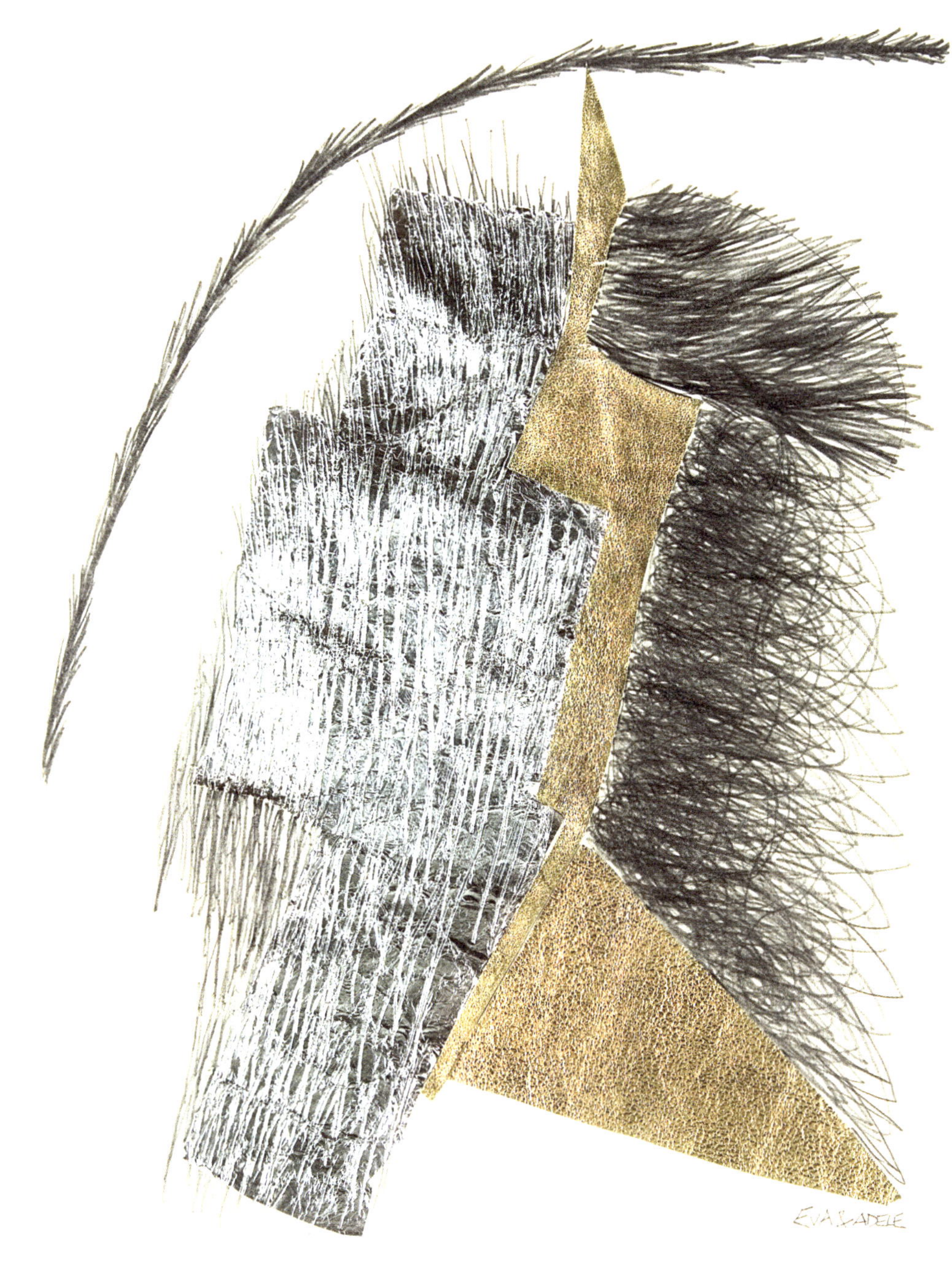

NEBELGLANZ, *St. Christoph 2, 2011*
Leder, Staniol, Graphit auf Bütten / Leather, tinfoil, graphite on laid paper
41,8 x 30,2 cm

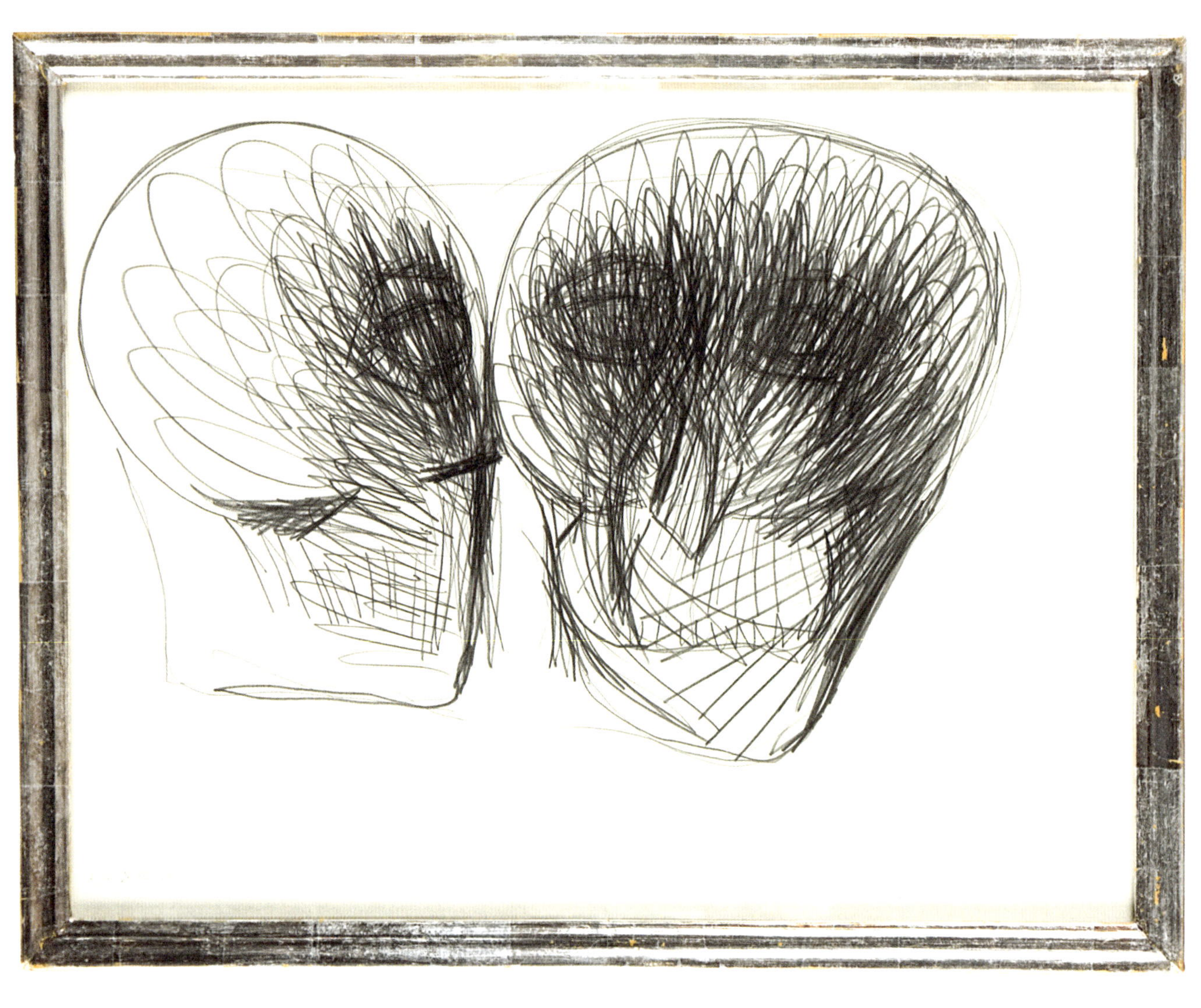

SPIEGELGESPIEGELT C, 2012

Graphit auf Bütten, Künstlerrahmung / Graphite on laid paper, artist framed

35,3 x 44,7 cm

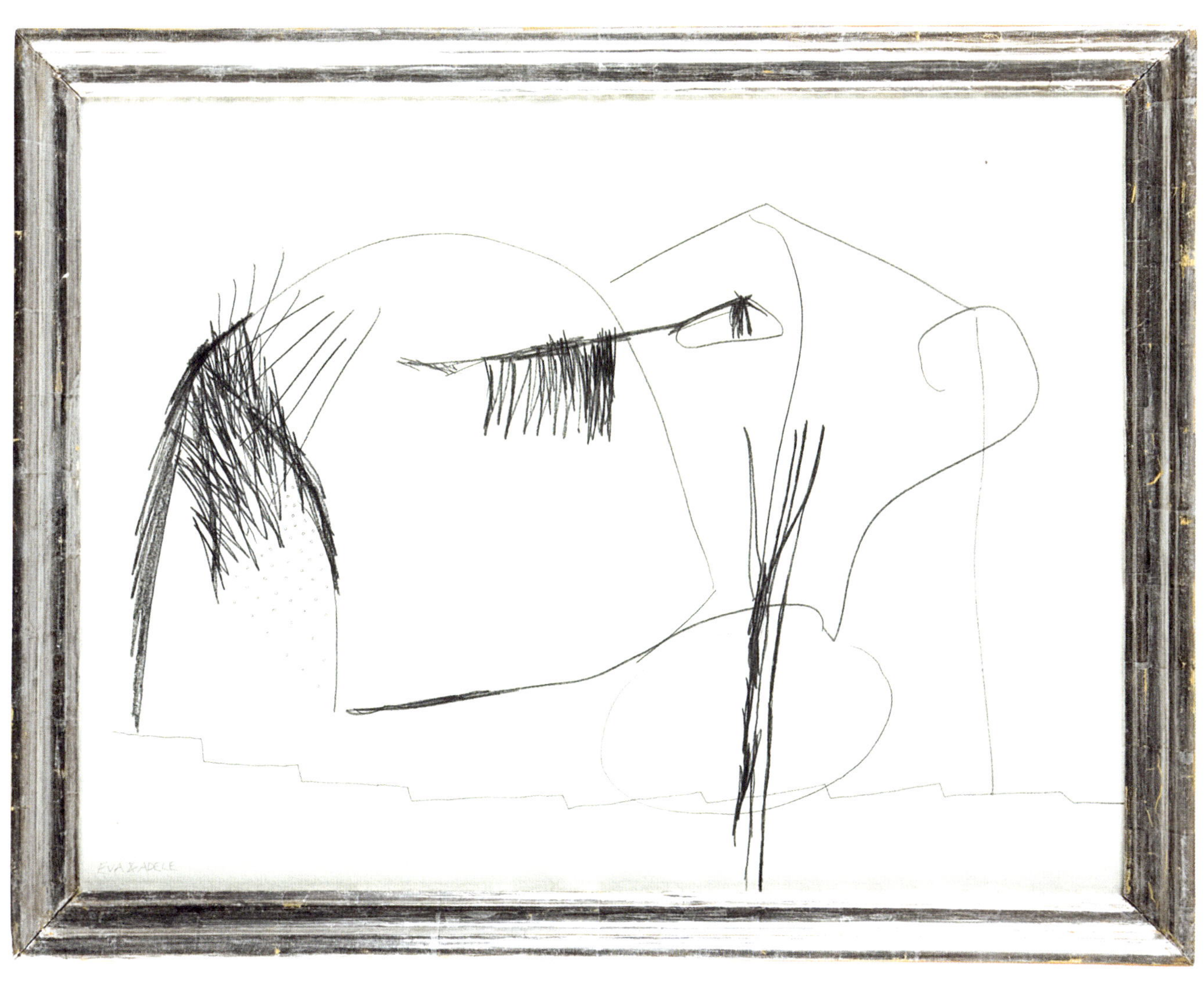

SPIEGELGESPIEGELT N, *2012*

Graphit auf Bütten, Künstlerrahmung / Graphite on laid paper, artist framed

43,3 x 54,6 cm

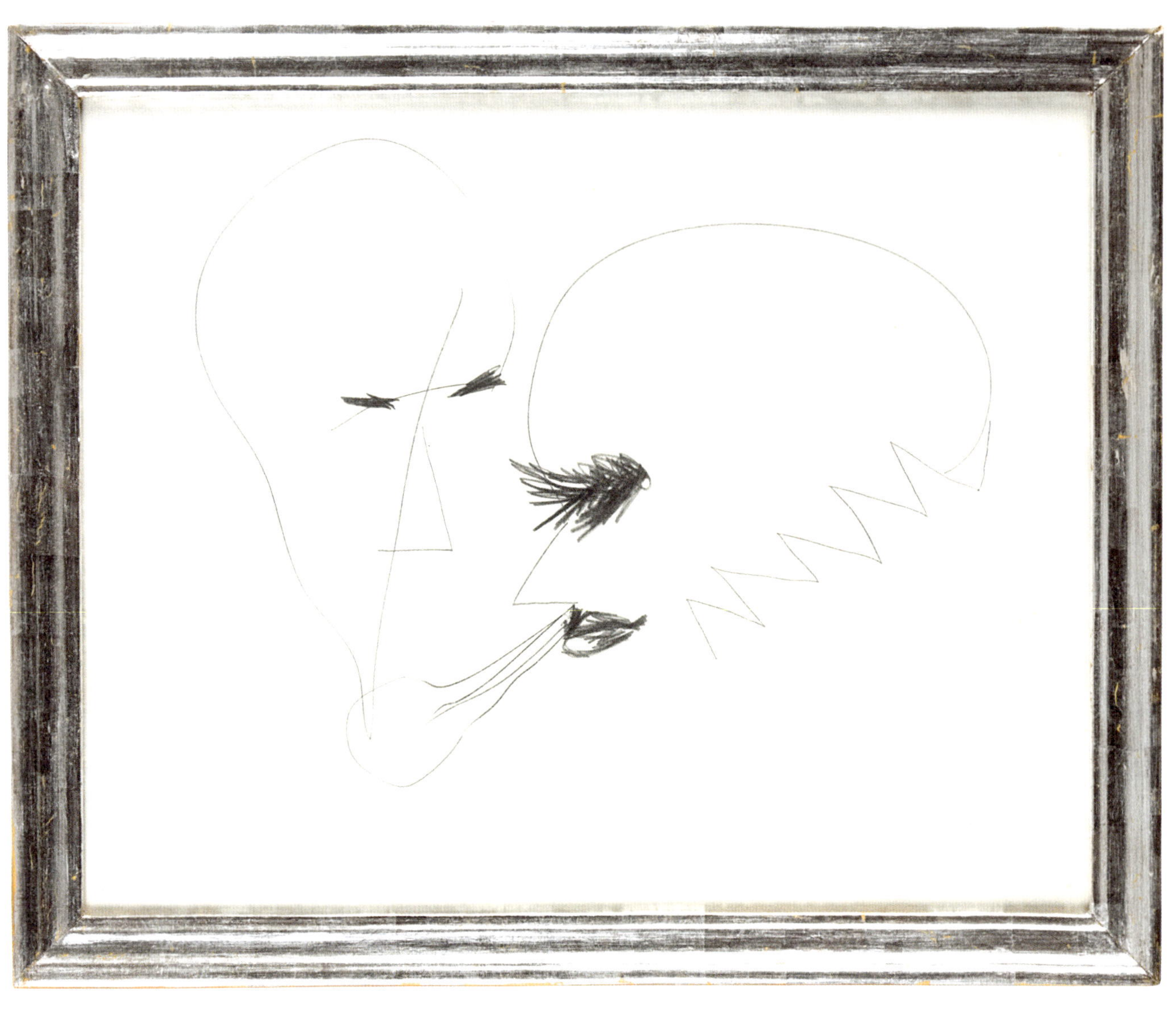

SPIEGELGESPIEGELT L, 2012

Graphit auf Bütten, Künstlerrahmung / Graphite on laid paper, artist framed

44,4 x 54,6 cm

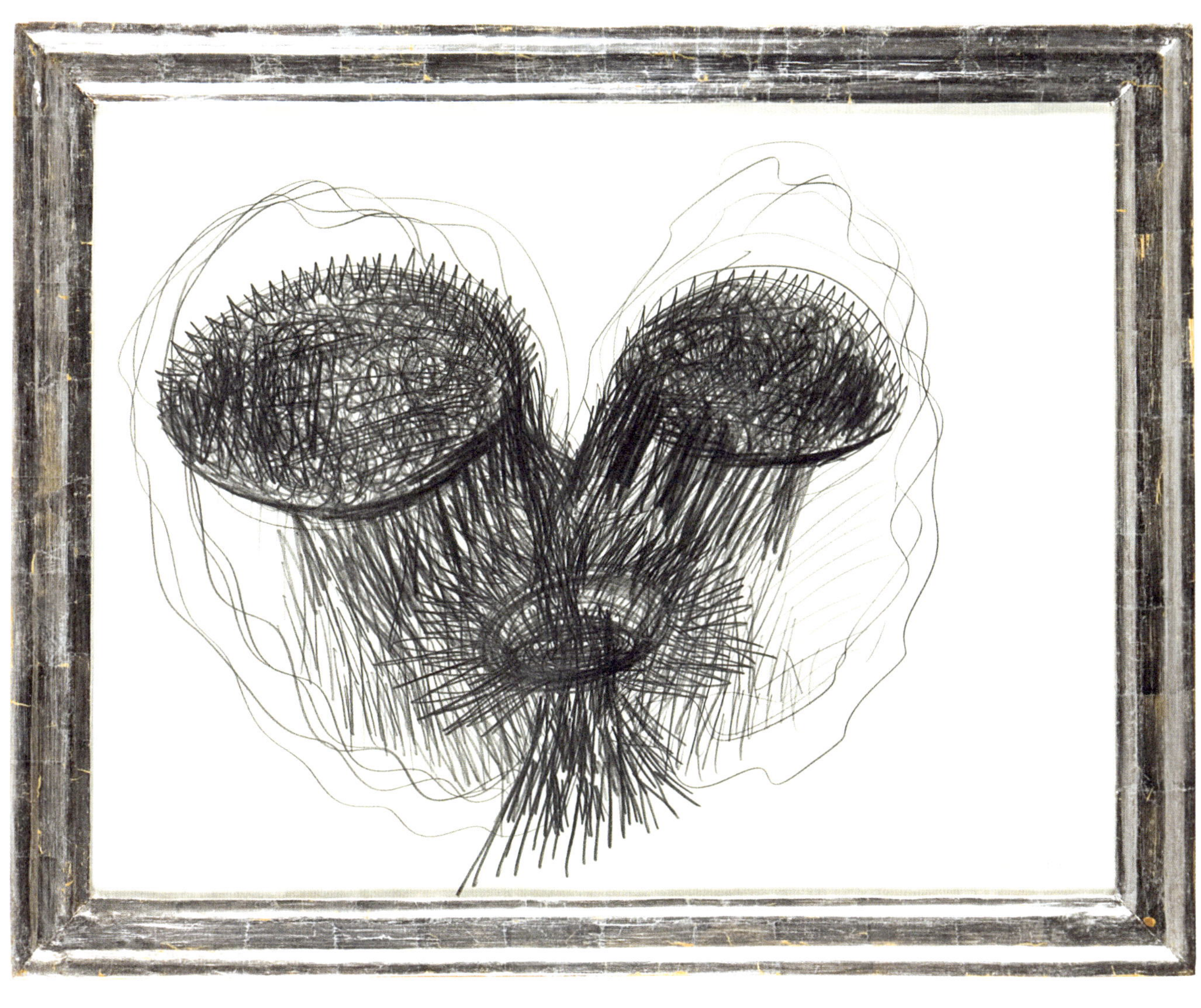

SPIEGELGESPIEGELT W, *2012*

Graphit auf Bütten, Künstlerrahmung / Graphite on laid paper, artist framed

37,8 x 48,1 cm

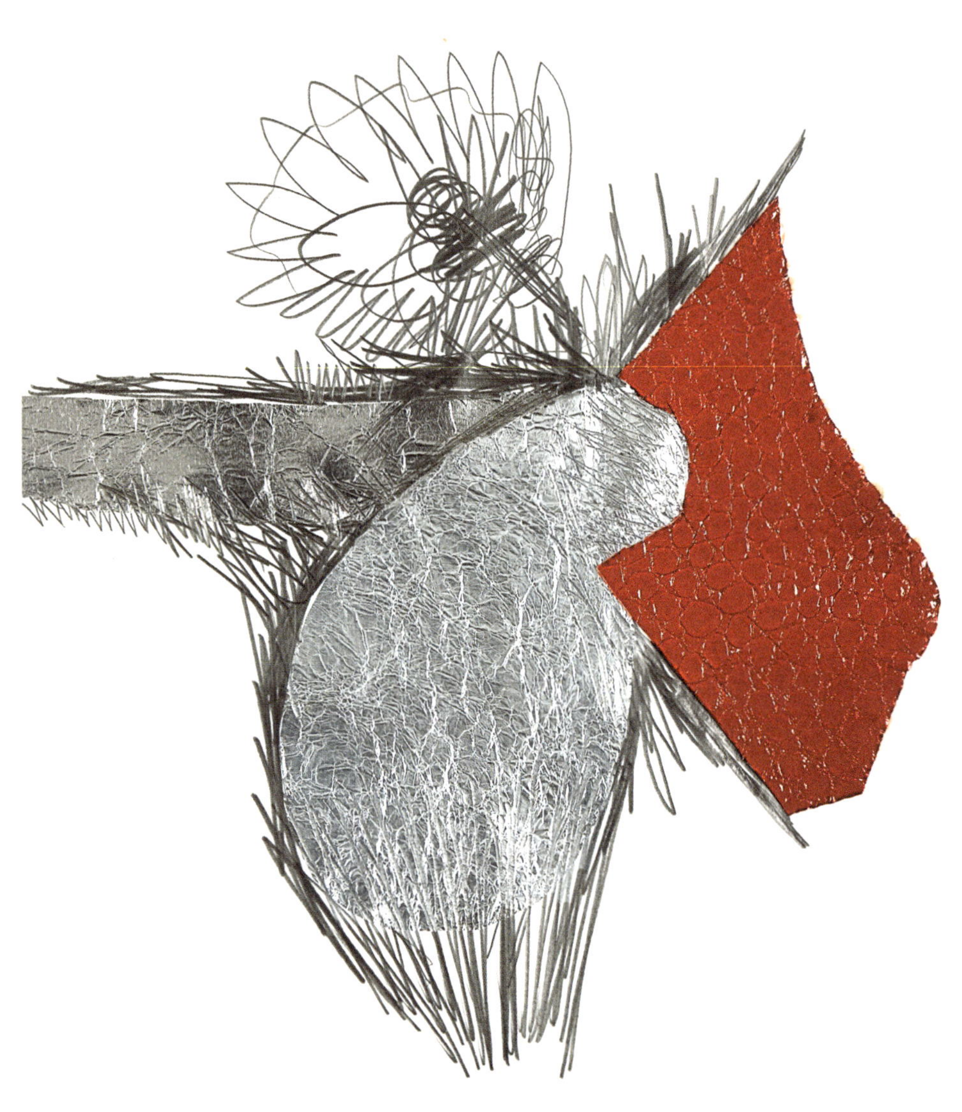

NEBELGLANZ, *Venezia 1, 2011*
Leder, Staniol, Graphit auf Bütten / Leather, tinfoil, graphite on laid paper
41,8 x 30,2 cm

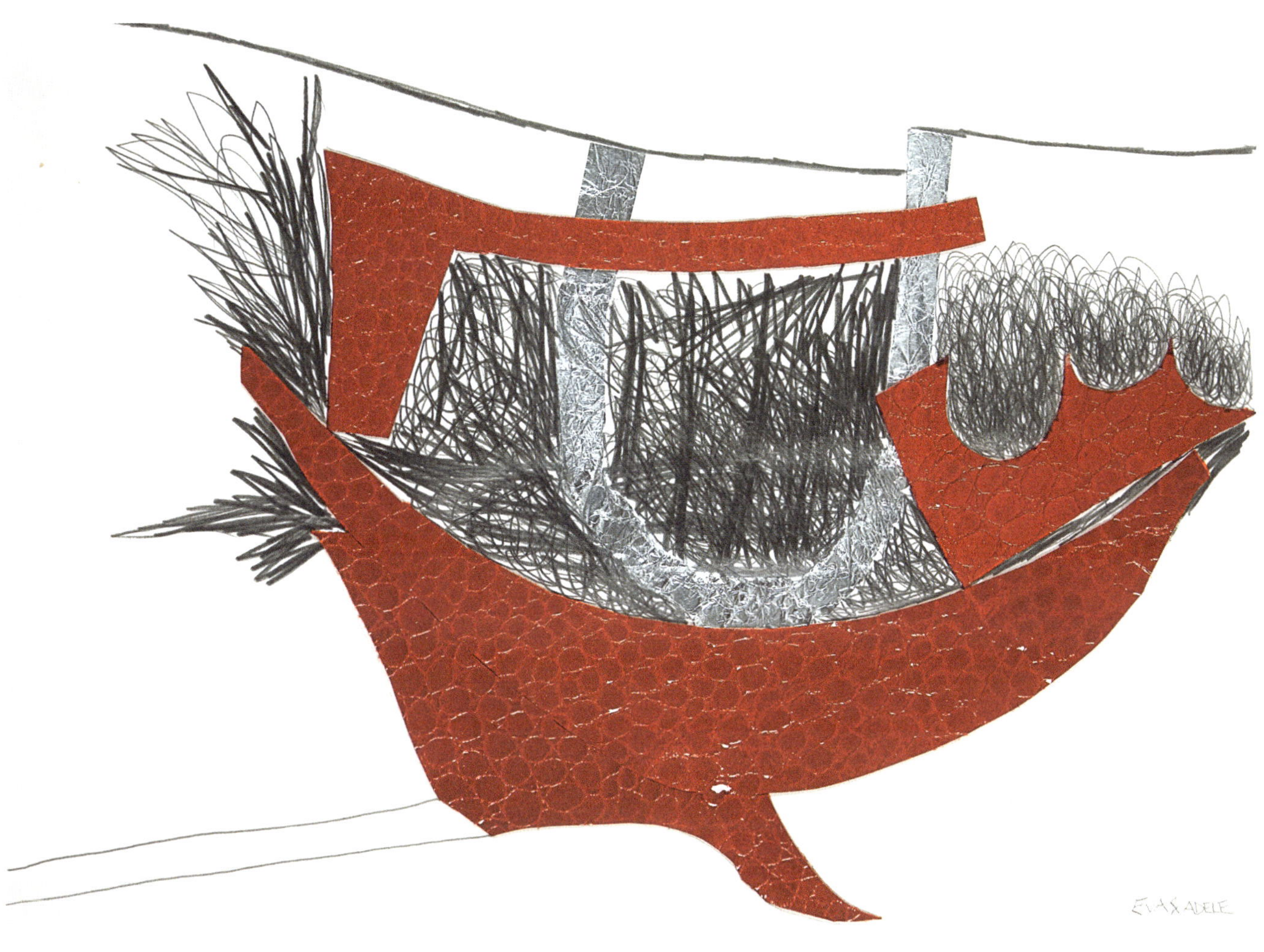

NEBELGLANZ, *Venezia 2, 2011*
Leder, Staniol, Graphit auf Bütten / Leather, tinfoil, graphite on laid paper
30,2 x 41,8 cm

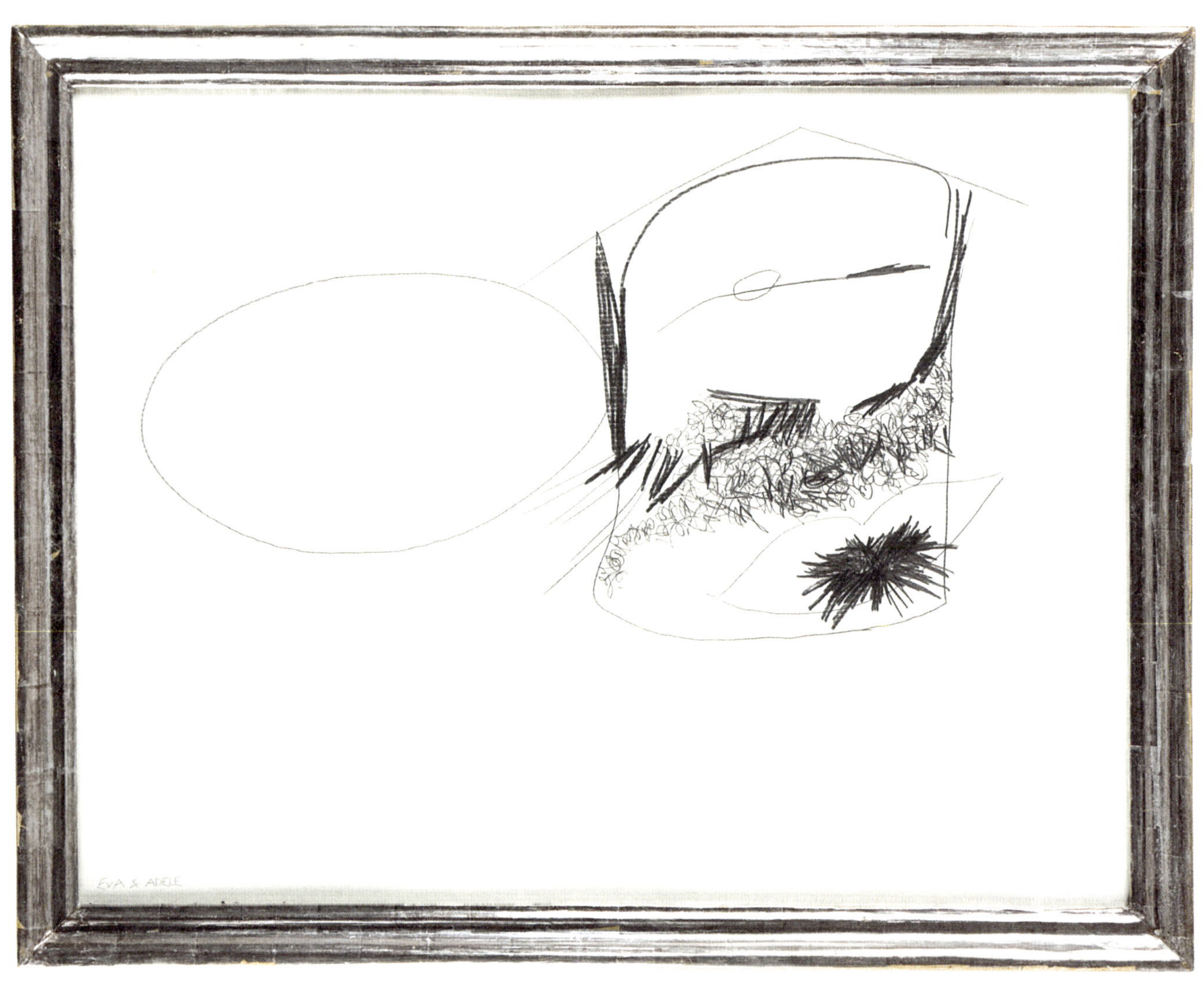

SPIEGELGESPIEGELT M, 2012

Graphit auf Bütten, Künstlerrahmung / Graphite on laid paper, artist framed

44,1 x 56,2 cm

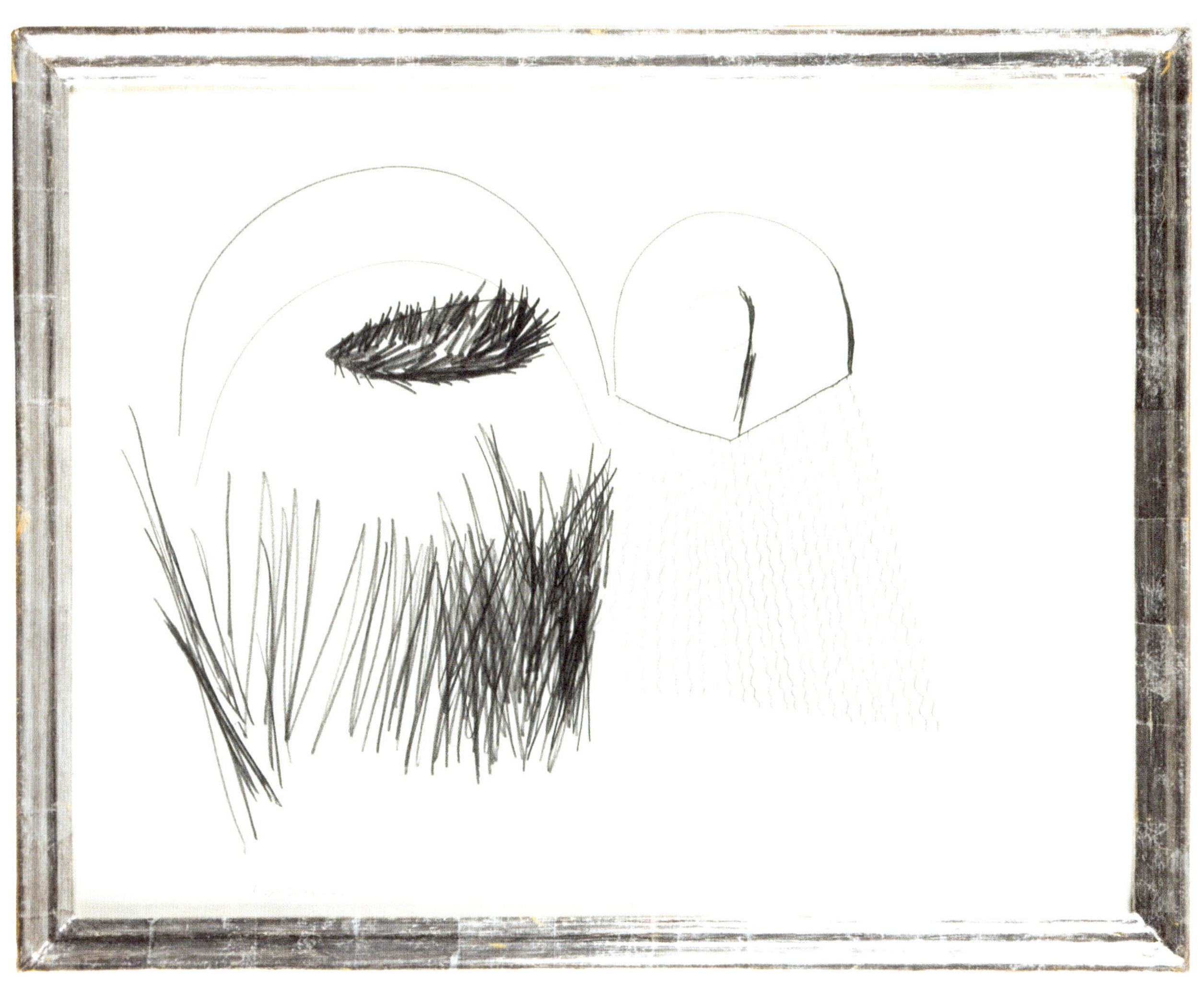

SPIEGELGESPIEGELT R, 2012

Graphit auf Bütten, Künstlerrahmung / Graphite on laid paper, artist framed

35,1 x 44,3 cm

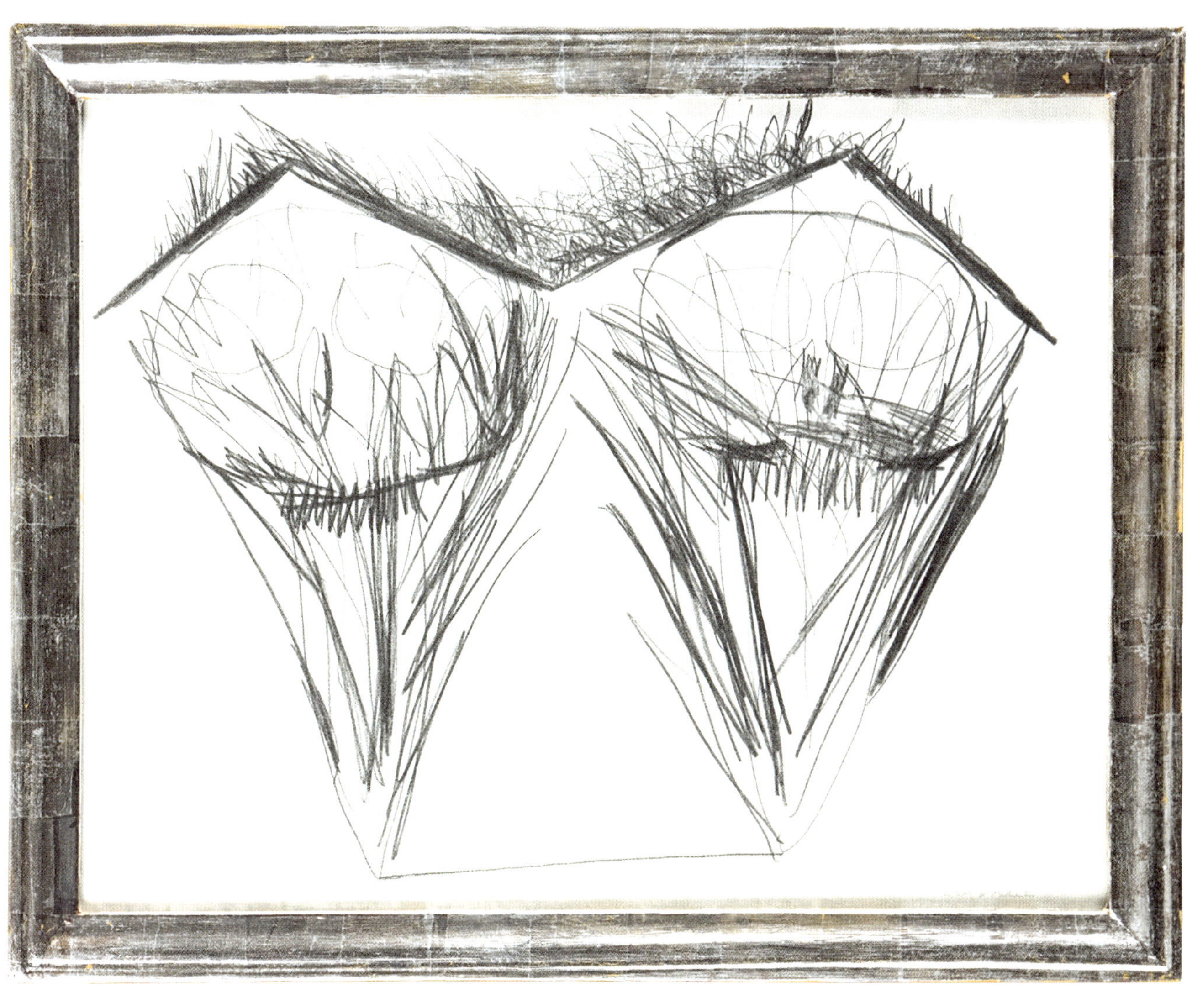

SPIEGELGESPIEGELT X, *2012*

Graphit auf Bütten, Künstlerrahmung / Graphite on laid paper, artist framed

37,6 x 47,3 cm

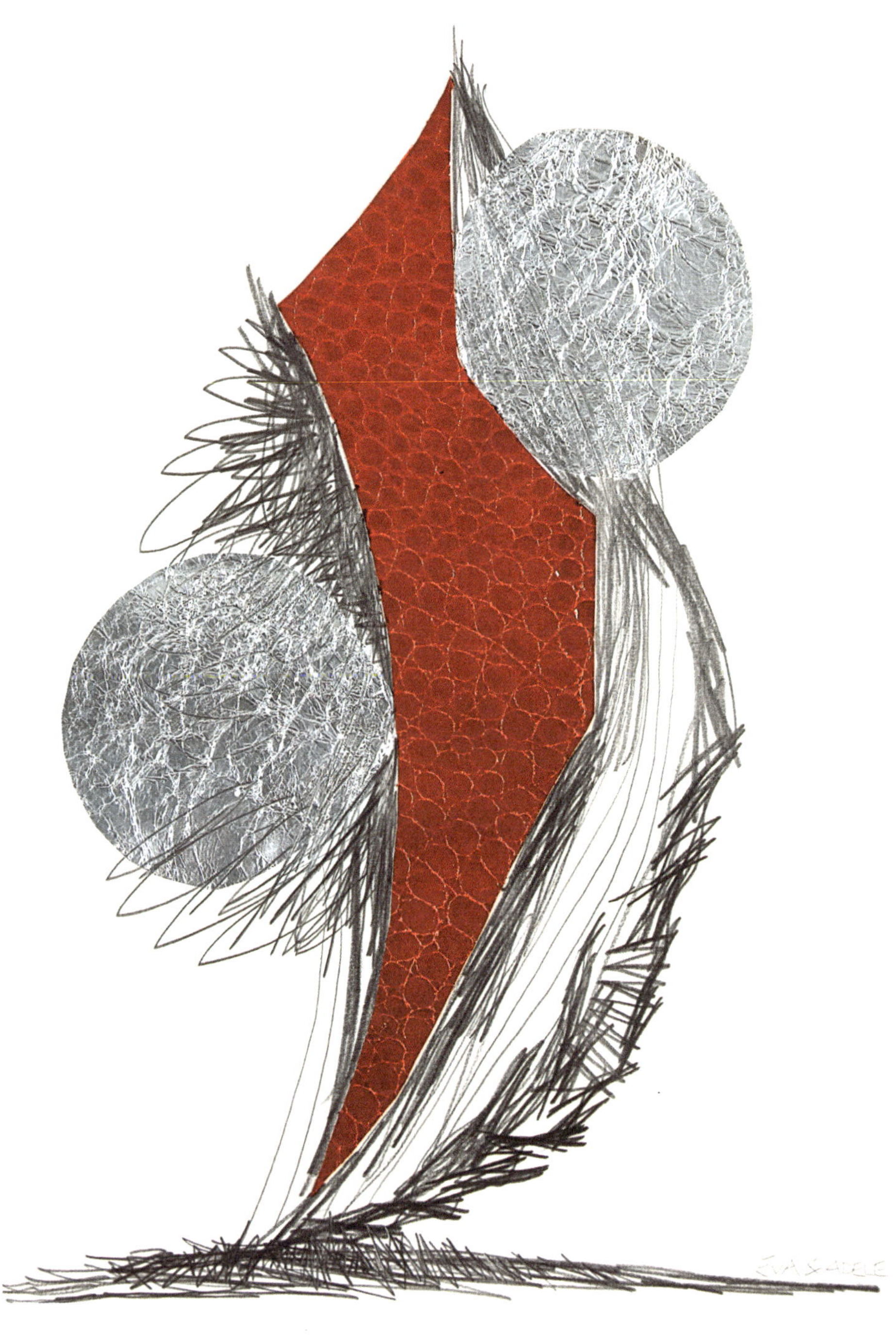

NEBELGLANZ, *Venezia 3, 2011*

Leder, Staniol, Graphit auf Bütten / Leather, tinfoil, graphite on laid paper

41,8 x 30,2 cm

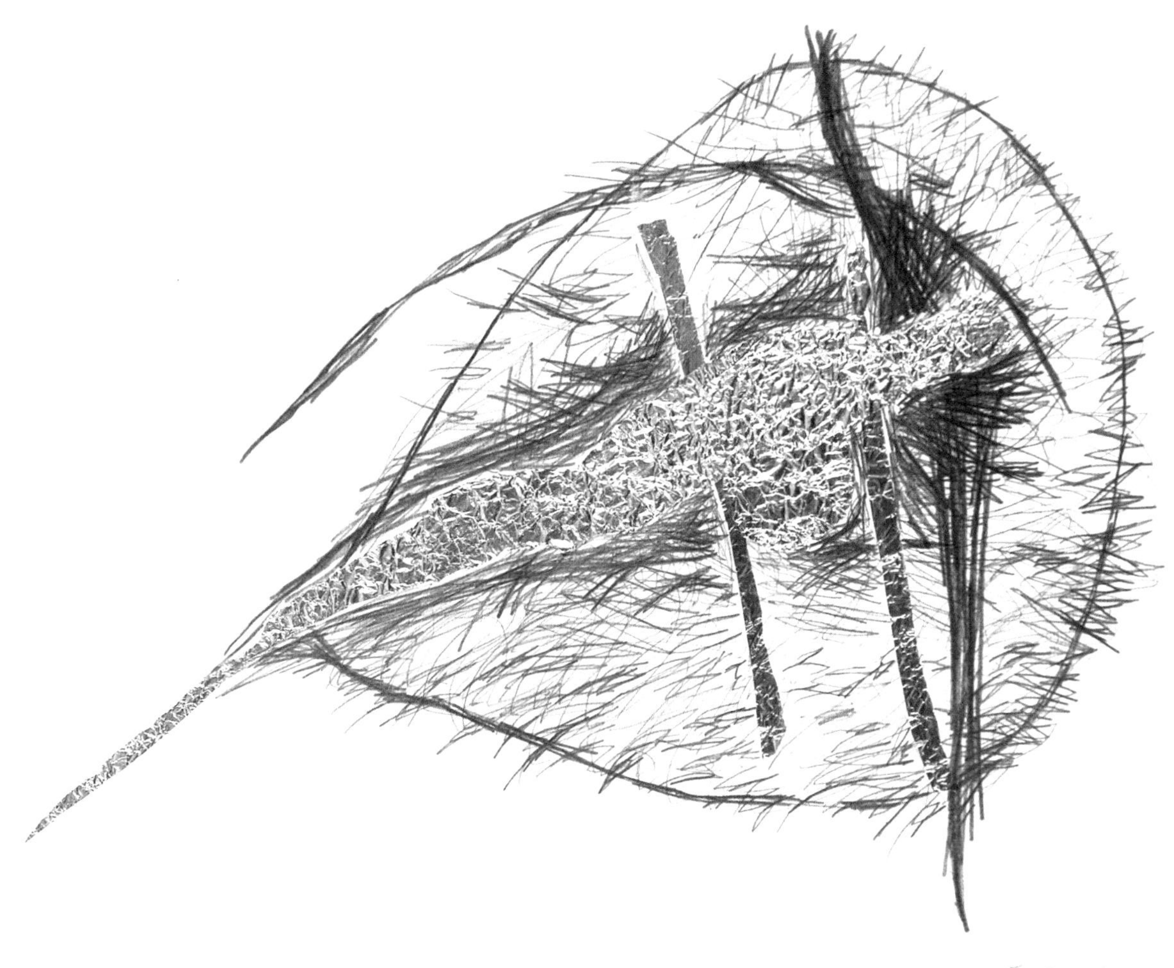

NEBELGLANZ, *Salzburg 7, 2011*
Staniol, Graphit auf Zeichenpapier / Tinfoil, graphite on drawing paper
24 x 32 cm

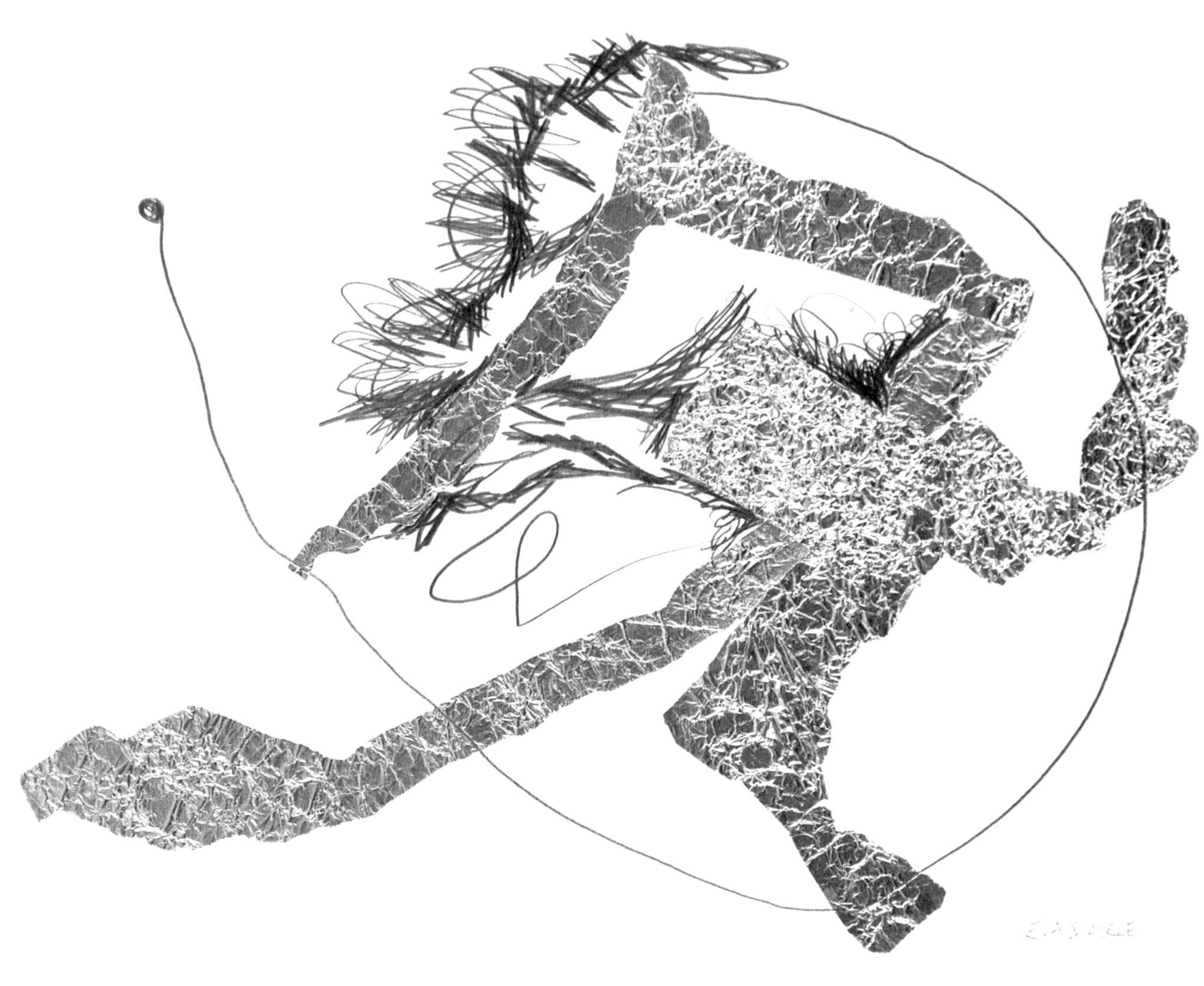

NEBELGLANZ, *Montalcino 3, 2011*

Staniol, Graphit auf Zeichenpapier / Tinfoil, graphite on drawing paper

24 x 32 cm

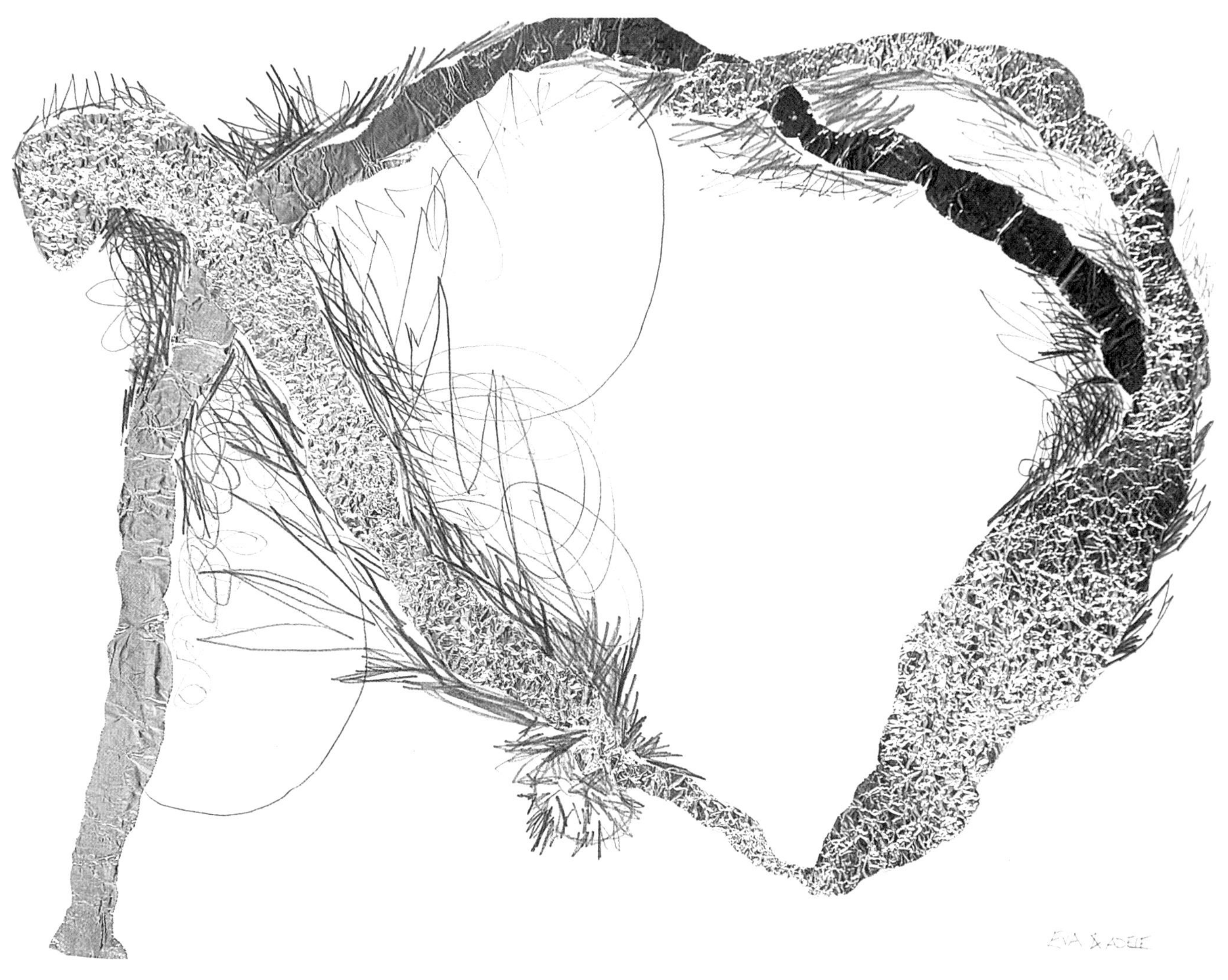

NEBELGLANZ, *Salzburg 1, 2011*
Staniol, Graphit auf Zeichenpapier / Tinfoil, graphite on drawing paper
24 x 32 cm

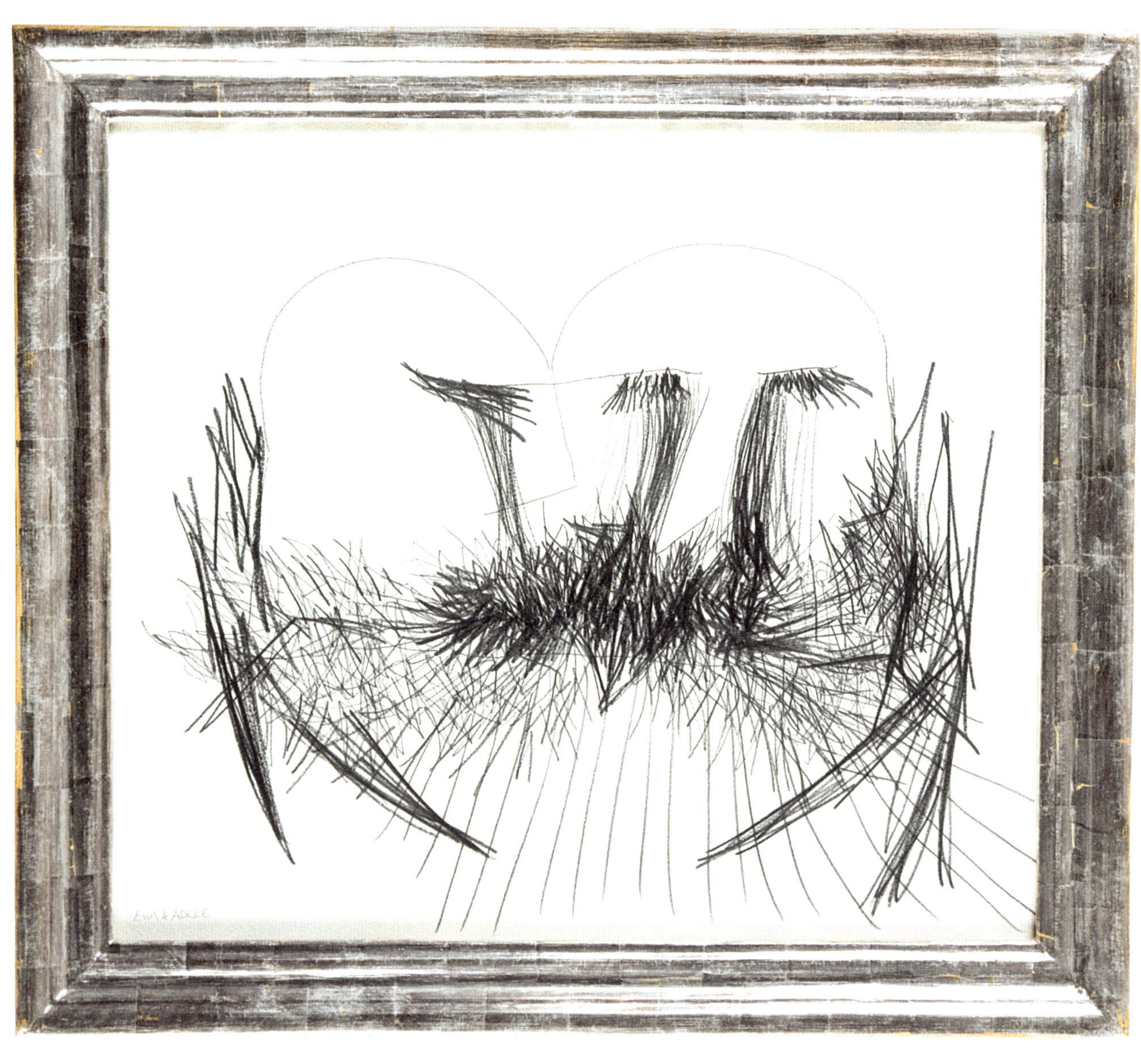

SPIEGELGESPIEGELT A, *2012*

Graphit auf Bütten, Künstlerrahmung / Graphite on laid paper, artist framed

42,7 x 48,3 cm

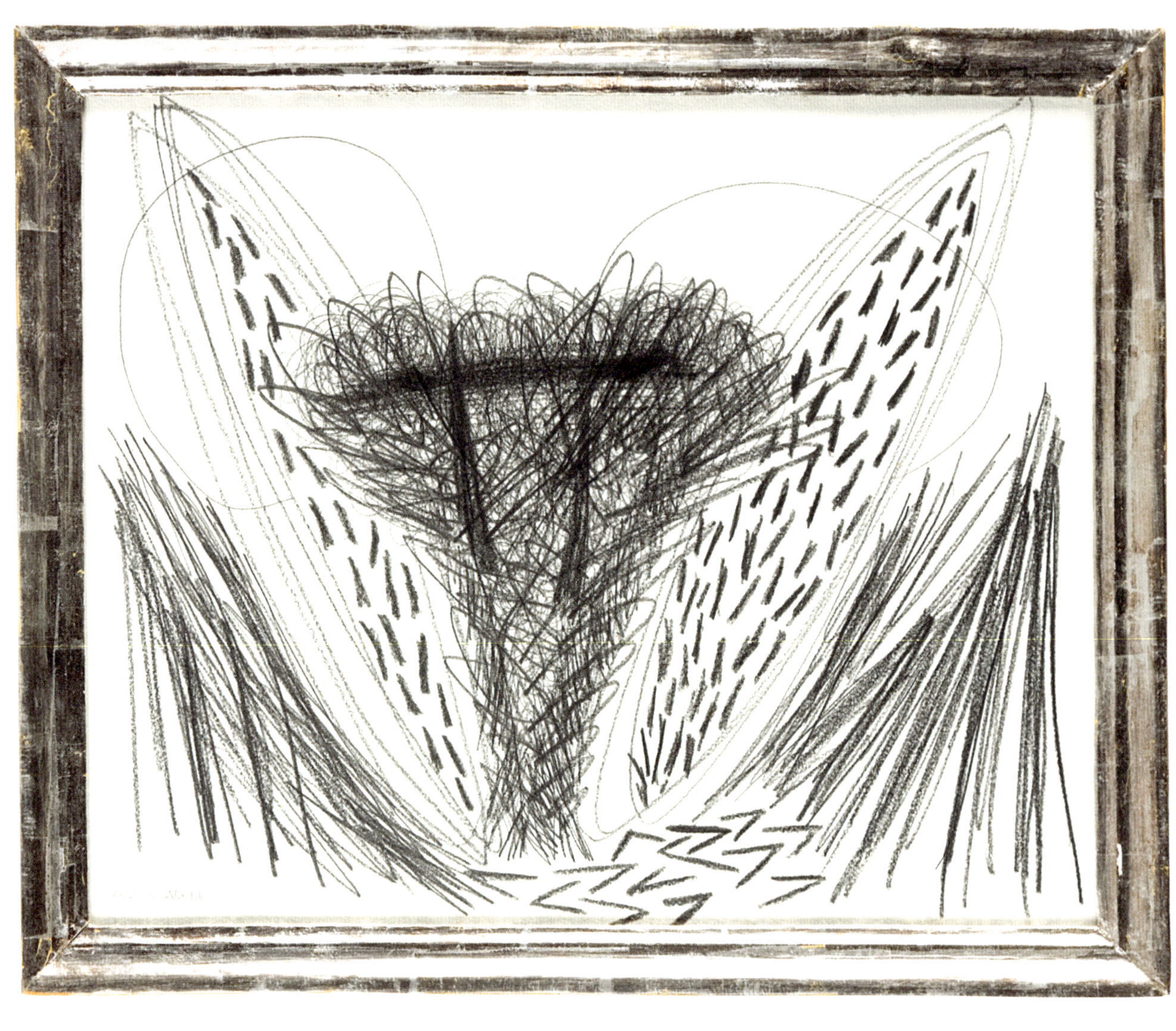

SPIEGELGESPIEGELT T, 2012

Graphit auf Bütten, Künstlerrahmung / Graphite on laid paper, artist framed

36,4 x 43,8 cm

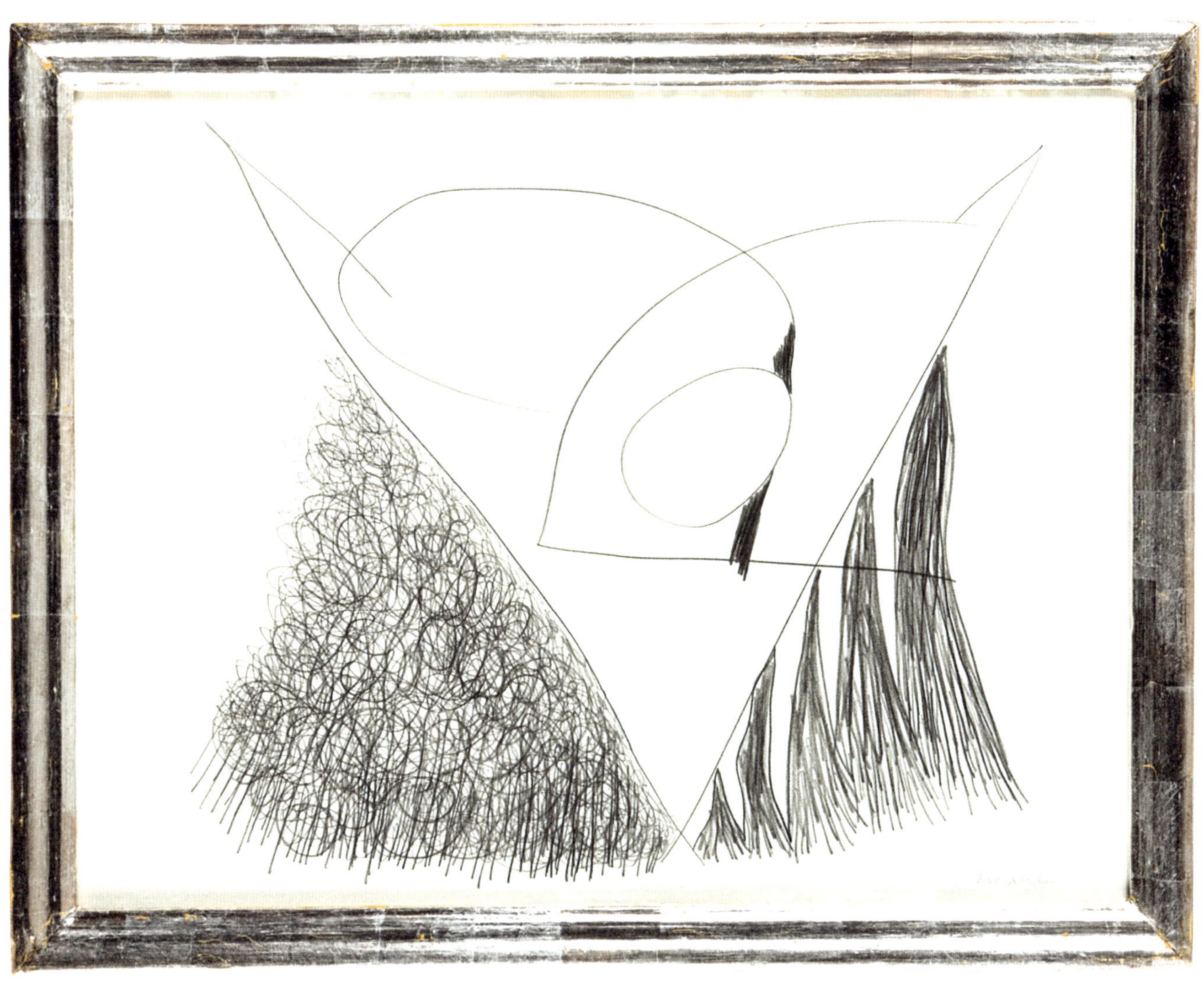

SPIEGELGESPIEGELT V, *2012*

Graphit auf Bütten, Künstlerrahmung / Graphite on laid paper, artist framed

36,5 x 46,4 cm

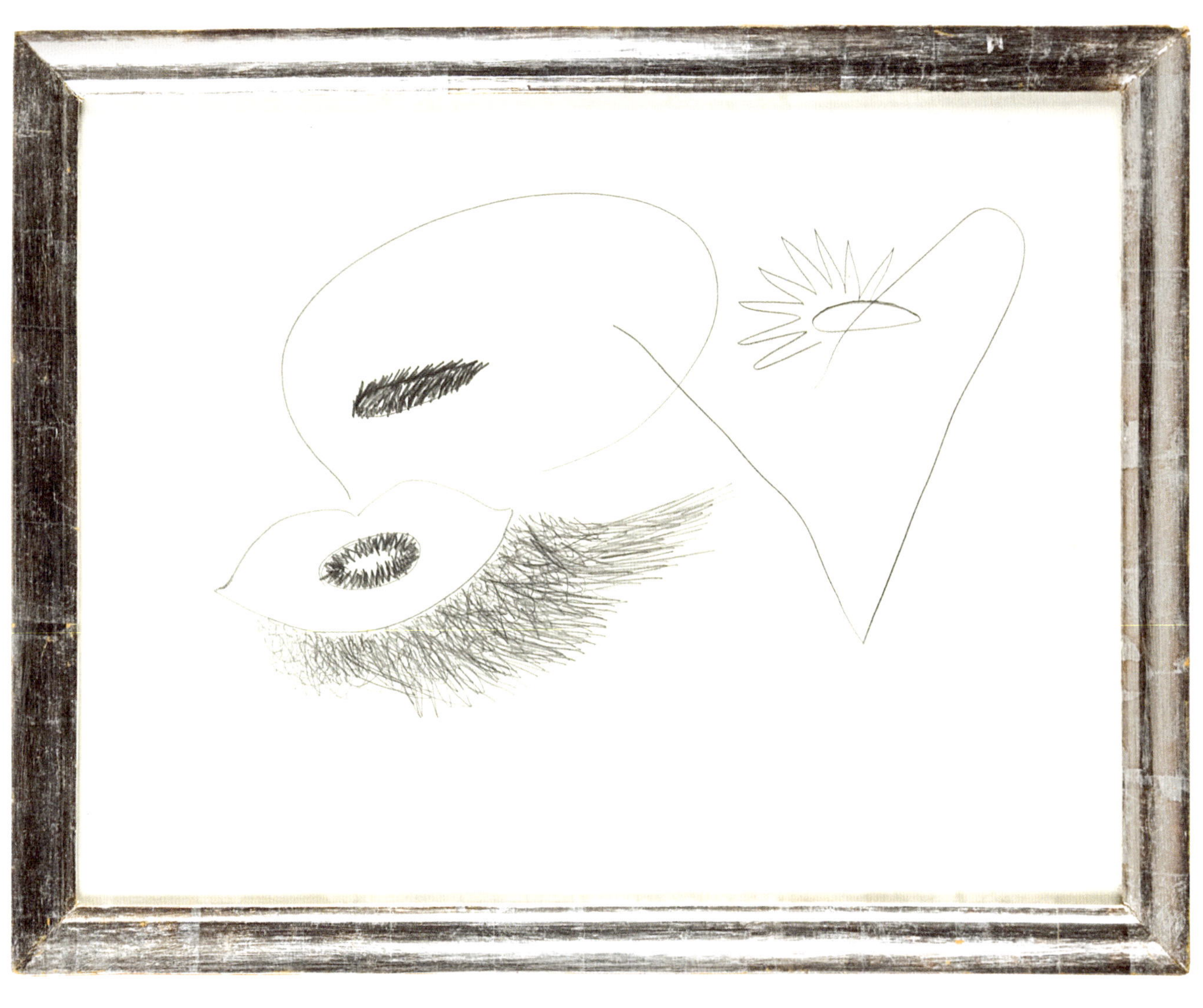

SPIEGELGESPIEGELT U, 2012

Graphit auf Bütten, Künstlerrahmung / Graphite on laid paper, artist framed

36,5 x 46,5 cm

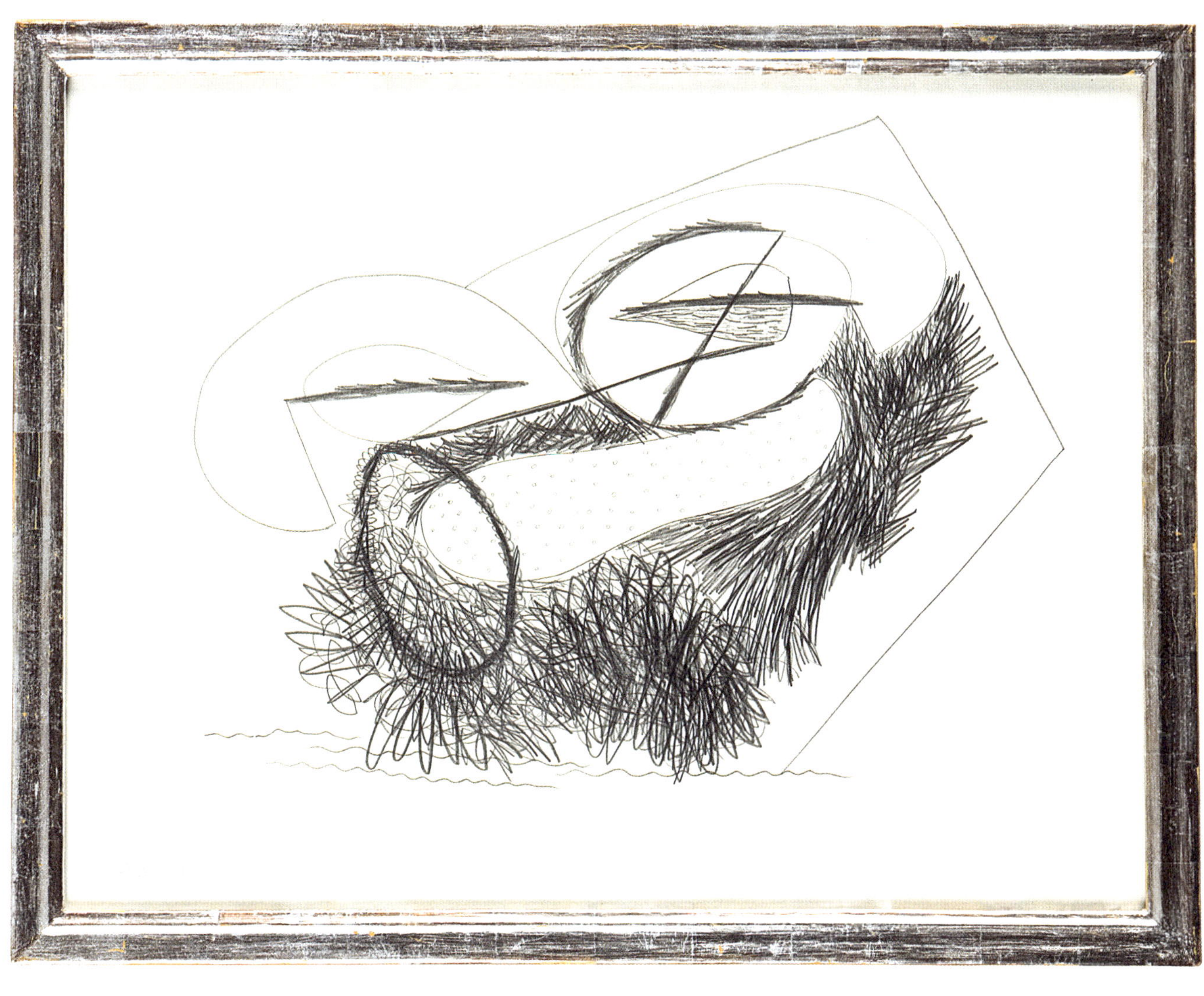

SPIEGELGESPIEGELT B, *2012*

Graphit auf Bütten, Künstlerrahmung / Graphite on laid paper, artist framed

35,4 x 45,3 cm

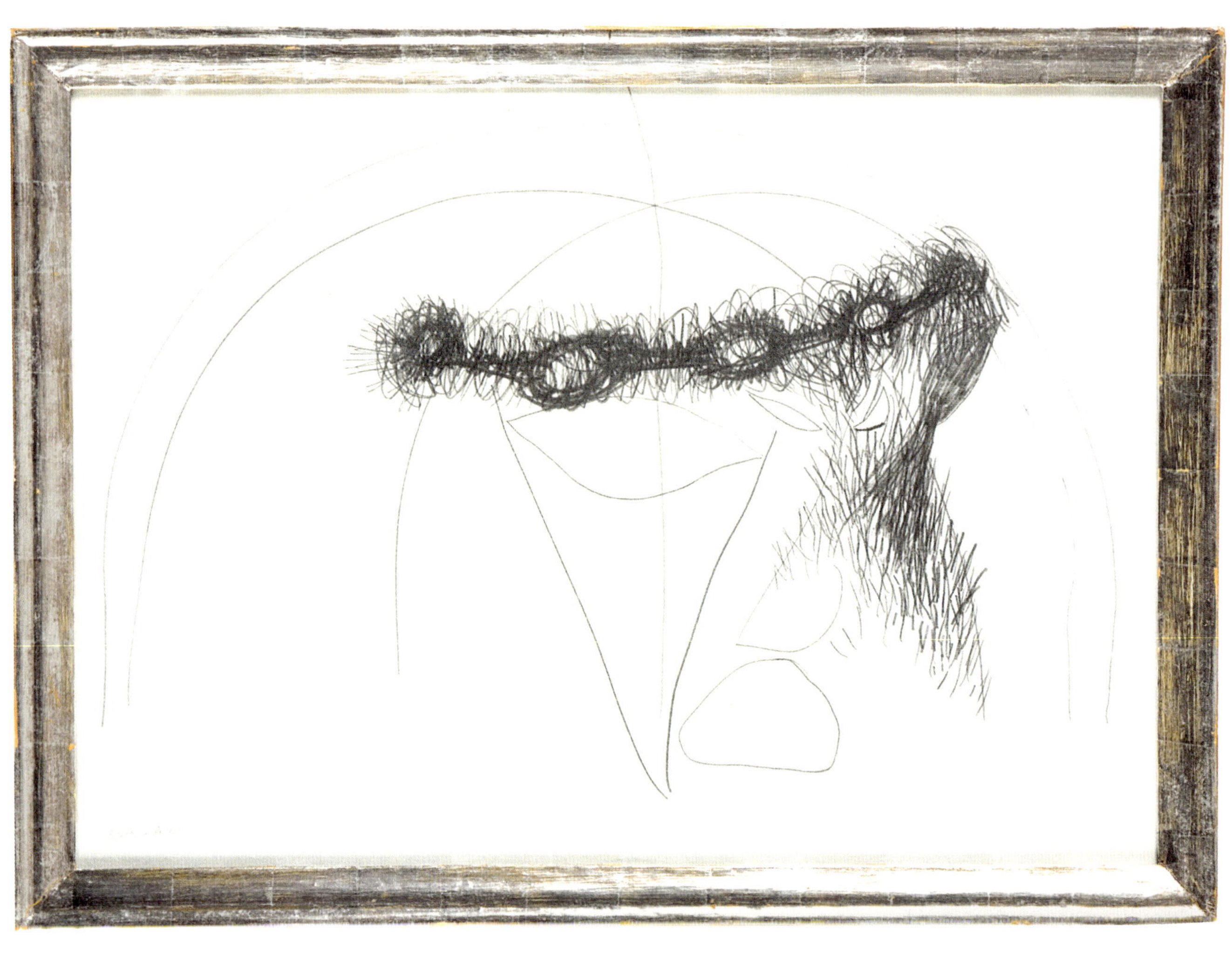

SPIEGELGESPIEGELT J, *2012*

Graphit auf Bütten, Künstlerrahmung / Graphite on laid paper, artist framed

36,6 x 49,6 cm

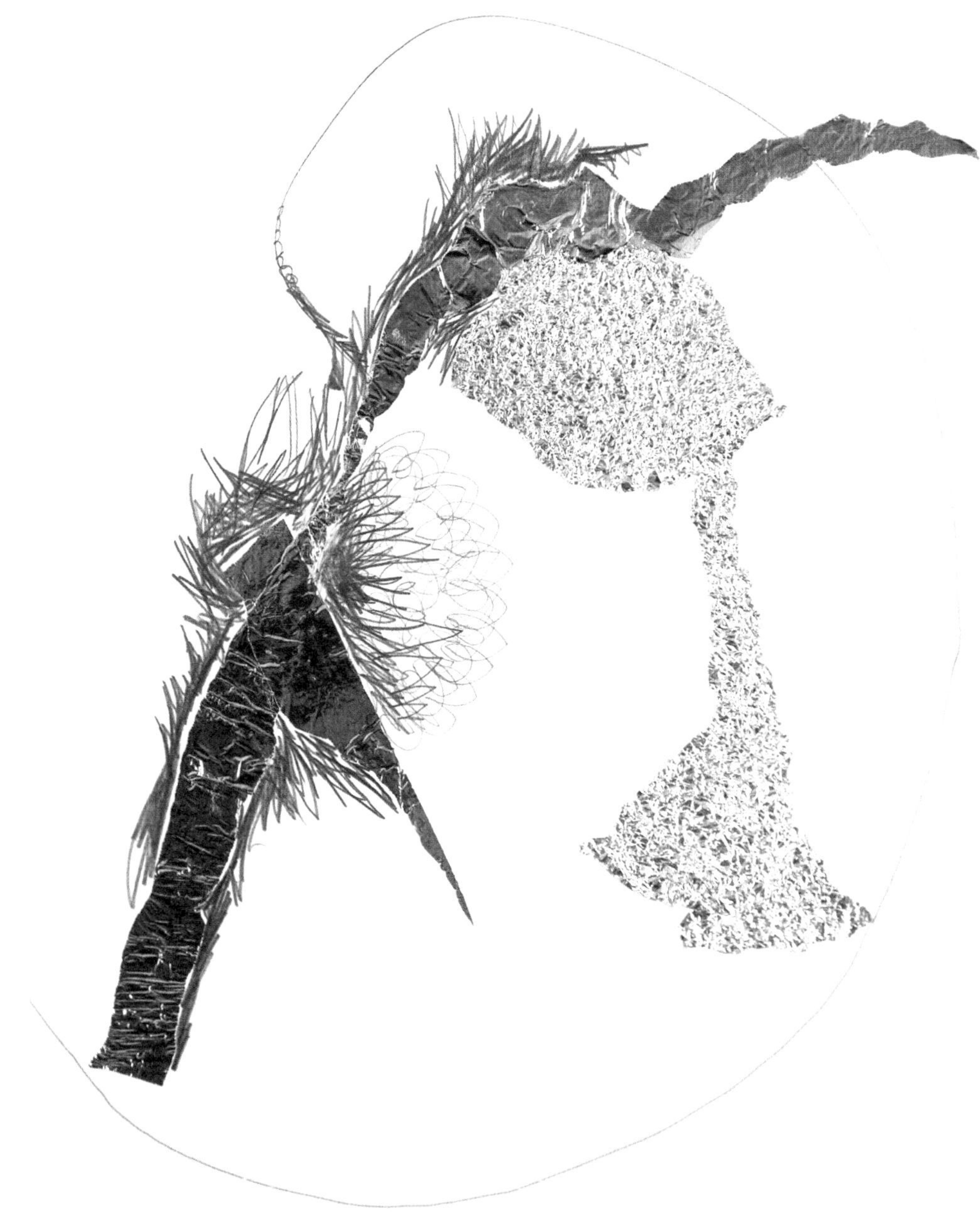

NEBELGLANZ, *Salzburg 2, 2011*
Staniol, Graphit auf Zeichenpapier / Tinfoil, graphite on drawing paper
32 x 24 cm

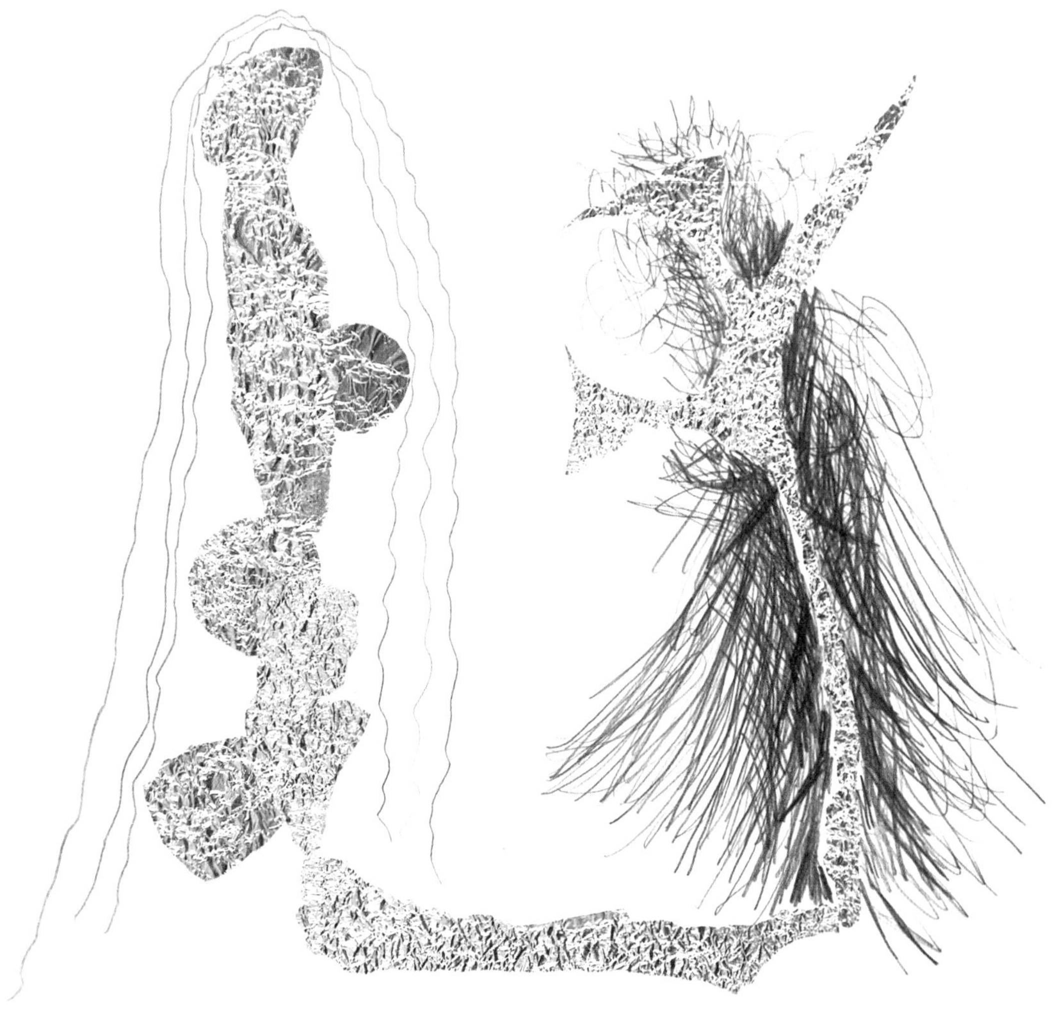

NEBELGLANZ, *Salzburg 6, 2011*

Staniol, Graphit auf Zeichenpapier / Tinfoil, graphite on drawing paper

24 x 32 cm

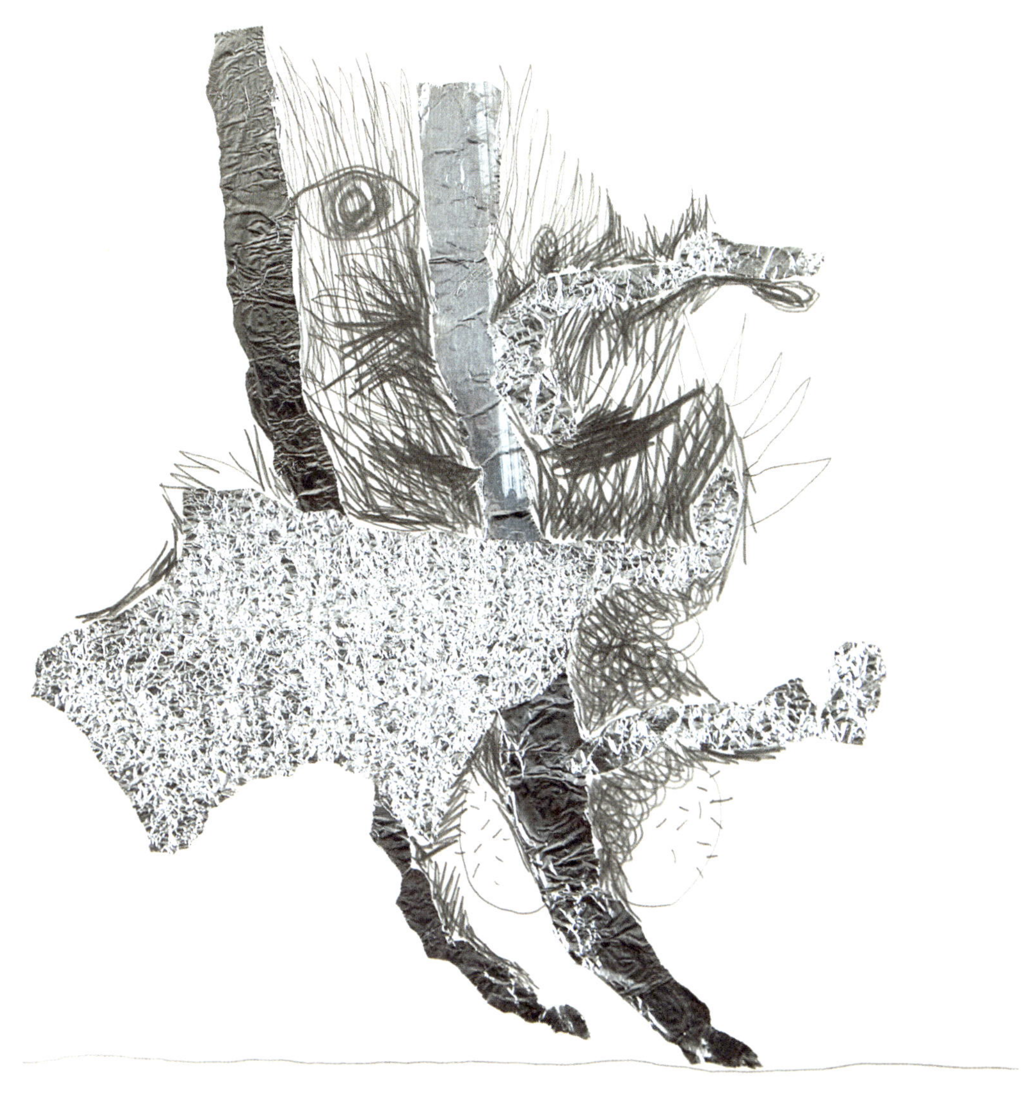

NEBELGLANZ, *Salzburg 3, 2011*
Staniol, Graphit auf Zeichenpapier / Tinfoil graphite on drawing paper
32 x 24 cm

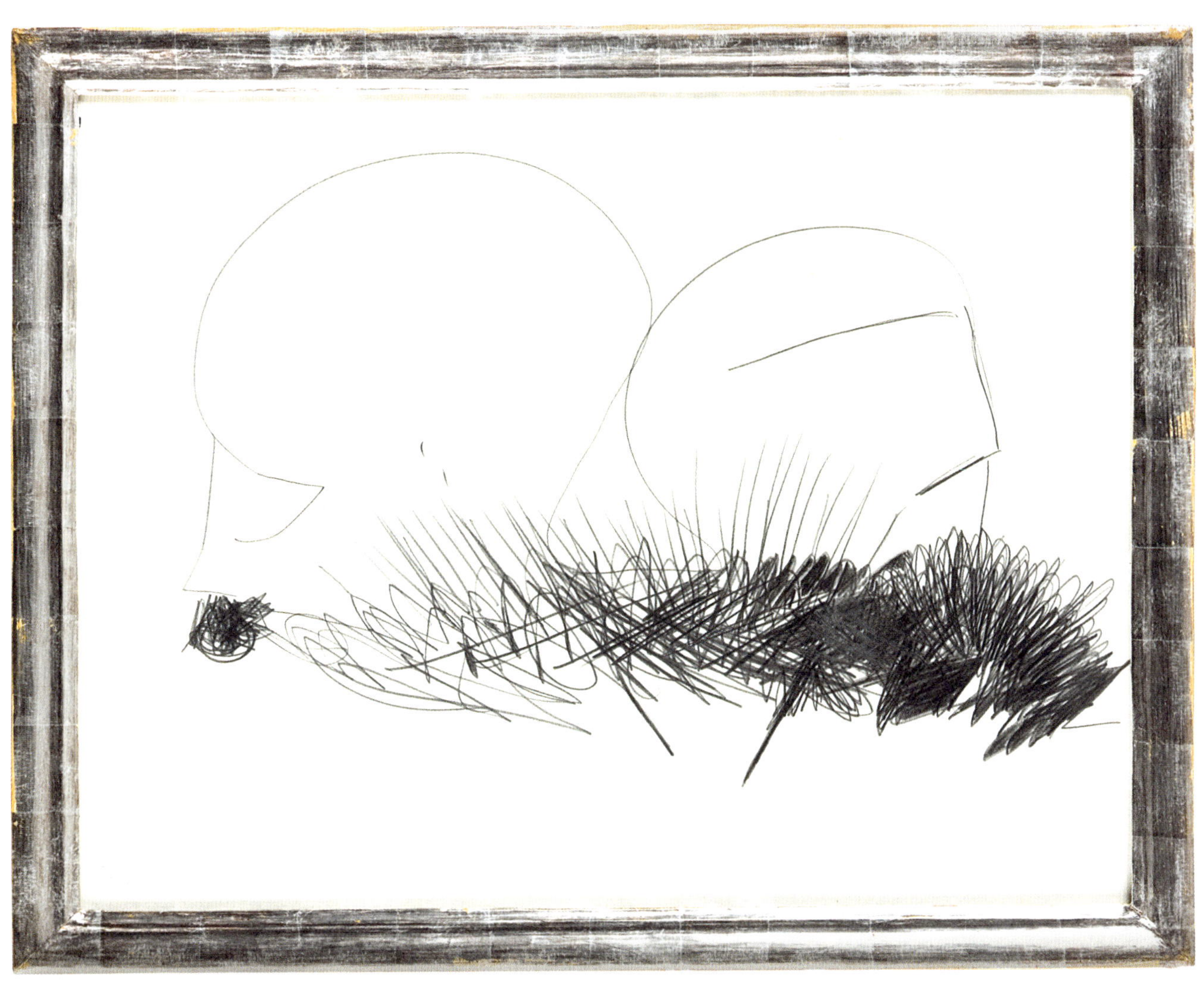

SPIEGELGESPIEGELT G, *2012*

Graphit auf Bütten, Künstlerrahmung / Graphite on laid paper, artist framed

36,6 x 45,9 cm

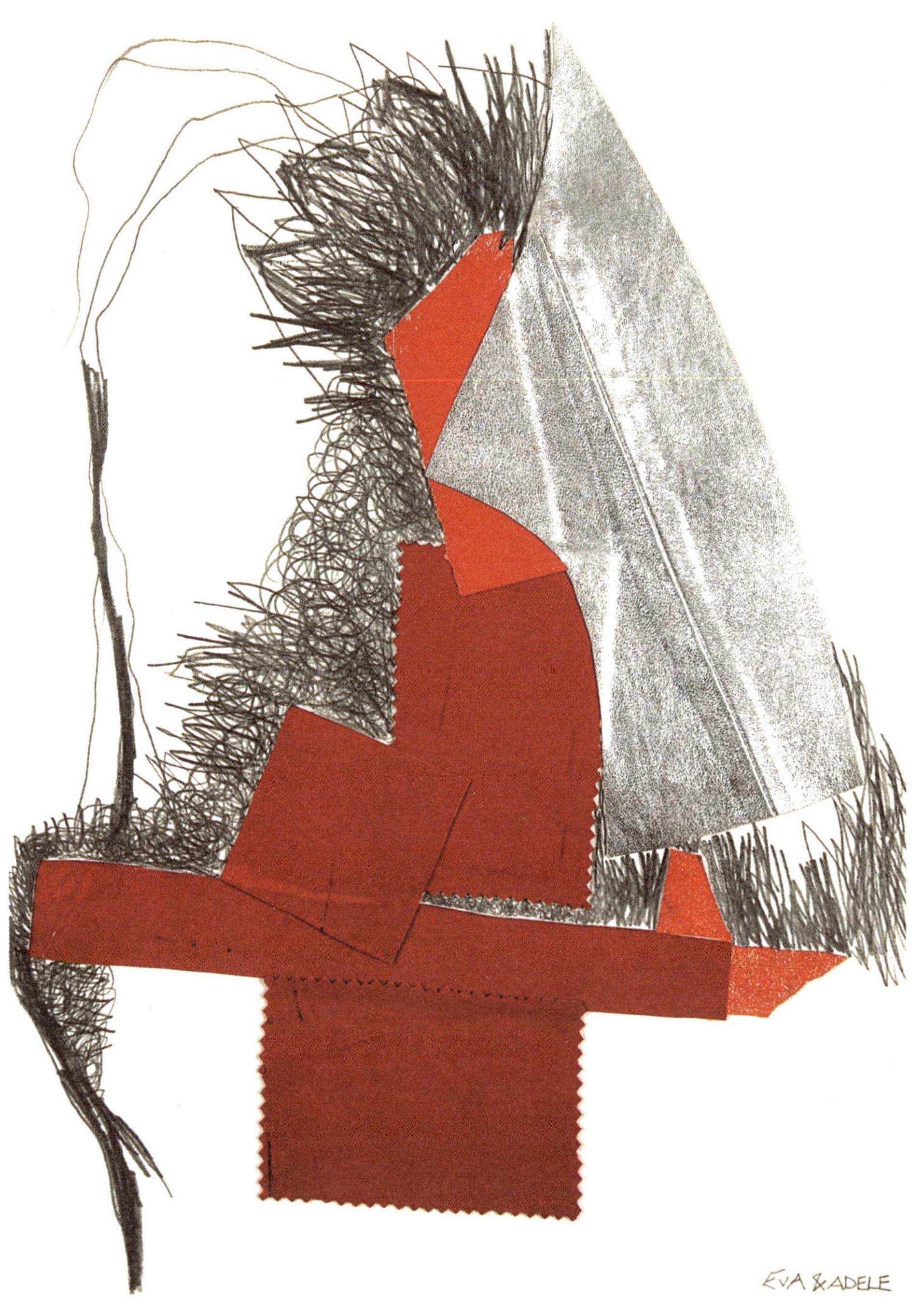

NEBELGLANZ, *St. Christoph 5, 2011*
Leder, Staniol, Graphit auf Bütten / Leather, tinfoil, graphite on laid paper
41,8 x 30,2 cm

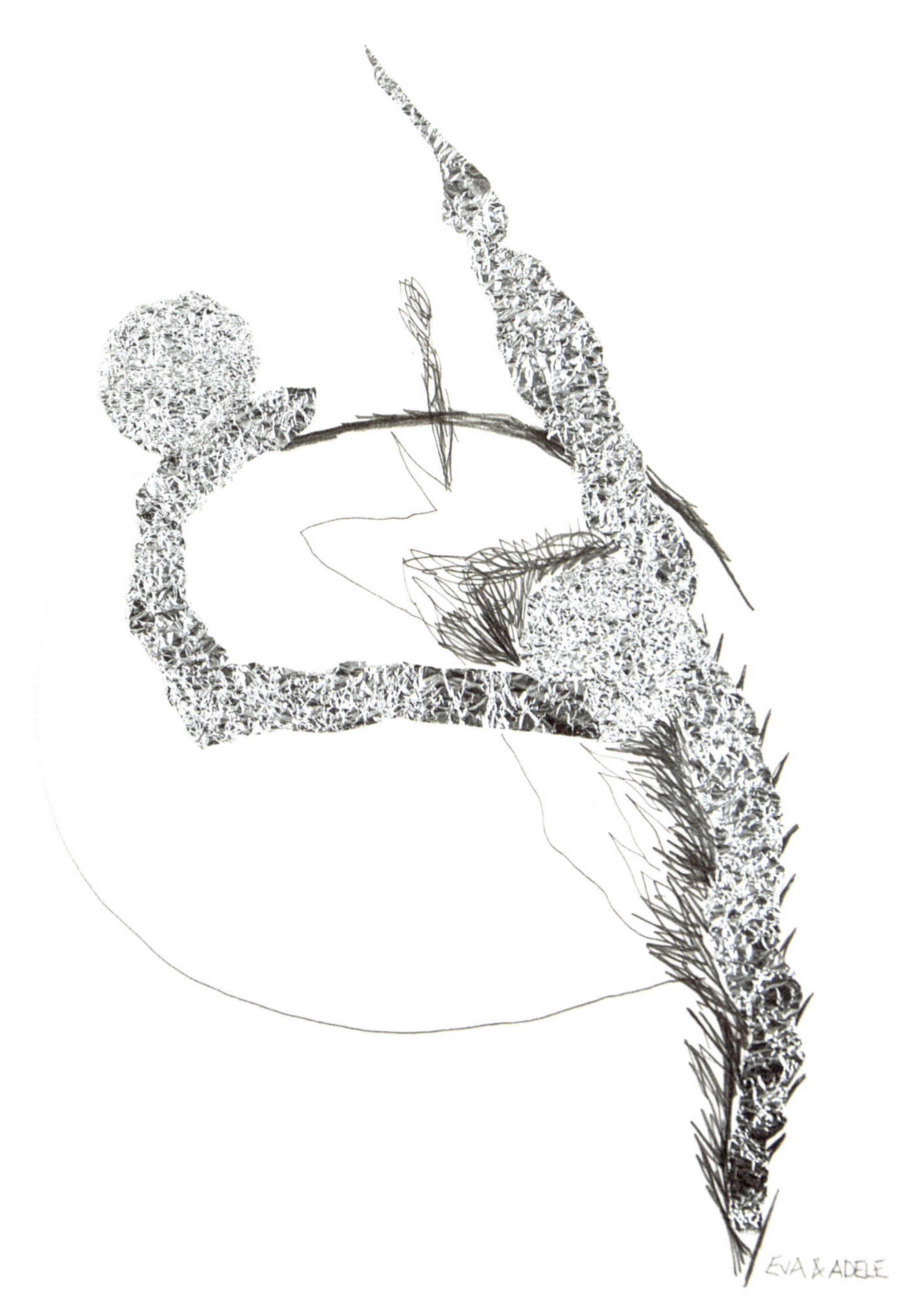

NEBELGLANZ, *Salzburg 5, 2011*
Staniol, Graphit auf Zeichenpapier / Tinfoil, graphite on drawing paper
32 x 24 cm

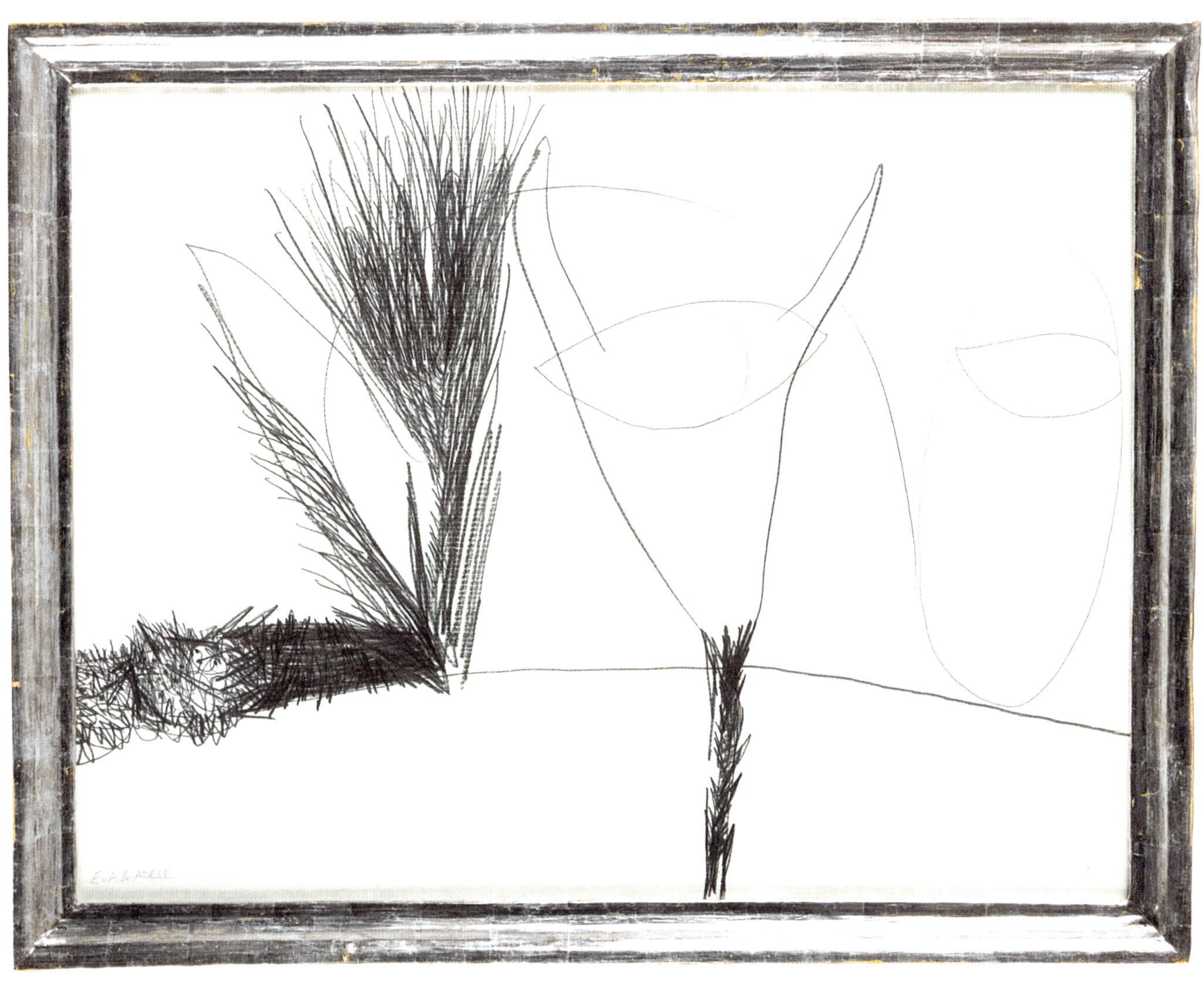

SPIEGELGESPIEGELT P, *2012*

Graphit auf Bütten, Künstlerrahmung / Graphite on laid paper, artist framed

44,2 x 56,5 cm

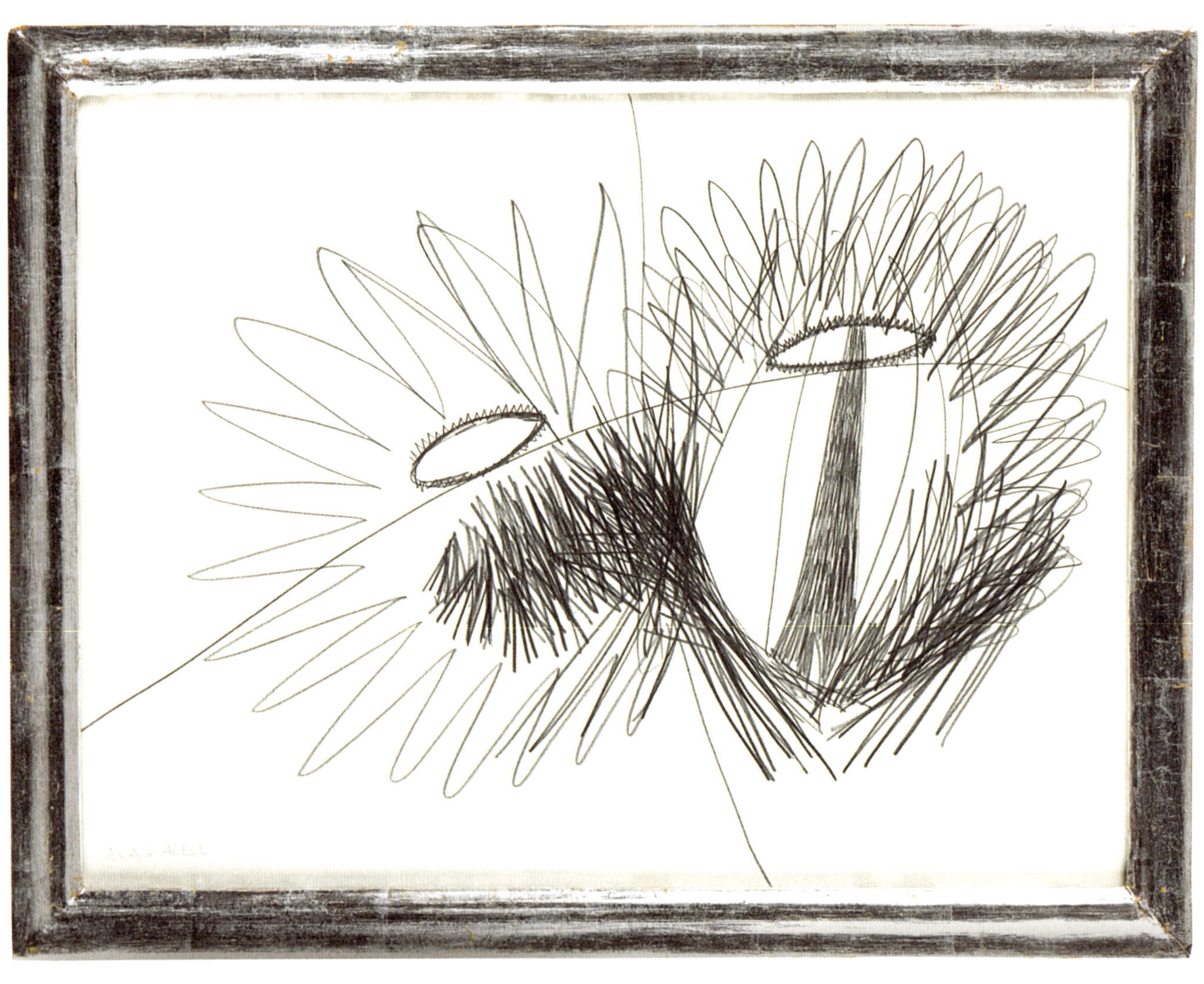

SPIEGELGESPIEGELT Q, 2012

Graphit auf Bütten, Künstlerrahmung / Graphite on laid paper, artist framed

35,6 x 45,8 cm

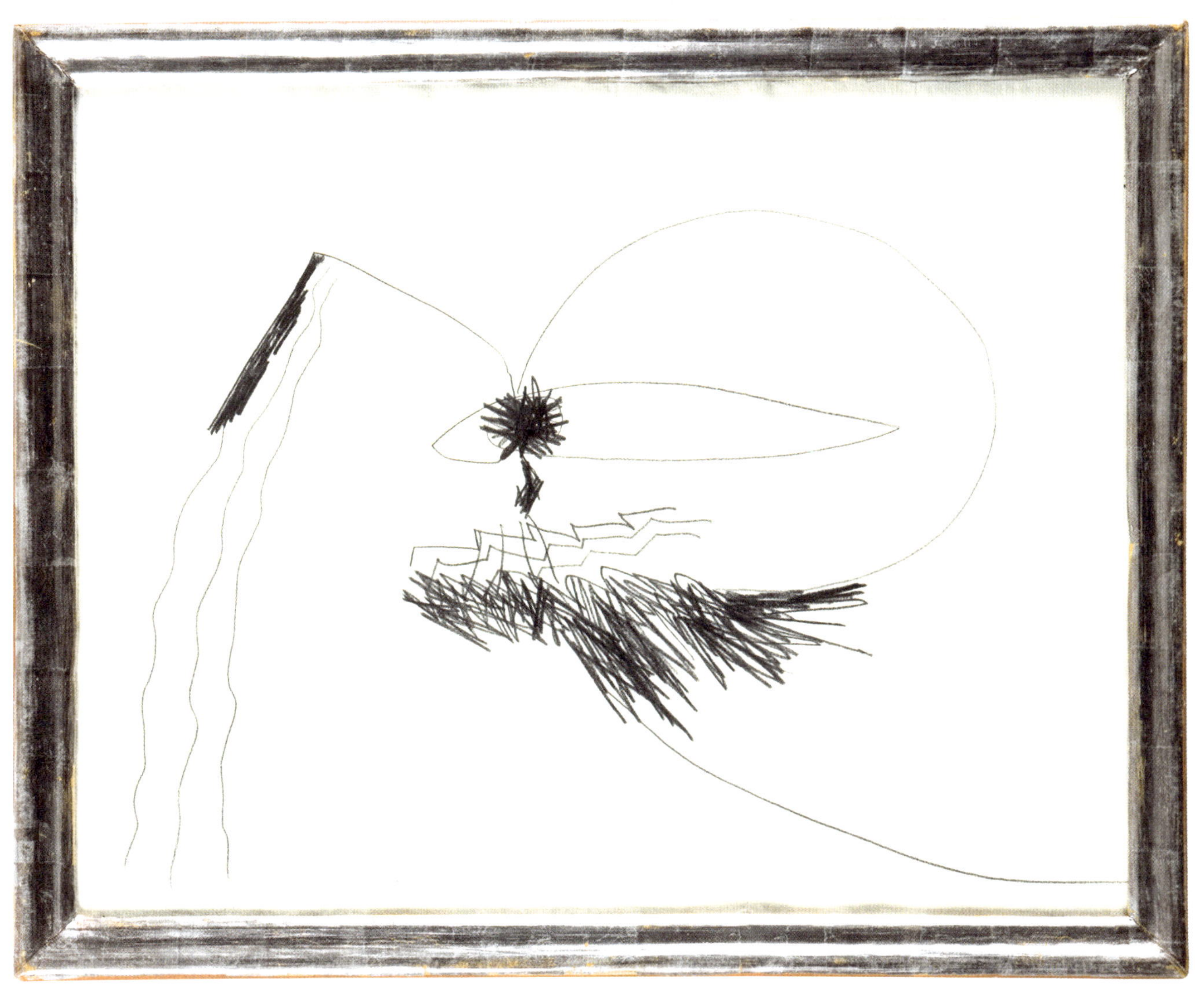

SPIEGELGESPIEGELT F, *2012*

Graphit auf Bütten, Künstlerrahmung / Graphite on laid paper, artist framed

36,8 x 45,9 cm

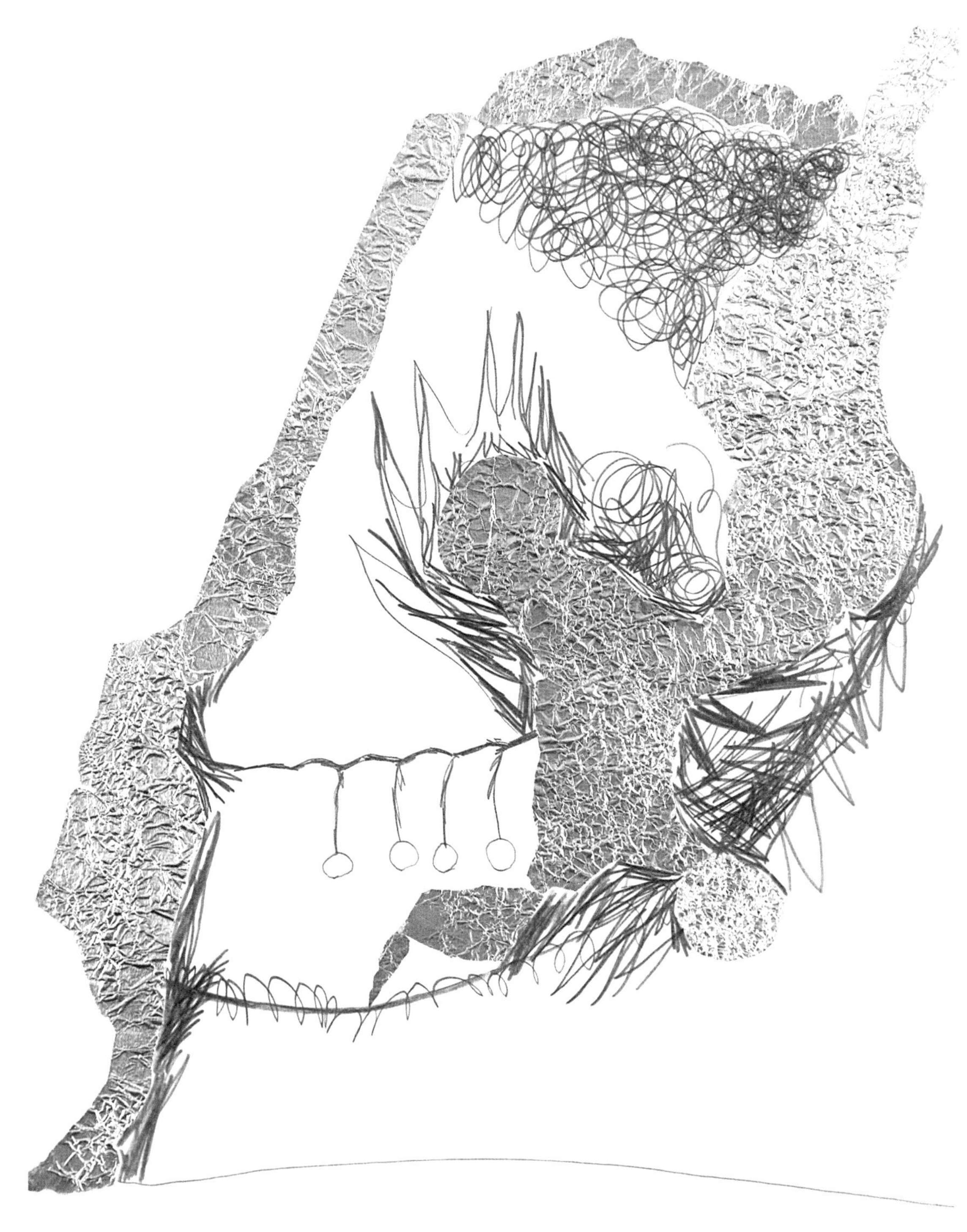

NEBELGLANZ, *Ile de Ré 3, 2011*
Staniol, Graphit auf Zeichenkarton / Tinfoil, graphite on artist's board
47,5 x 36 cm

EVA & ADELE, *Performance-Kostümpaar, 1992*
Vinyl Rosa, Satinfutter / Vinyl rose, satin lining

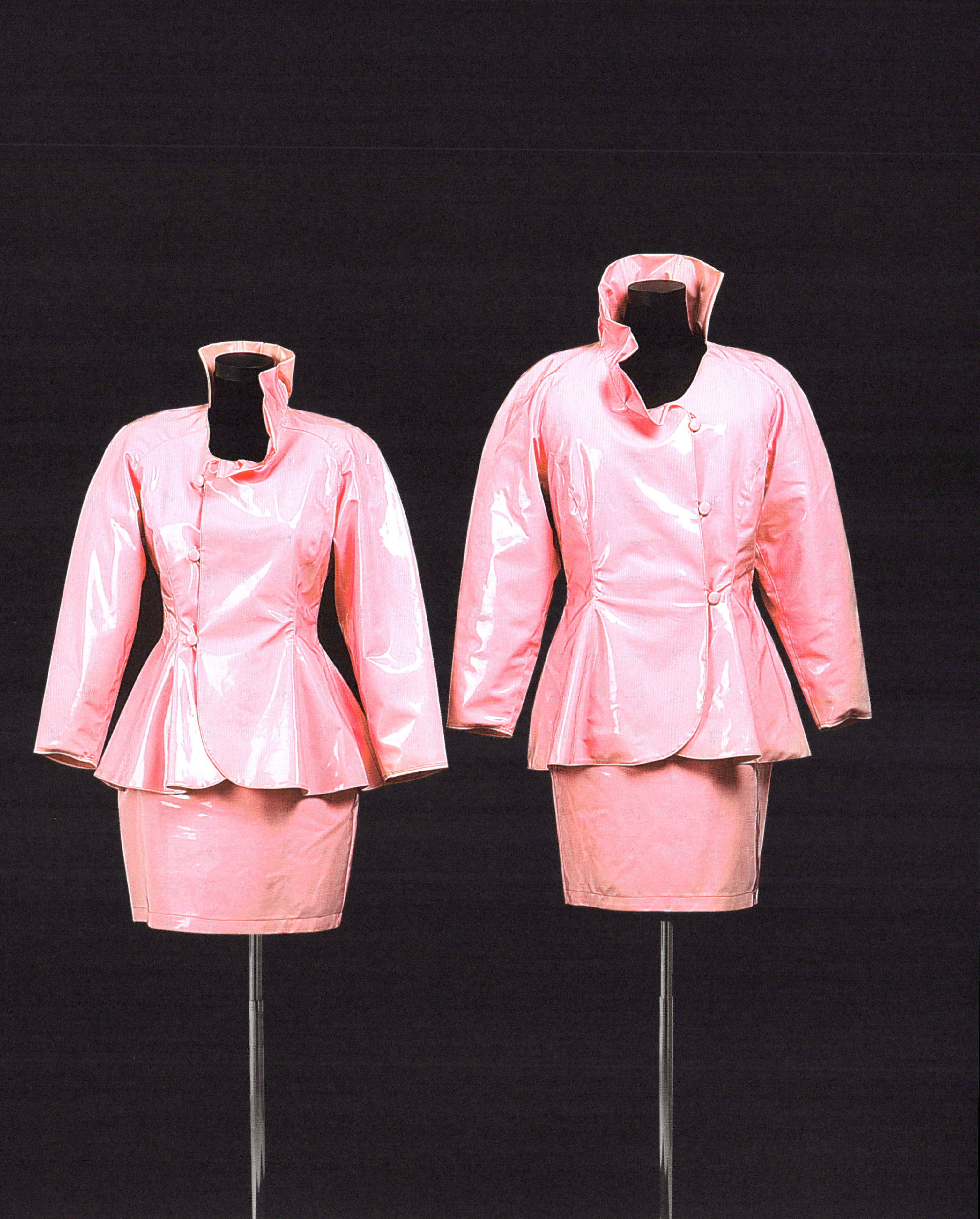

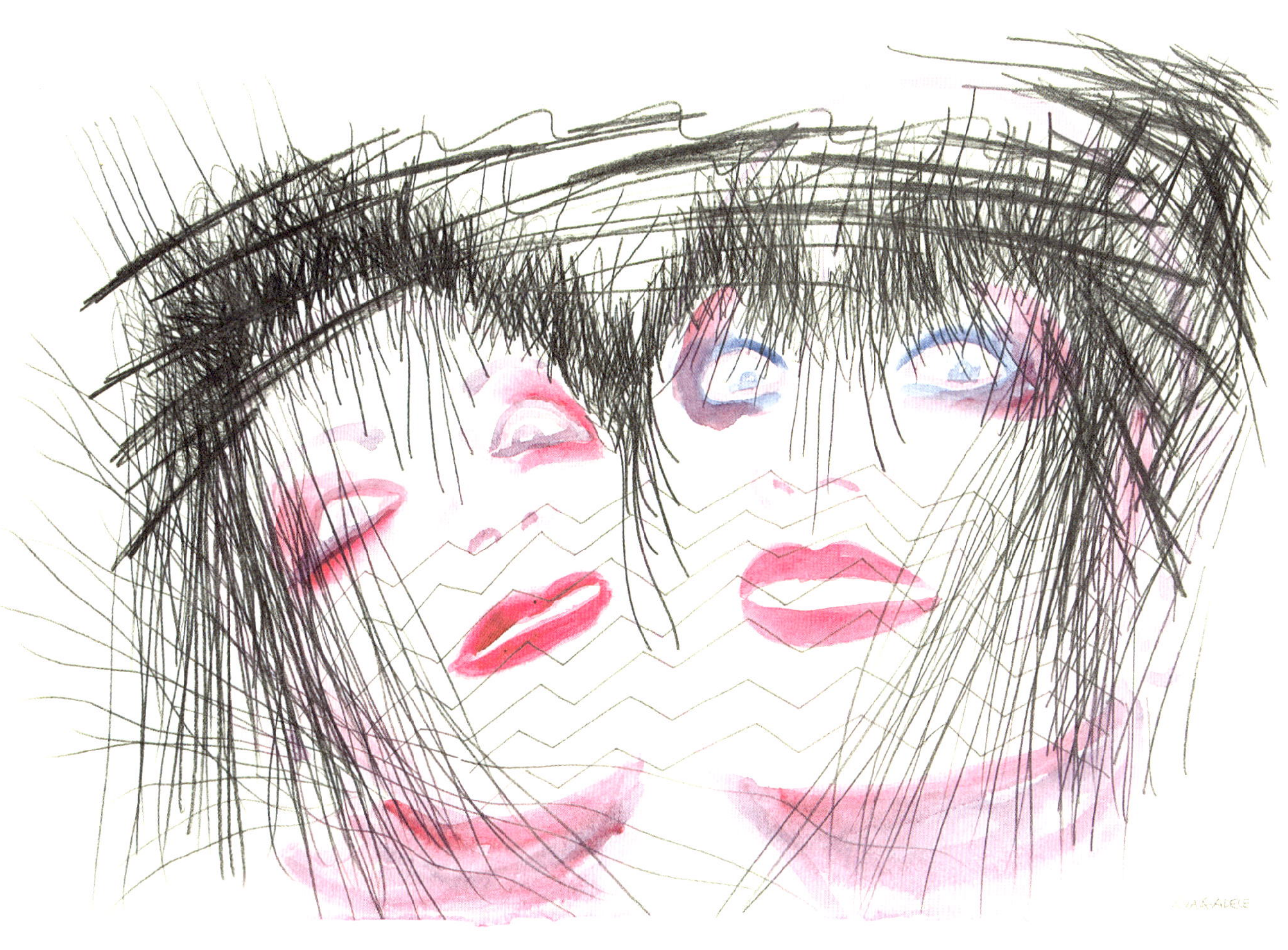

TIDES 10, *2012*
Aquarell, Graphit auf Bütten / Watercolor, graphite on laid paper
38 x 56 cm

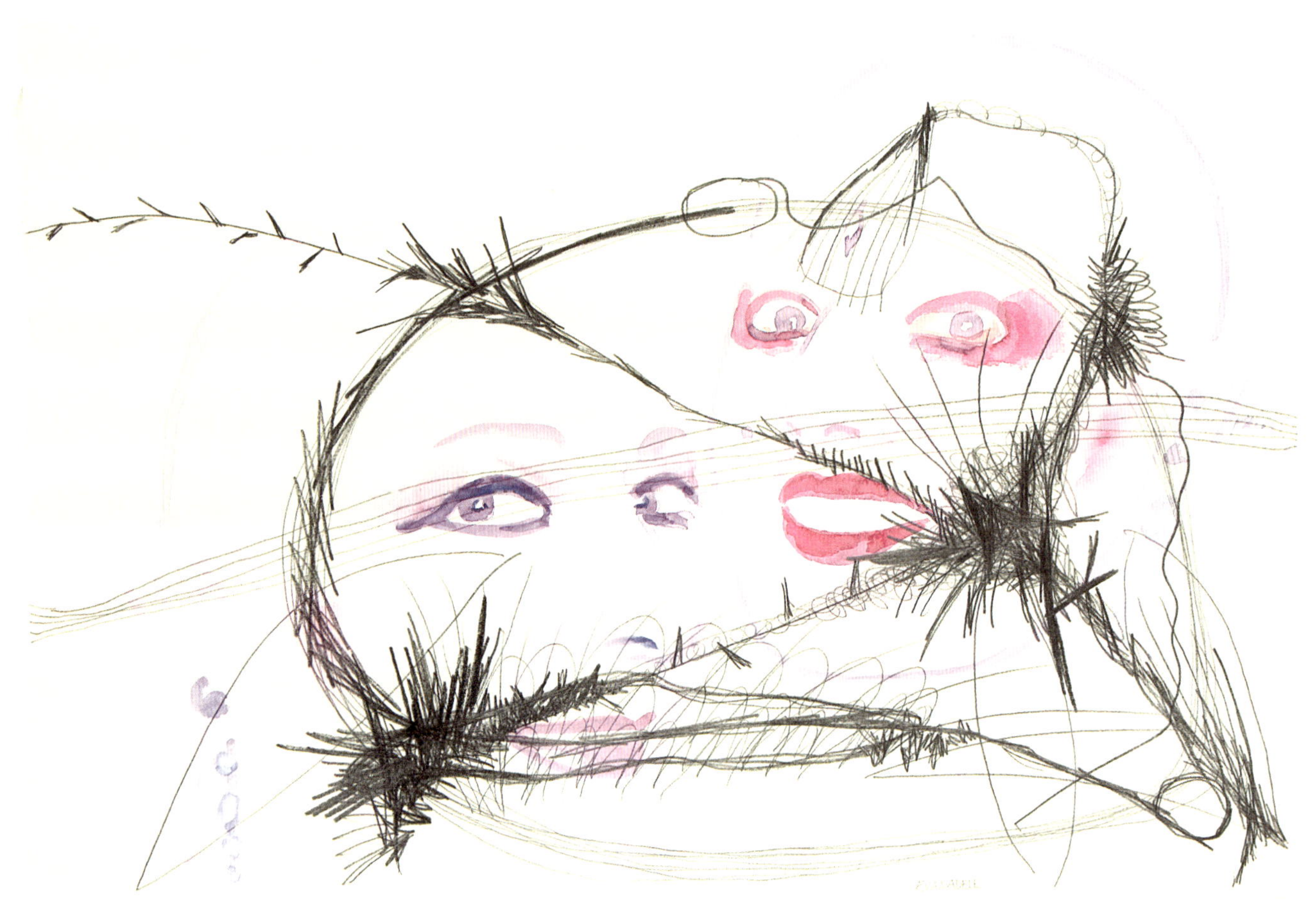

TIDES 9, *2012*
Aquarell, Graphit auf Bütten / Watercolor, graphite on laid paper
38 x 56 cm

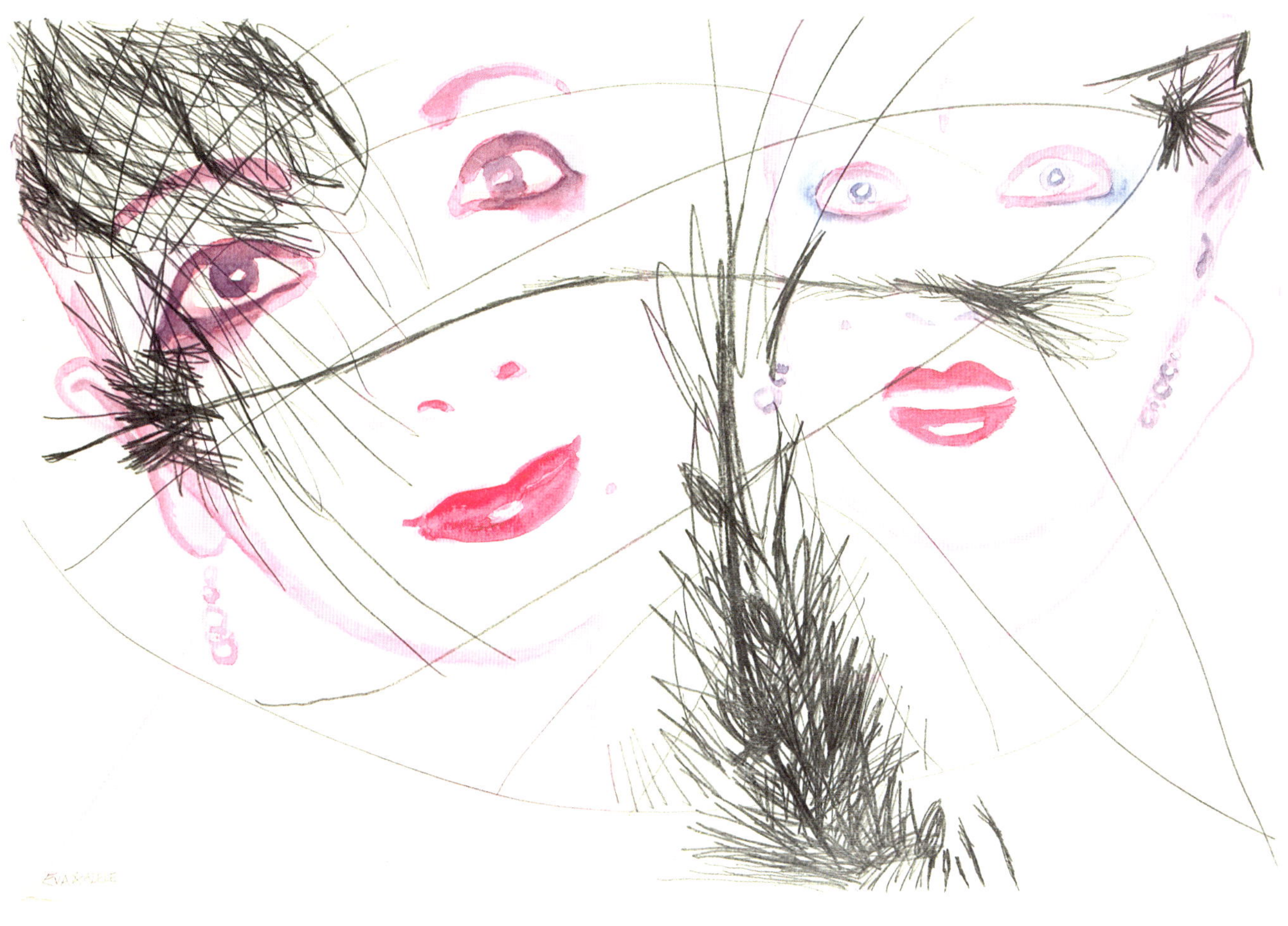

TIDES 7, 2012

Aquarell, Graphit auf Bütten / Watercolor, graphite on laid paper

38 x 56 cm

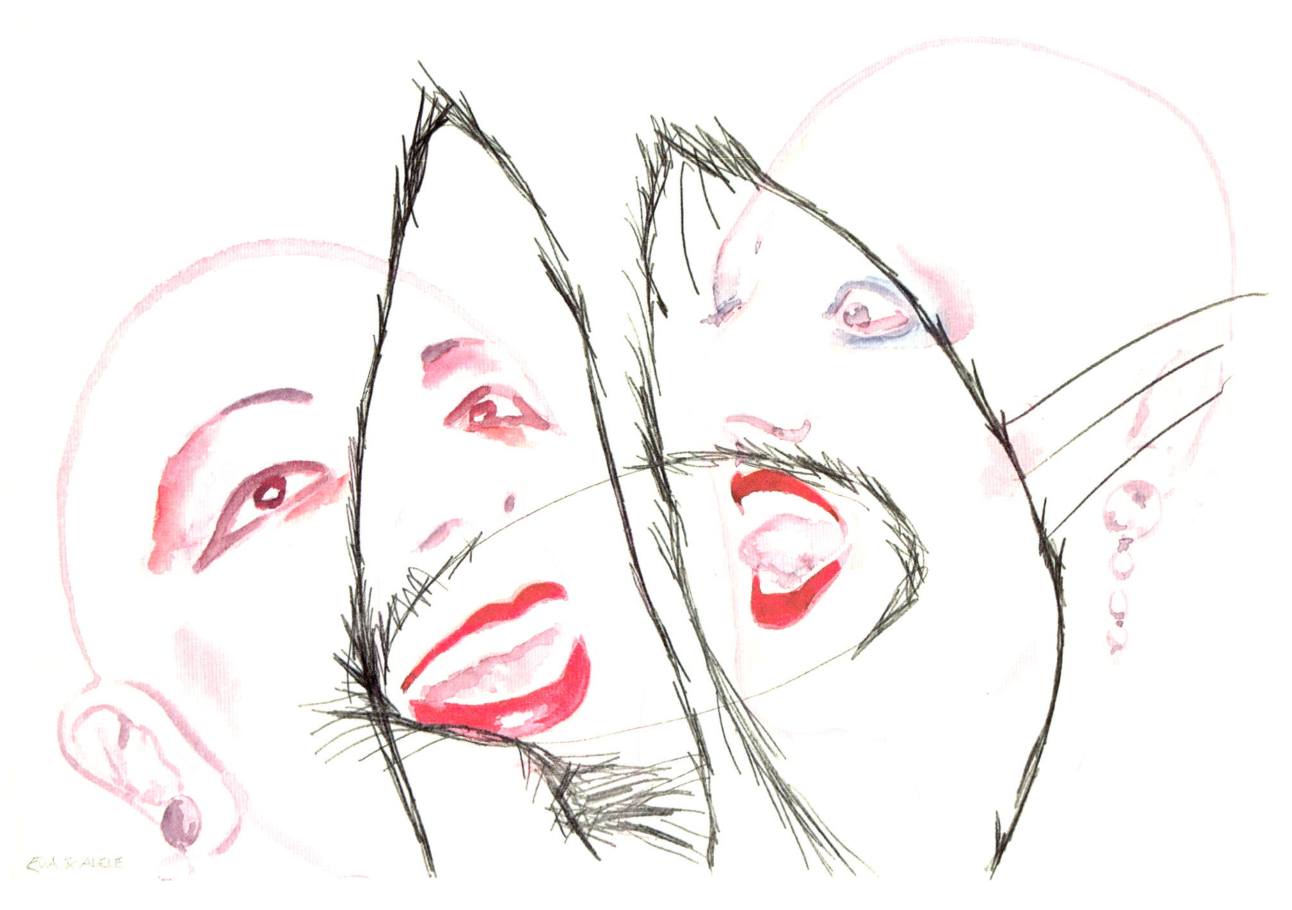

TIDES 13, *2012*

Aquarell, Graphit auf Bütten / Watercolor, graphite on laid paper

38 x 56 cm

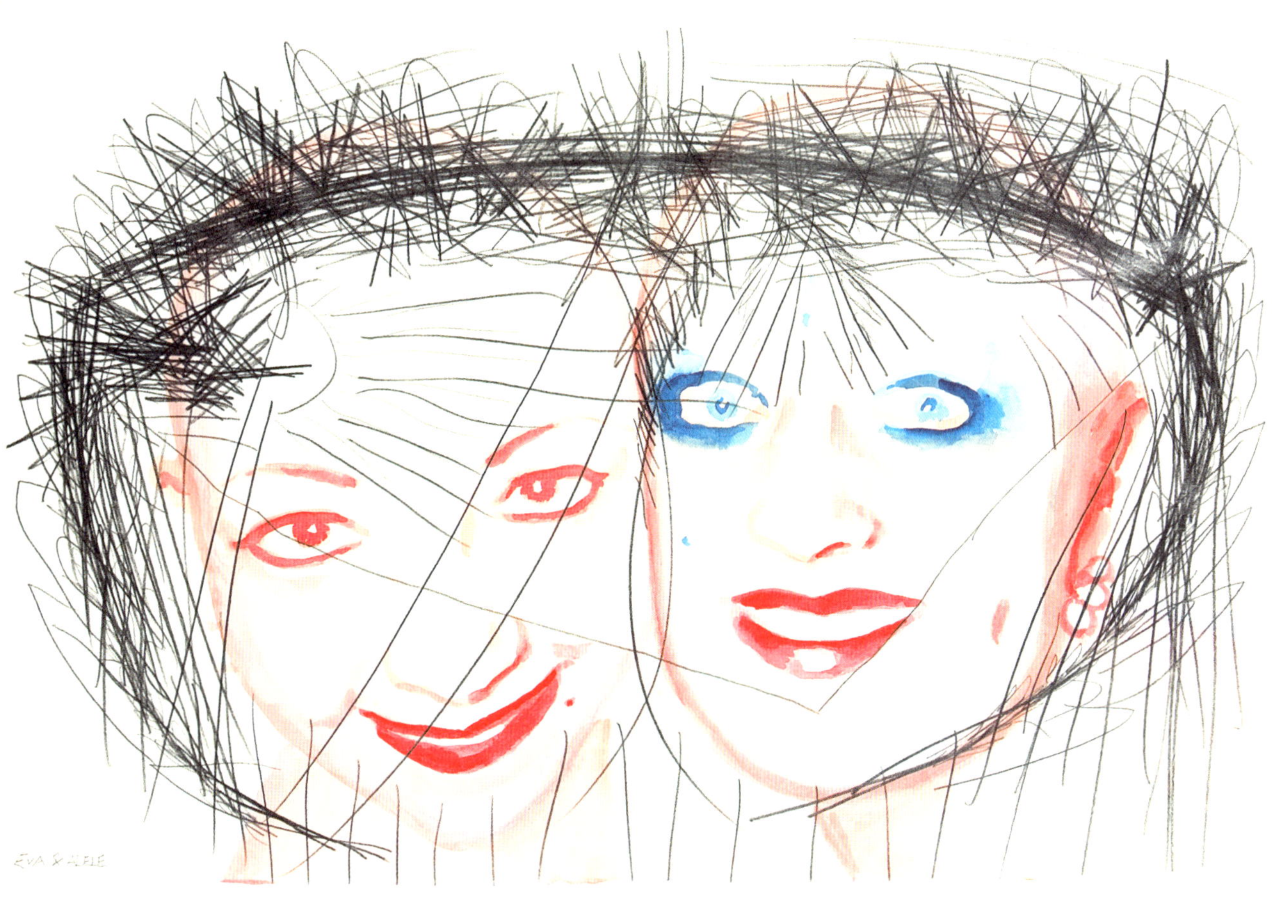

TIDES 5, 2012

Aquarell, Graphit auf Bütten / Watercolor, graphite on laid paper

38 x 56 cm

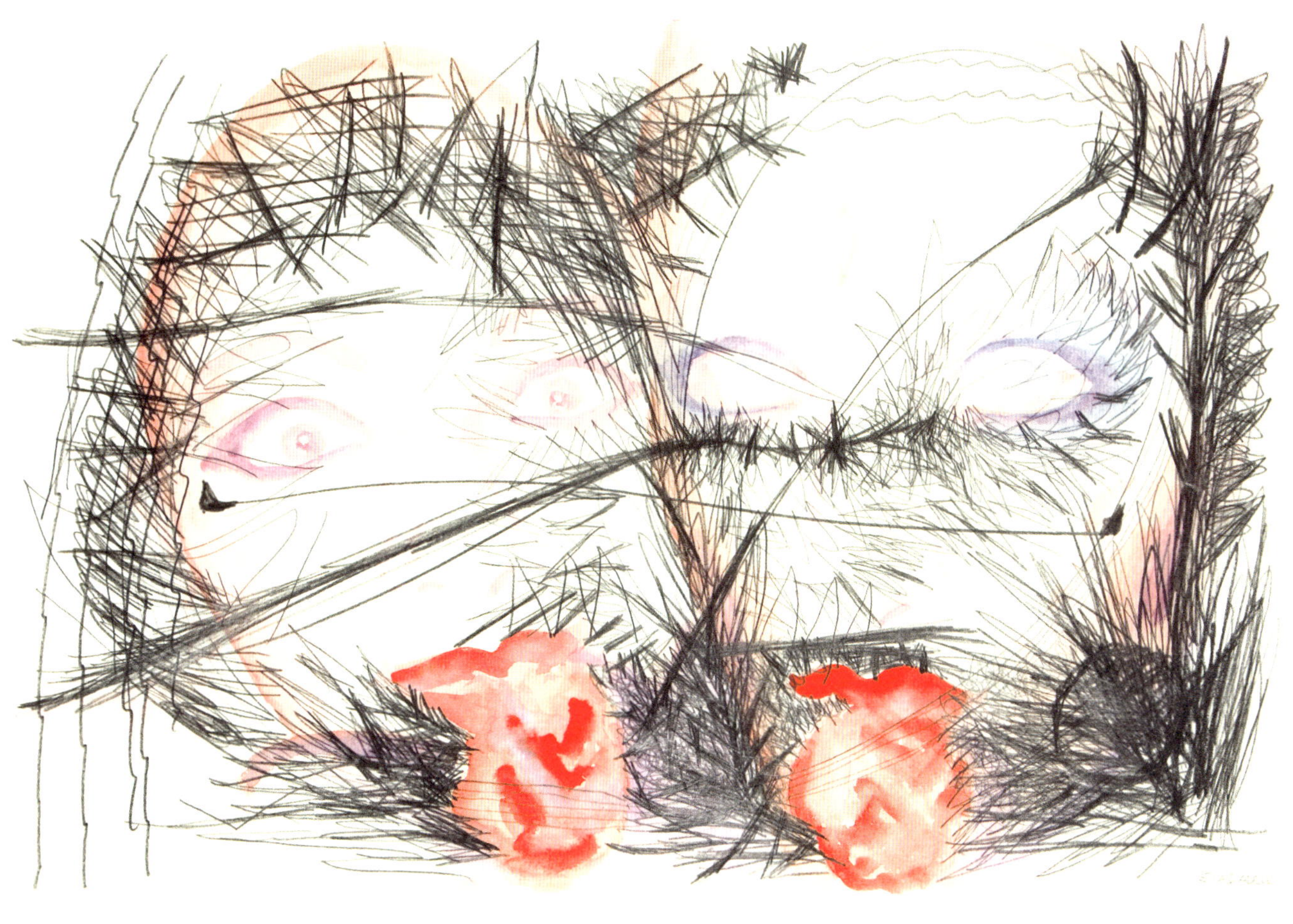

TIDES 12, 2012

Aquarell, Graphit auf Bütten / Watercolor, graphite on laid paper

38 x 56 cm

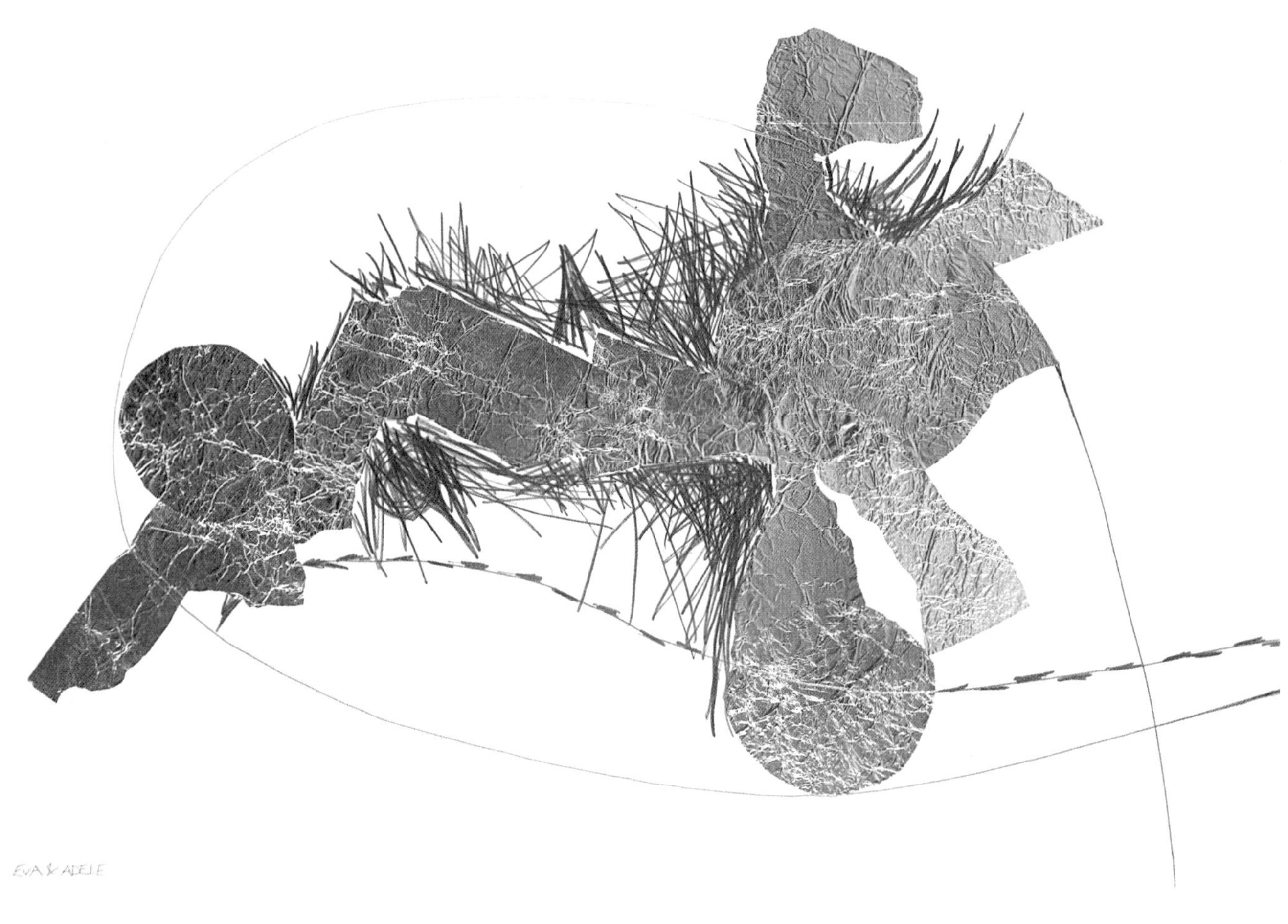

NEBELGLANZ, *Ile de Ré 9, 2011*
Staniol, Graphit auf Zeichenkarton / Tinfoil, graphite on artist's board
36 x 47,5 cm

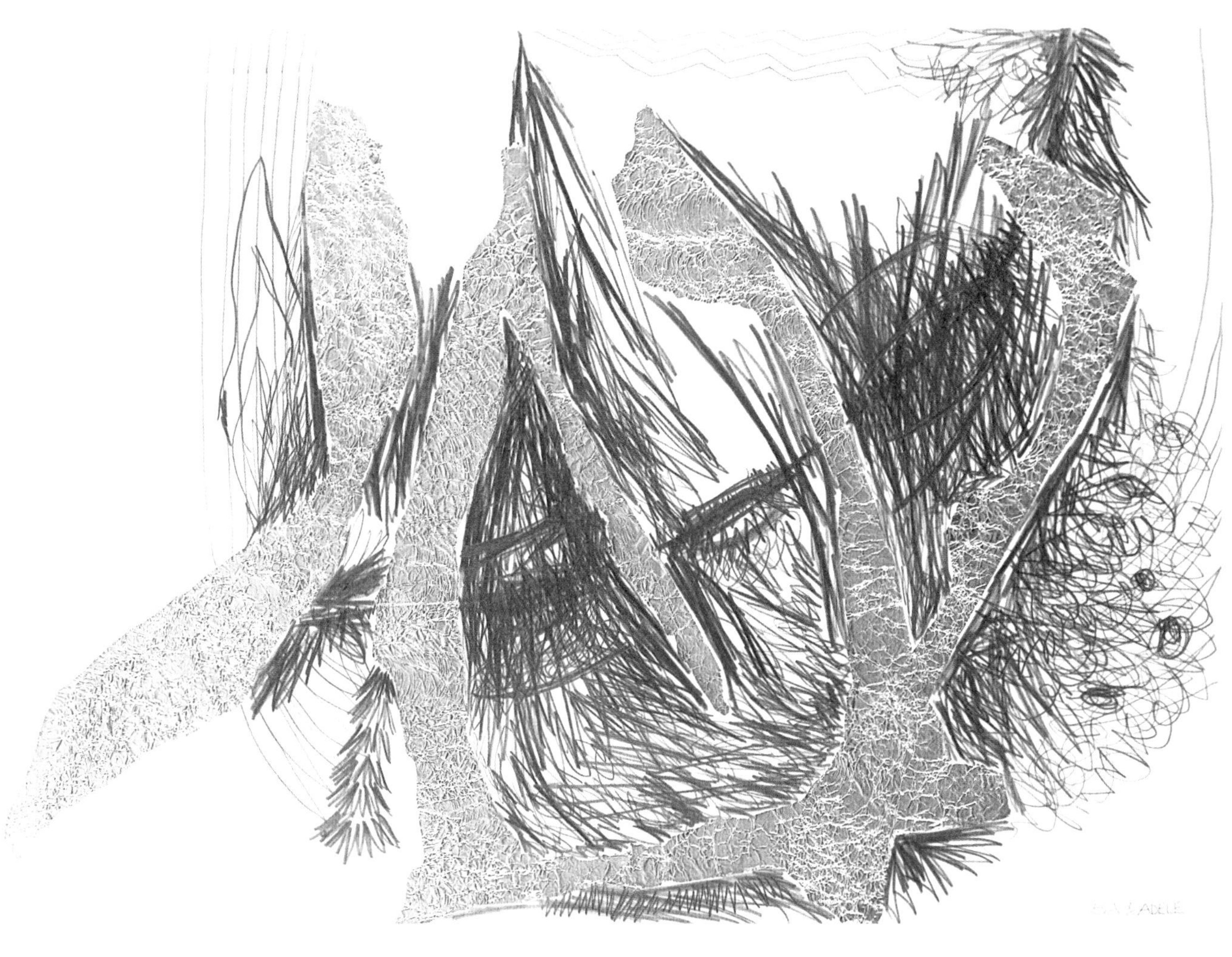

NEBELGLANZ, *Ile de Ré 11, 2011*
Staniol, Graphit auf Zeichenkarton / Tinfoil, graphite on artist's board
36 x 47,5 cm

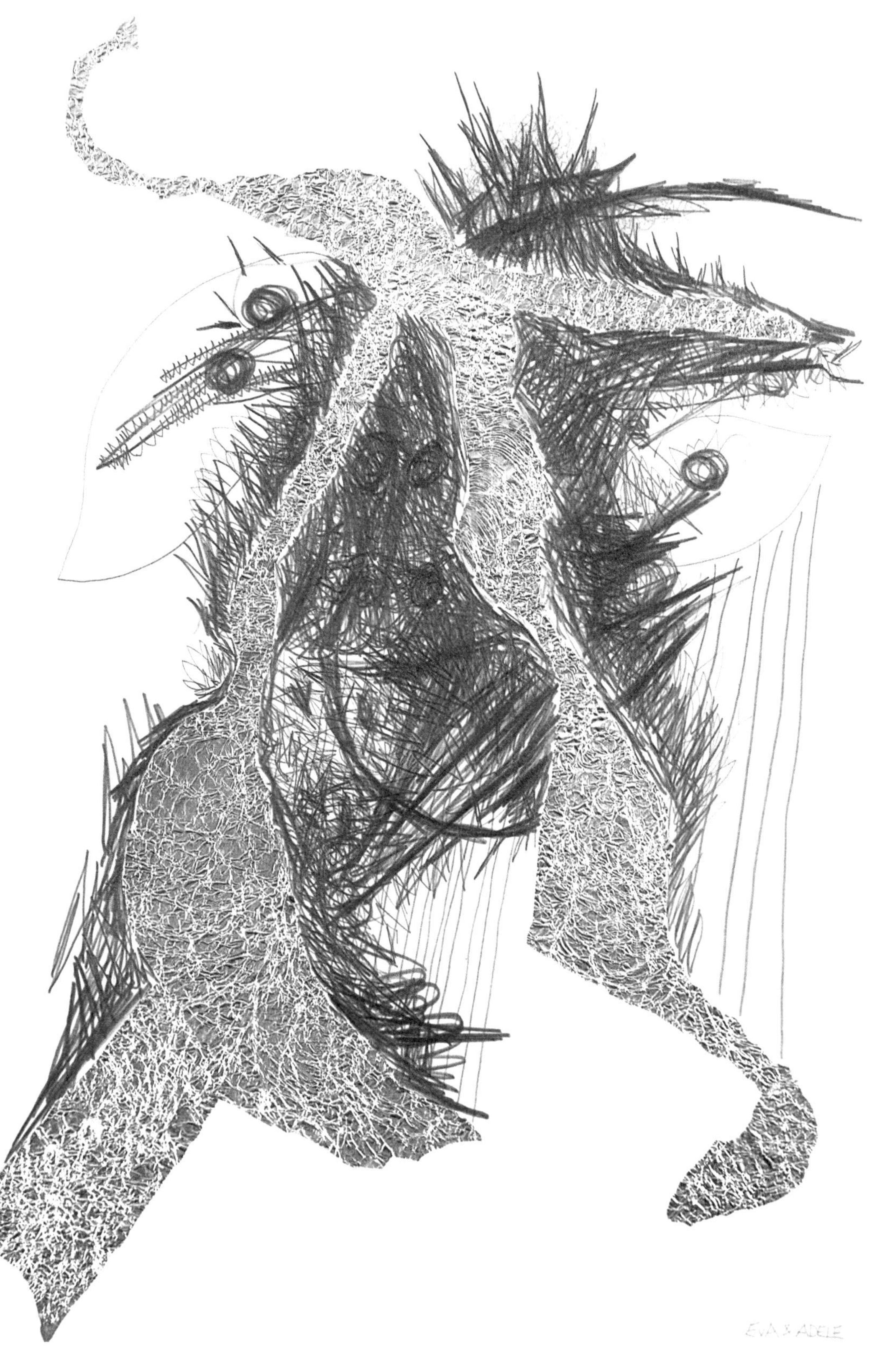

NEBELGLANZ, *Ile de Ré 10, 2011*
Staniol, Graphit auf Zeichenkarton / Tinfoil, graphite on artist's board
47,5 x 36 cm

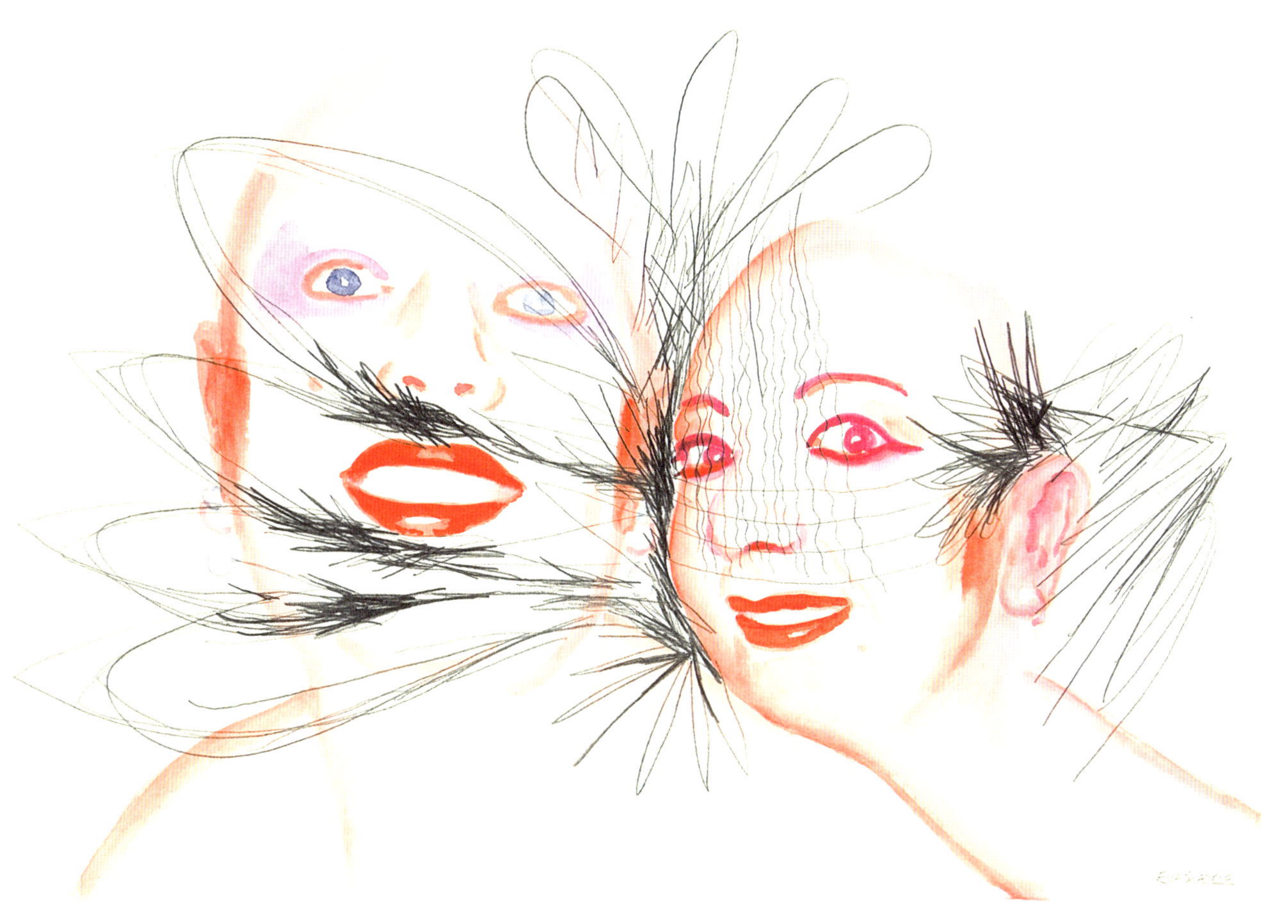

TIDES 3, 2012
Aquarell, Graphit auf Bütten / Watercolor, graphite on laid paper
38 x 56 cm

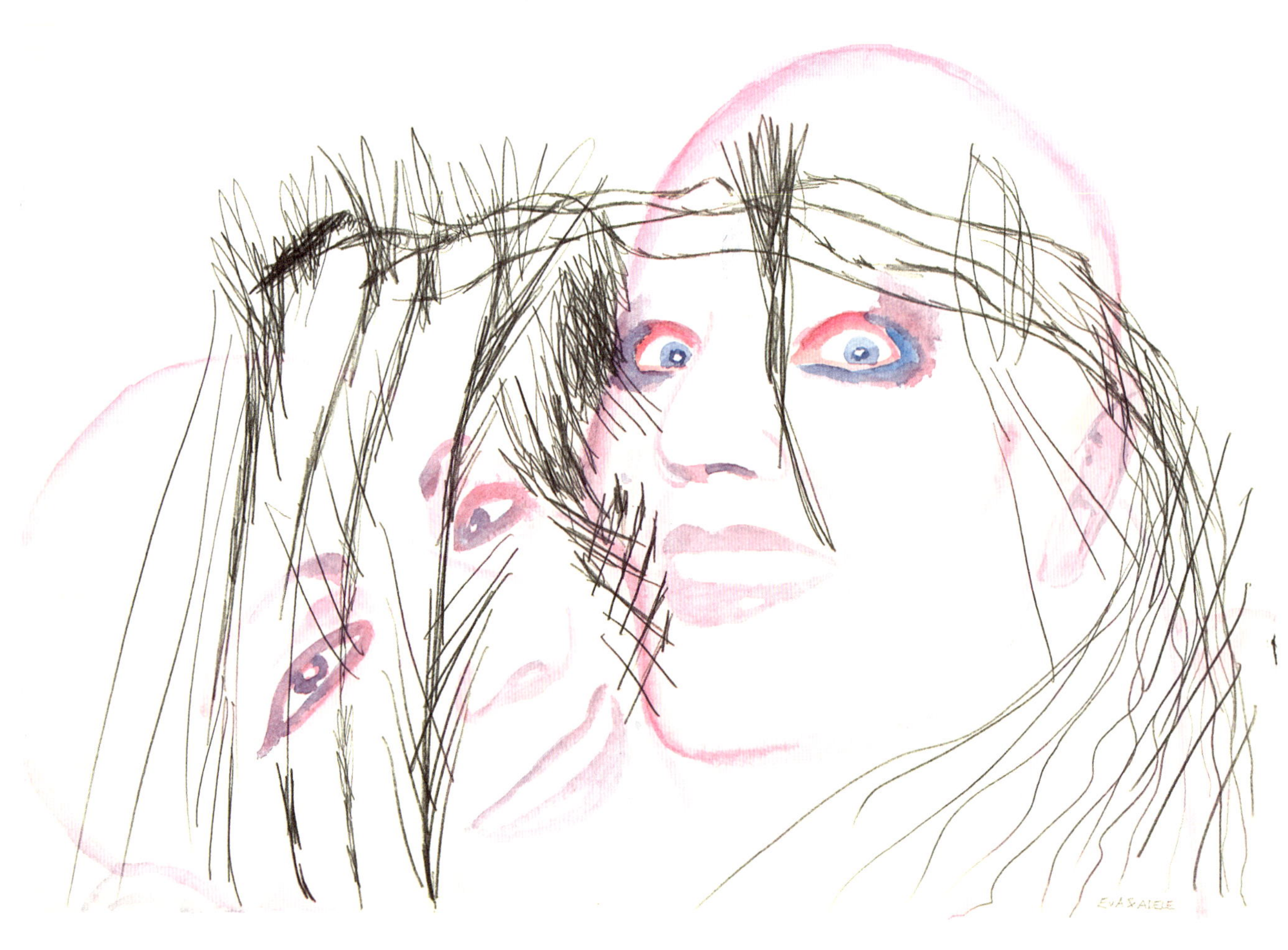

TIDES 2, *2012*
Aquarell, Graphit auf Bütten / Watercolor, graphite on laid paper
38 x 56 cm

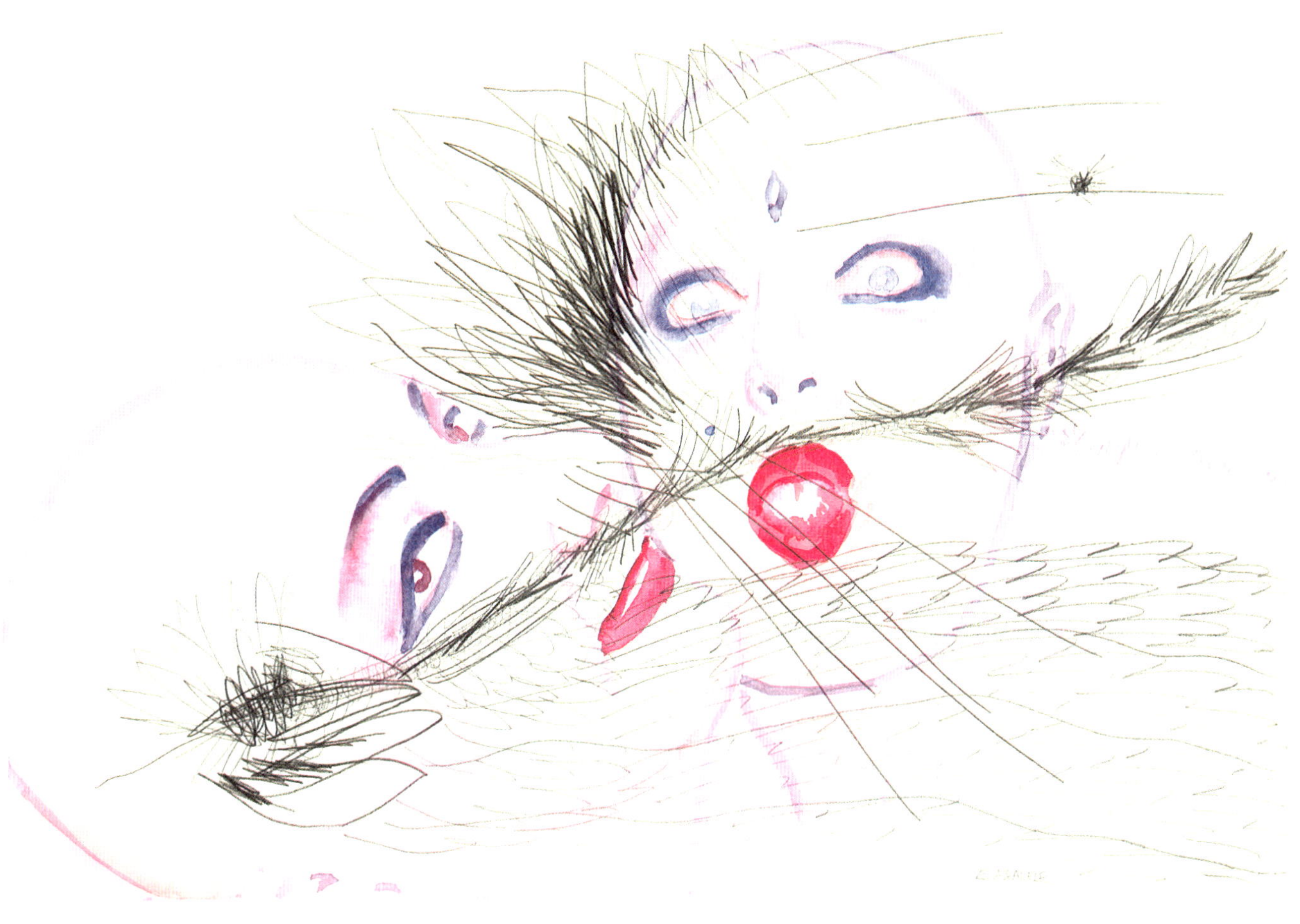

TIDES 1, *2012*

Aquarell, Graphit auf Bütten / Watercolor, graphite on laid paper

38 x 56 cm

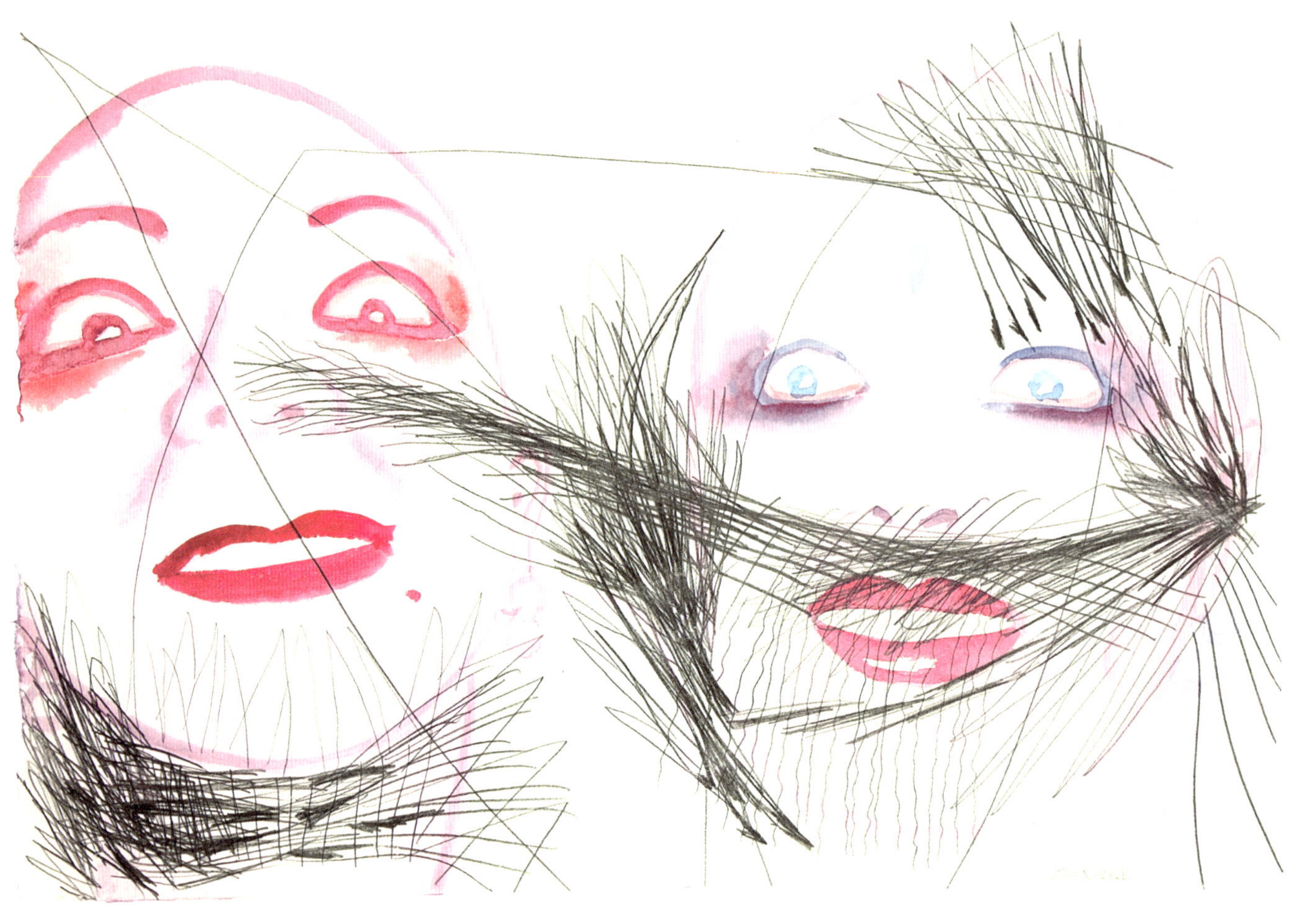

TIDES 6, 2012

Aquarell, Graphit auf Bütten / Watercolor, graphite on laid paper

38 x 56 cm

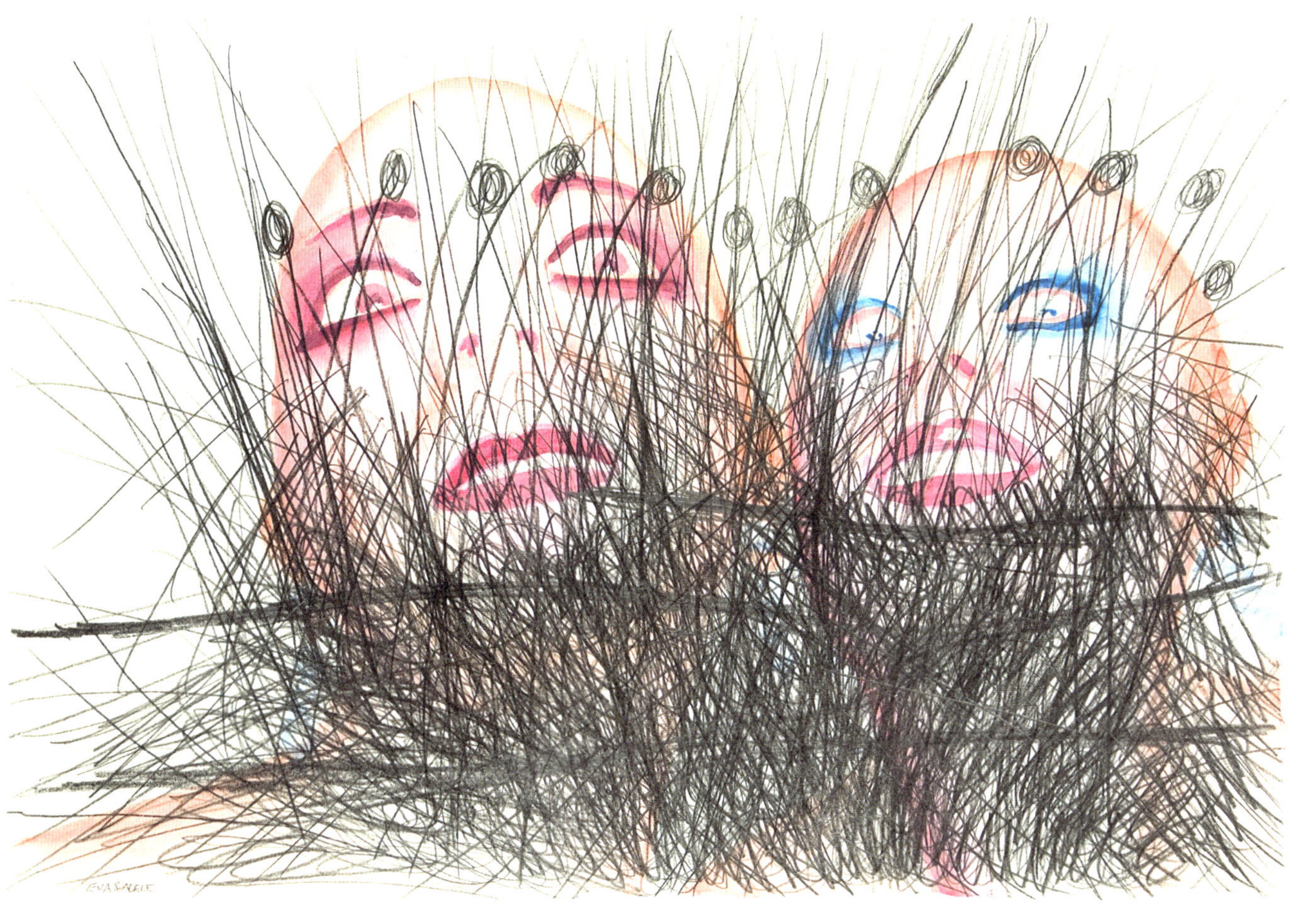

TIDES 4, 2012
Aquarell, Graphit auf Bütten / Watercolor, graphite on laid paper
38 x 56 cm

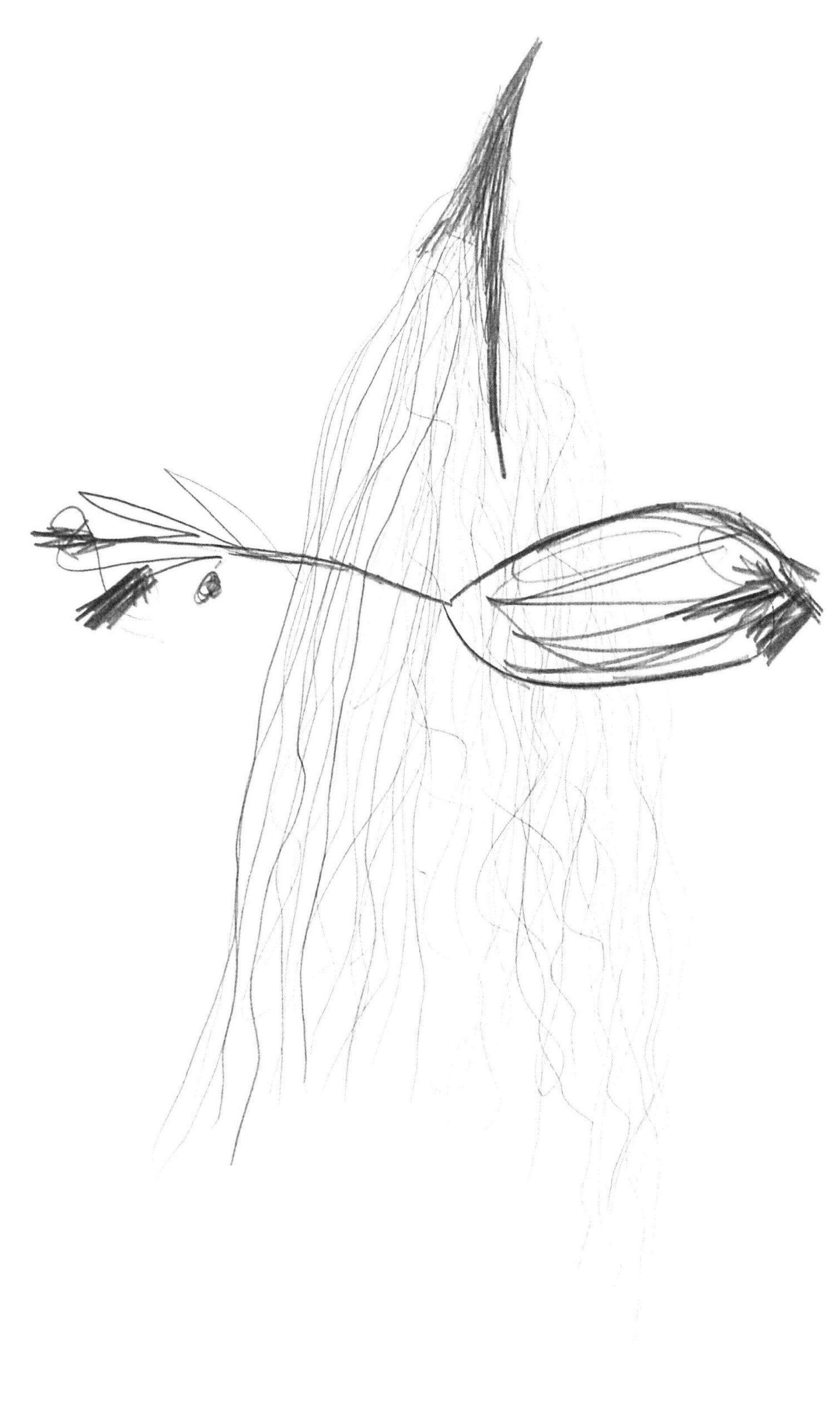

KAKTUSBLÜTE, *Ile de Ré 19, 2009*
Graphit auf Zeichenpapier / Graphite on drawing paper
35,5 x 28 cm

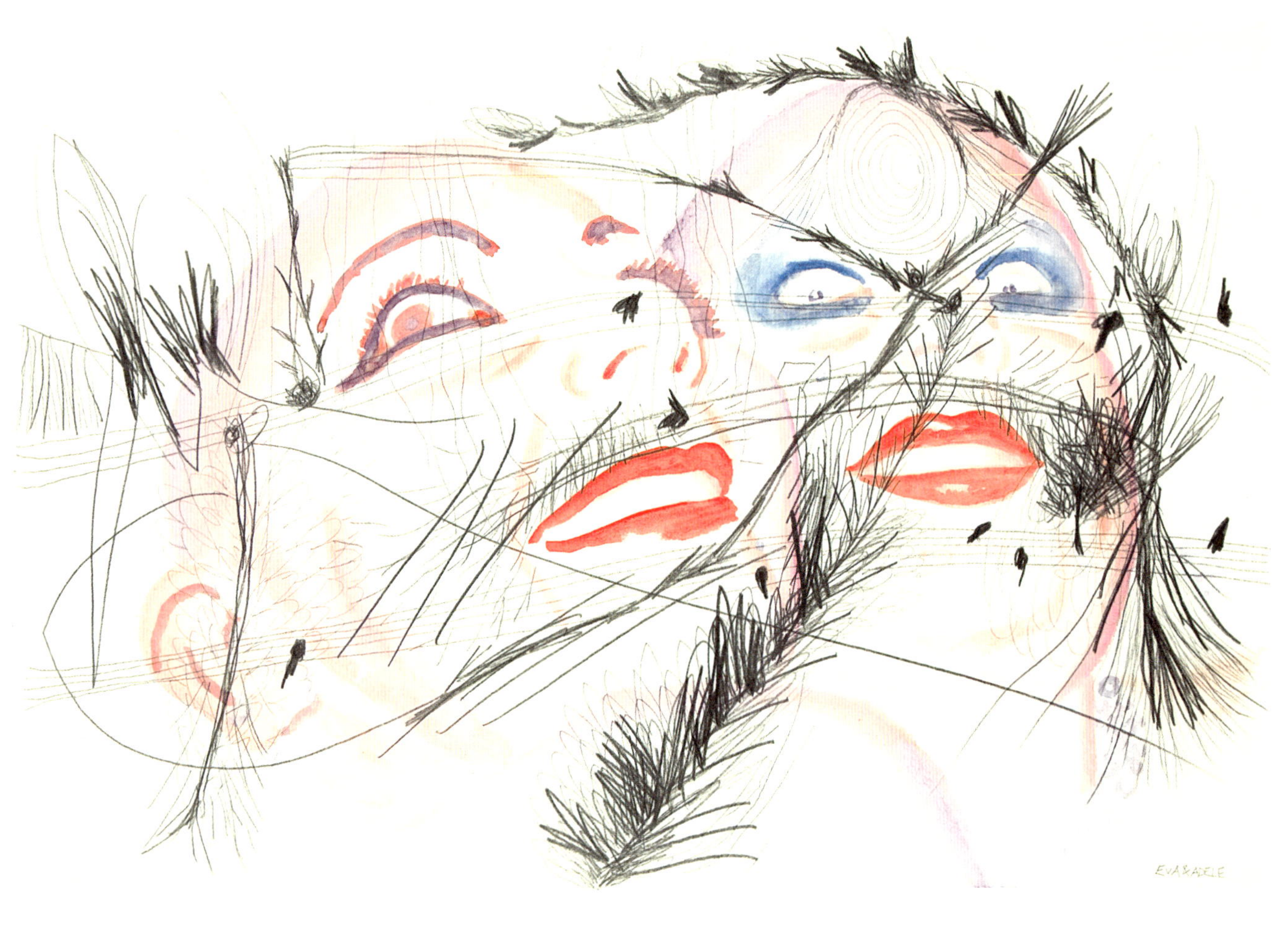

TIDES 11, *2012*

Aquarell, Graphit auf Bütten / Watercolor, graphite on laid paper

38 x 56 cm

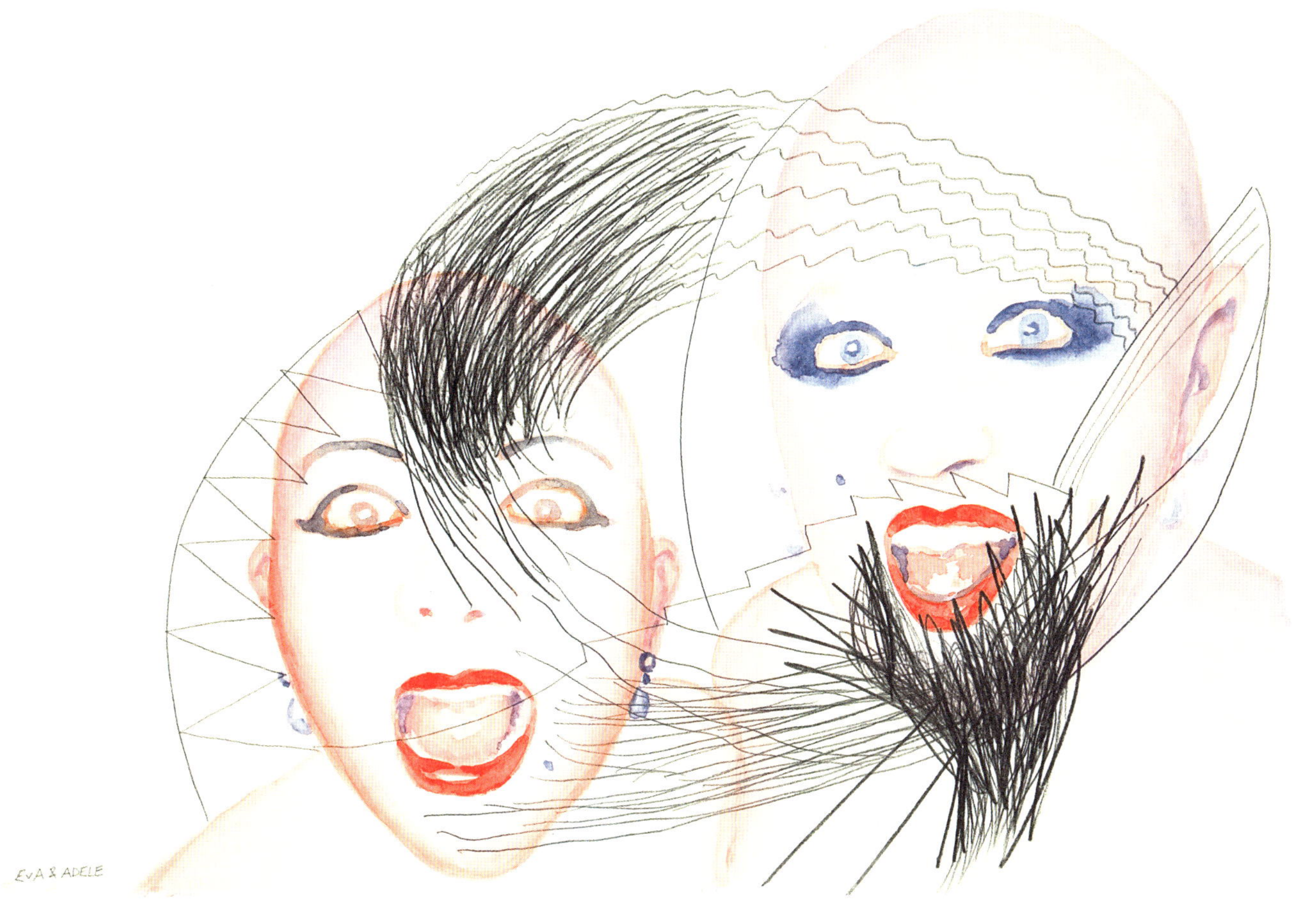

TIDES 14, *2012*

Aquarell, Graphit auf Bütten / Watercolor, graphite on laid paper

38 x 56 cm

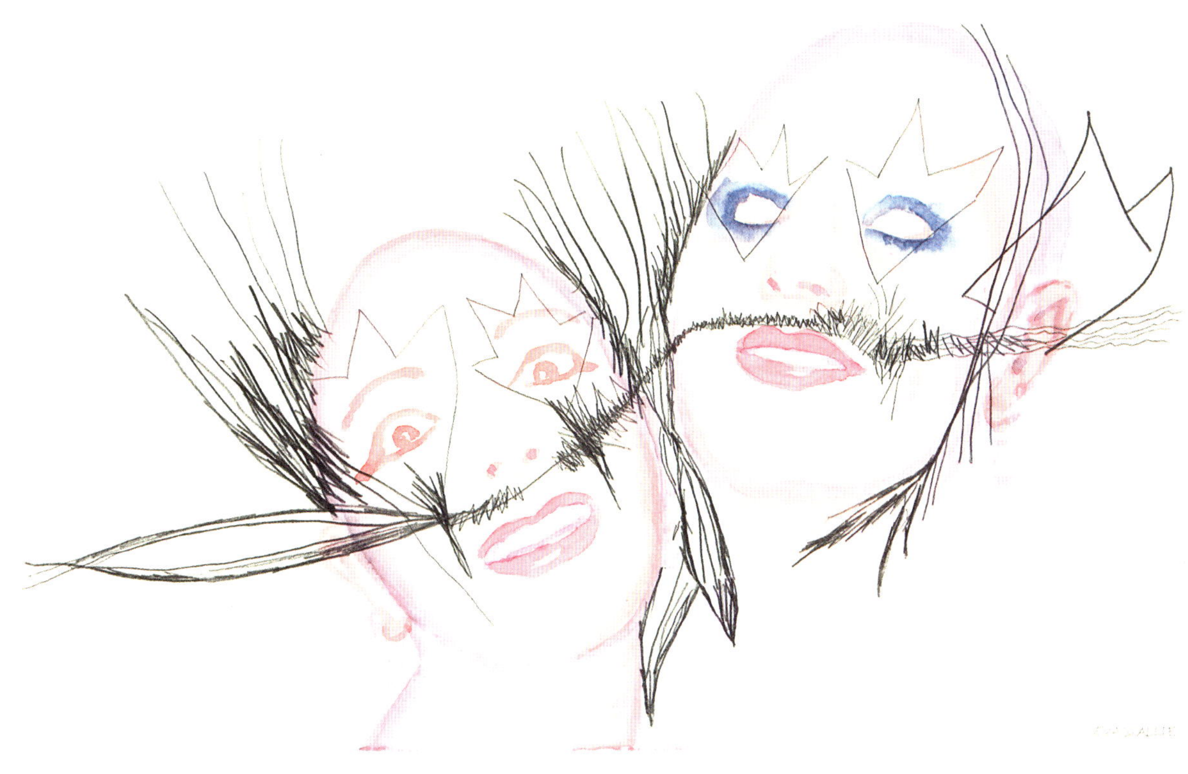

TIDES 8, 2012
Aquarell, Graphit auf Bütten / Watercolor, graphite on laid paper
38 x 56 cm

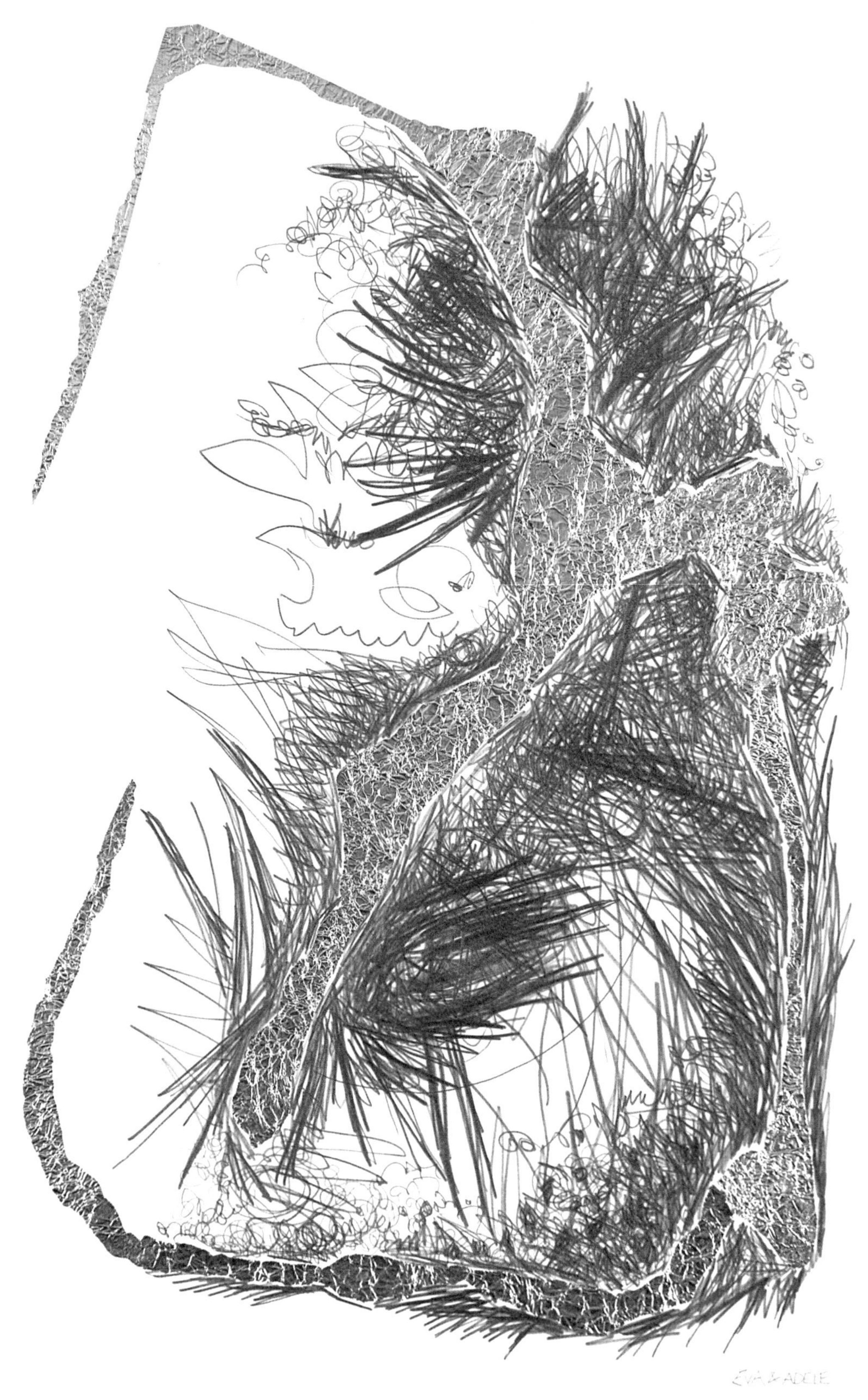

NEBELGLANZ, *Ile de Ré 4, 2011*

Staniol, Graphit auf Zeichenkarton / Tinfoil, graphite on artist's board

47,5 x 36 cm

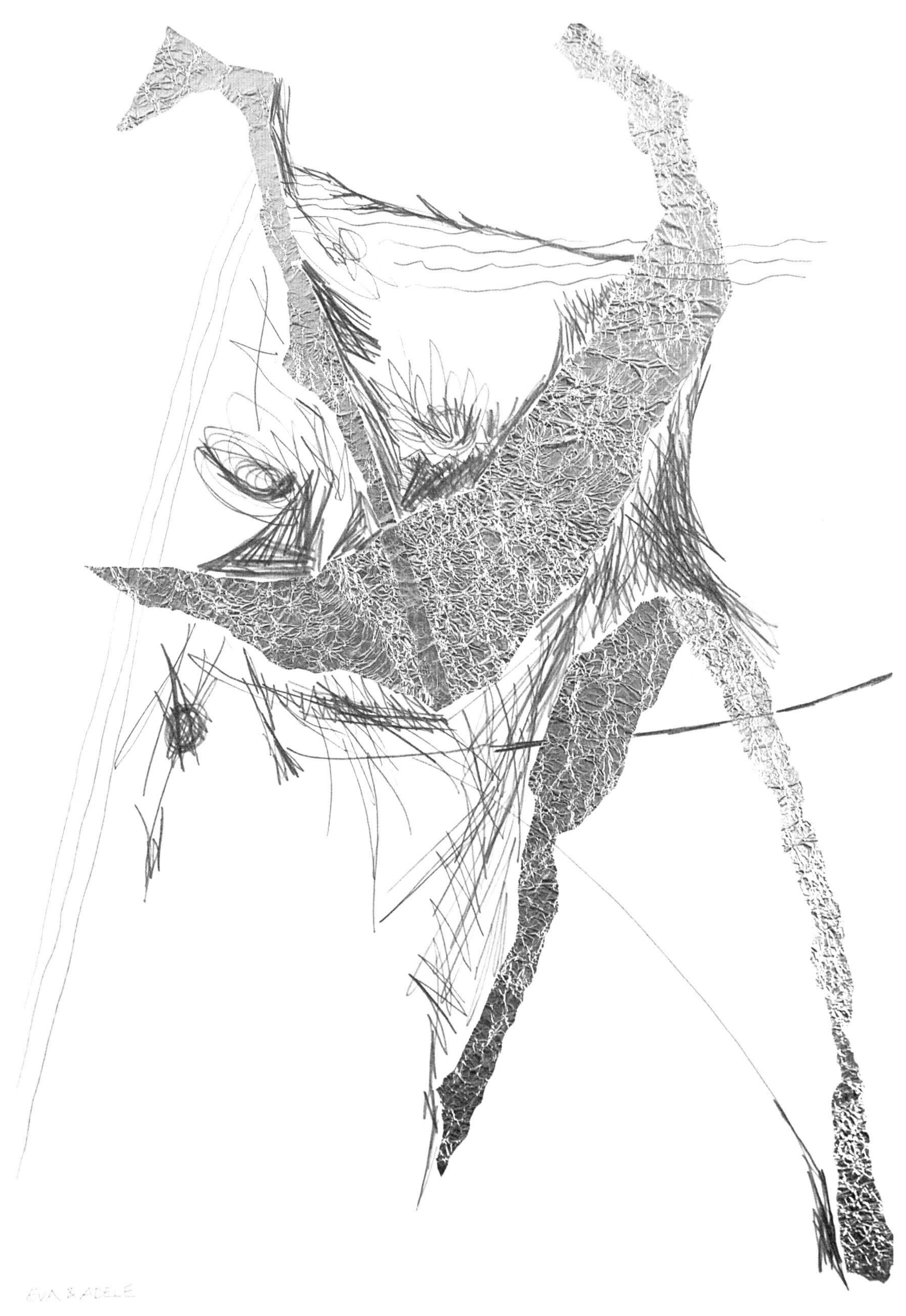

NEBELGLANZ, *Ile de Ré 12, 2011*
Staniol, Graphit auf Zeichenkarton / Tinfoil, graphite on artist's board
47,5 x 36 cm

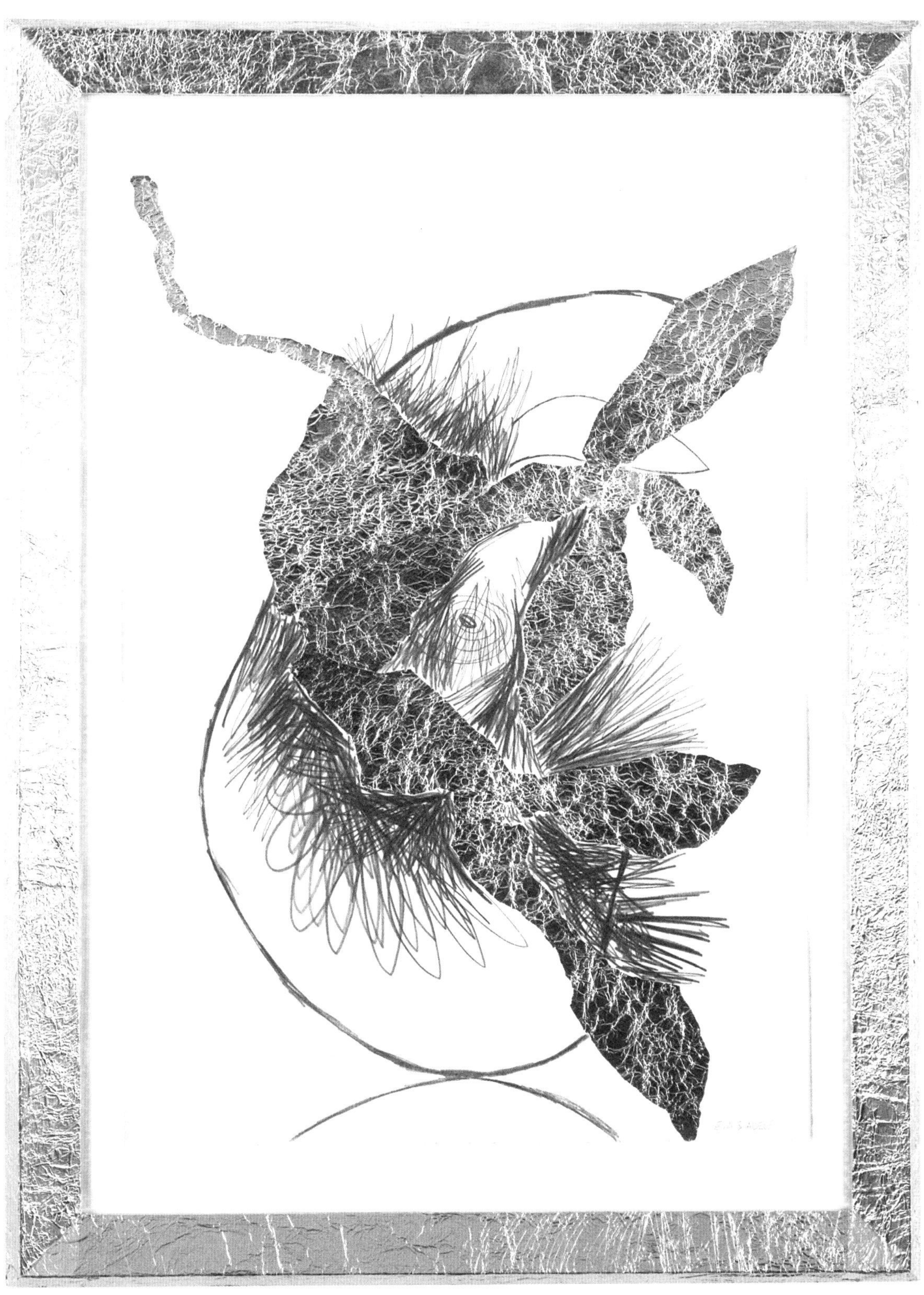

NEBELGLANZ, *Ile de Ré 13, 2011*
Staniol, Graphit auf Zeichenkarton, Künstlerrahmung / Tinfoil, graphite on artist's board, artist framed
65 x 48 cm

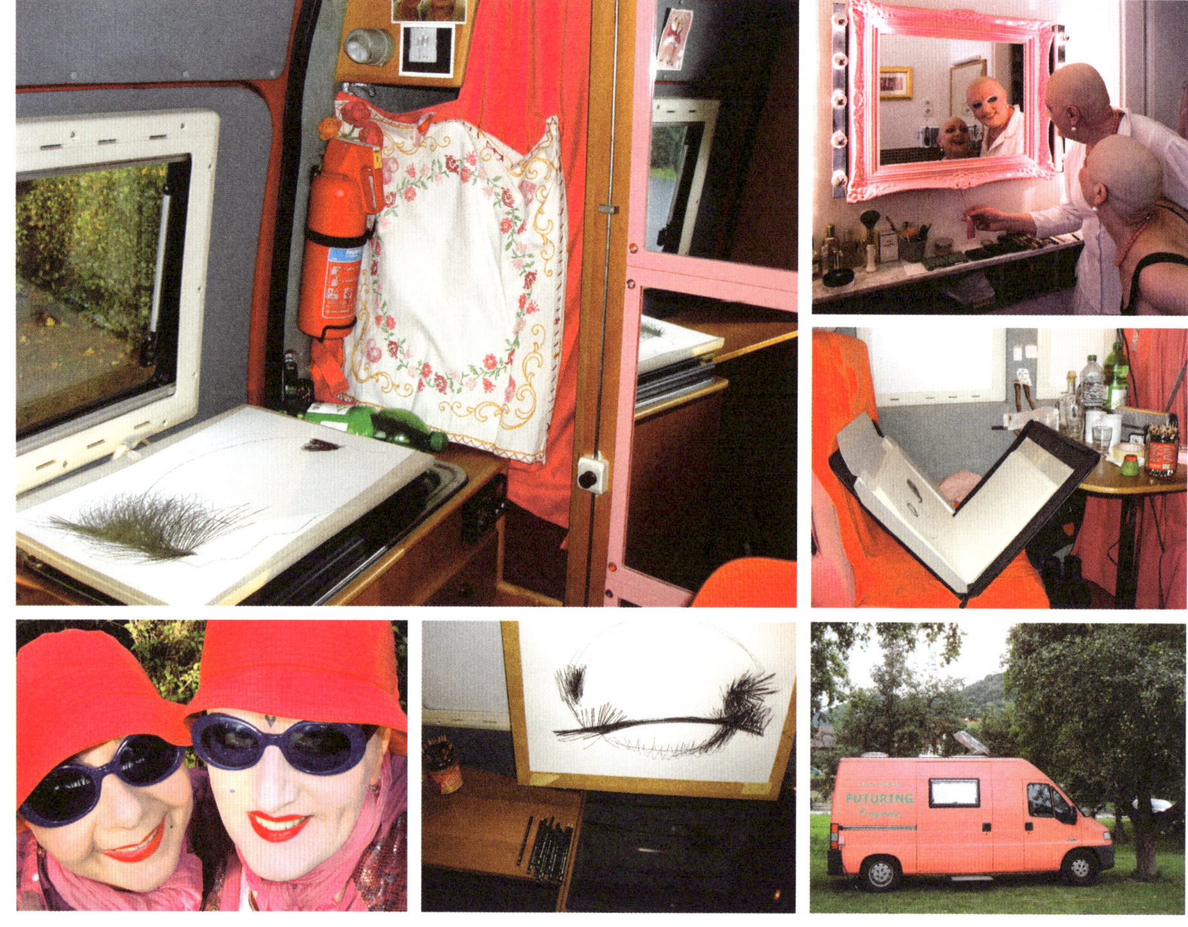

CAMPER ALS ZEICHENATELIER UNTERWEGS
Oben rechts: ATELIER EVA & ADELE, 2007 *(Foto: Eva Maria Ocherbauer)*
Unten links: DAILY SELFPORTRAIT-DIARY, *Ile de Ré, 31.10.2012*

PARALLELWELTEN

EVA & ADELE ZEICHNEN

Sie produzieren Bilder – unentwegt. Auch wenn EVA & ADELE nicht vor den Augen einer irritierten Öffentlichkeit auf- und abspazieren, machen sie ihre Bilder und bleiben dabei stets bei sich. Beim Atelierbesuch empfangen sie den Gast in kleiner Uniform, auch das ist Teil ihrer Imaginationsarbeit. Gleichzeitig hinterlassen sie Bilder in den Köpfen, in der Phantasie malt sich das interessierte Publikum vielleicht aus, wie die Unzertrennlichen miteinander umgehen, wenn die Tür ins Schloss gefallen ist. Gelegentlich helfen Fotografien, solche Vorstellungen zu beflügeln: Eva Maria Ocherbauer zeigt die beiden daheim beim Blick in den rosafarben gerahmten Schminkspiegel, bereitwillig öffnen die Zwillinge der Direktorin des MOCAK (Museum of Contemporary Art Kraków), Anna Maria Potocka, die Schränke, sie hat einen Blick in die weiträumige Garderobe abgelichtet.[1] Das „Berliner Zimmer" (Selftimer) zeigt das Doppelbett rosa in rosa, Dessous und weitere erotische Requisiten komplettieren das Umfeld dieser Aktion auf Lebenszeit, selbst auf der Toilette im „Hotel Drei Könige" zu Basel[2] zeigen sie sich im allgegenwärtigen Ornat; hier im Kostüm WINGS II. Das Foto lässt Rückschlüsse auf den Einsatz des Körpers zu und was es heißt, mit Flügeln das Allernotwendigste zu verrichten. Es gibt keine Trennung zwischen Kunst und Leben, das

sagen die Bilder, auch die in den Köpfen der Rezipienten. Die Kunst ist alles, die Kunst sind wir, das belegen die Auftritte, in denen sie als lebende Skulpturen agieren. Sie zeigen nichts als sich selbst, nämlich EVA & ADELE, die von sich sagen, dass sie aus der Zukunft kommen, aber sie existieren leibhaftig im Hier und Jetzt, sie praktizieren damit eine absolute Gegenwart. Ihre Statements entwaffnen selbst die eingefleischten Skeptiker: „Unser Lächeln ist ein Werk."[3]

Es geht um eine, warum nicht: ZEREMONIALE SPIELART der KONZEPTKUNST. Die Fotos, die Passanten und Neugierige von ihnen machen, werden gesammelt, genau archiviert und manifestieren so „die Verbreitung des Bildes" als Werk.[4] Die Rezipienten spielen mit, sie dürfen eigentlich nur fotografieren, wenn sie bereit sind, die Bilder an die beiden Verursacherinnen zu senden; Betrachter werden zu Vertragspartnern, zu Mitarbeitern, ja in gewisser Weise sogar zu Co-Performern. Im weitergehenden Verarbeitungsprozess lösen sich die Künstlerinnen vielleicht von den Vorlagen, doch niemals vom Motiv. Der Strudel des Vervielfältigungssogs reiht die Motive, hunderte von Polaroids machen gleicher, was ohnehin schon gleich und doch jedes Mal anders ist. Der Stempel mit dem Herzkopflogo ist ein noch schnellerer Multiplikator und gleichzeitig eine Art Echtheitssiegel, in diversen Modifizierungen kann er helfen zu ordnen und zu inventarisieren. Nicht erst bei dieser Gelegenheit fällt auf, dass EVA & ADELE die selbst verursachte Bilderflut souverän regulieren. Sie erweisen sich als echte Organisationstalente, ihre Unermüdlichkeit ernährt sich vom obsessiven Willen zum eigenen exterritorialen Erscheinungsbild. Genau definierte Serienmerkmale sortieren ihre globalen Perspektiven. Die Mär, dass es sich um Autodidakten handelt, kann durch einen gelassenen Blick auf die Arbeit selbst schnell widerlegt werden, auch wenn die Künstlerinnen nicht preisgeben wollen, wo sie das gelernt haben. Ihre Zahlengraphik ist eine künstlerische Setzung. EVA & ADELE handeln mit ausgesprochen reflektierten Strategien. „Wir nehmen die in der Öffentlichkeit gesammelten Erfahrungen mit ins Atelier", sagen sie zu Nina Kirsch: „Das Atelier ist eine Art Labor, wo analysiert, seziert und zusammengefügt wird."[5] Hochprofessionell und bildermächtig destillieren sie Umrisszeichnungen aus dem bei ihnen gestrandeten bzw. bestellten Material, sie vereinfachen oder kolorieren, dabei tasten sie sich mit Absicht bis ins Selbstironische vor. Die Gefahr, dass man sie bei dieser Gelegenheit als Karikaturen abtut, ist gefährlich nahe und sorgt für weitere Irritationen. Aus der Perspektive der Macherinnen erscheint das wie ein Spiel mit dem Feuer, schließlich ist alles, was sie unternehmen, auf seine Weise todernst!

208 mehr oder weniger kleinformatige Mischtechnik-Arbeiten auf etwa 12 Metern Länge umfasste die „Performative Installation 208" für das Lentos Kunstmuseum in Linz 2008. Konsumgeile Verführungskunst, Überforderung der Wahrnehmung und Überwältigung durch Fülle halten sich die Waage in diesem Ornament der Masse. Im piktoralen Fluss der großformatigen Collage ist alles

möglich, zuweilen schleicht sich ein Blatt aus grauer Vorzeit ein. Mischtechnik ist angesagt, EVA & ADELE spielen auf allen Kanälen, gelegentlich machen desaströse Miniaturen seltsame Andeutungen im unübersichlichen HORROR VACUI der „Performativen Installation 208".[6] Letztlich schützt die übermächtige Bilderflut vor den Einzelheiten. In den großformatigen Ölmalereien aber von „Transformer – Performer" kommt es zu irritierenden, farbschweren Überblendungen, die nicht zu übersehen sind. Die Obsessiv-Unzertrennlichen werden immer mal wieder auseinandergerissen, Alpträume, erotisch düstere Phantasmen deuten sich in expressiven Gesten an, Totenköpfe in allen Spielarten blecken die Zähne. Sollte es Schattenseiten in der ewig lächelnden Entäußerung geben? Möglicherweise meldet sich das selbst auferlegte Fatum der permanenten Performance mit altehrwürdigen Vanitassymbolen zu Wort. So gesehen, erzählen auch die sorgfältig ausgearbeiteten „Kostümpläne" die sie 2012 im MOCAK erstmals in aller Ausführlichkeit zeigten, von einem aktionistischen Gefängnis. Das Konzept gestattet kein Entrinnen. Gerne zitieren sie bei dieser Gelegenheit Hölderlin: „Im Kunstwerk das Leben und im Leben die Kunst lernen".[7] „FUTURING", die selbst erfundene Vokabel für die möglich-unmögliche Existenz von EVA & ADELE, könnte auch Terminus Technikus für einen Tanz auf dem Vulkan sein, für das Balancieren am Abgrund. Die Entdeckung meint keinen Paradigmenwechsel, sie ergibt sich einfach beim näheren Hinsehen. Eine aktionistische Dauerfröhlichkeit hat es hier nie gegeben. Die Komödie steht mit einem Bein in der Tragödie. Zur schönen Schauseite gibt es Parallelwelten; die sind unerlässlicher Teil des Ganzen und waren von Anfang an mit dabei.

Wenn EVA & ADELE zeichnen, spazieren sie überdeutlich am Abgrund. Die Natur der Sache scheint das zu erzwingen. Zeichnung ist einerseits Wegwerfmedium des Alltags, andererseits geht es ums Entwerfen und Planen, um eine sozusagen utopisch-visionäre Ausrichtung. Die Grenzen zwischen den Rändern und den Zentren dieser Kunst sind fließend. Vielleicht sind gerade deshalb Zeichnungen eine Art seismografisches Wahrnehmungsorgan in der Dokumentationsmaschinerie der Unermüdlichen. Analog zur „Performativen Installation 208" sprechen die Künstlerinnen jedenfalls von „Performativer Zeichnung".[8] Die unendliche Aktion, die alle Bilder gebiert, formuliert sich auf dem kürzesten Weg. Aus solcher Unmittelbarkeit lässt sich gleichzeitig ein konzeptueller Grundzug im System (pardon) EVA & ADELE herausfiltern. Aktion oder Performance meinen weniger das tagtägliche Theater (das natürlich auch), sondern zuallererst BEWEGUNG und die beginnt schon beim Ankleiden. Das energetische Moment der Bewegung speist die Produktion fast schon in einem Beuys'schen Sinne, um dann in einem piktoralen Augenblick, in einer Pose, in einer Fotografie oder einer Zeichnung gleichsam zu erkalten. Der metaphorische Titel der Ausstellung darf in diesem Sinne gedeutet werden: OBSIDIAN, und das ist ein „glasiges Gestein, das beim Erstarren vulkanischer Auswürfe entsteht."[9] Doch zuvor gehen sie (auf hohen Absätzen) im Kreis, sie flanieren; nur neugierige Fragen, ein Foto oder ein Small Talk können sie kurzfristig anhalten. Die Bewegung weitet ihren Radius, sie reisen nicht nur zu den glamourösen Vernissagen des angesagten Kunstgeschehens oder zu ihren eigenen Ausstellungen, sie reisen, um in Bewegung zu sein – nach New York, nach Venedig genauso wie nach Usedom. Und immer machen sie ihre tagtäglichen Gänge oder sie bewegen sich mit dem eigenen Wohnmobil von einem Ort zum anderen. Paolo Bianchi spricht in diesem Zusammenhang von der „Grand Tour oder der Ästhetik des Unterwegsseins".[10] Sie selbst sprechen von Ihrem „Laufprogramm", das sich durch „Gehen, Gehen, Gehen" realisiert.[11] ACT: Die Bewegung, die Performance an sich, mutet jetzt an wie eine spirituelle Übung. Die glatt rasierten Köpfe erscheinen mit einem Mal wie Zitate aus Fernost: Buddha goes Pop.

Dem Bann des nimmermüden Bewegungsimpulses folgt im weiteren Geschehen wie eine selbstverständliche Reaktion die (Auf-)ZEICHNUNG. Das Wohnmobil wird unterwegs zu ihrem Atelier. Zeichnung war schon immer die unentbehrliche Form der Niederschrift für diejenigen, die auf Reisen sind. Trotz Vorbereitung der Betrachter beim Blick auf die großen Collagen, trotz der vielgestaltigen Ölmalerei mit ihren Untiefen verblüfft die Unmittelbarkeit, ja der expressive Ausdruck dieser Blätter, die bis jetzt nicht so im Fokus der Rezeption standen. Das „Roadmovie", mit dem sie die 12 Meter im Lentos Kunstmuseum meinen,[12] stellt gleichsam auf Einzelbildschaltung um, obwohl auch hier Serien zu sehen sind. Es gibt ganz viele Details, in denen sich EVA & ADELE verraten, doch das IMMER NUR LÄCHELN verschwindet in den somnambulen Notaten vorerst auf der Rückseite des Mondes. Auch in den farbigen Arbeiten regiert ein Furor, der mit den verwandten Werkzeugen angemessen herausgelassen und gleichzeitig in den klassischen Grenzen des Mediums realisiert wird, doch am radikalsten erscheinen die Arbeiten mit Graphit. Es ist schon erstaunlich wie hart ein weicher Bleistift (HB) sein kann. Die Tugenden der Gattung kommen unverstellt zum Vorschein, satte und leichte Striche, konträre Gesten, extreme Materialisierungen und Einzelgänger dialogisieren im Weiß der Bildbühne. Der Gegenstand fällt zum Teil, der ikonografische Topos EVA & ADELE zieht sich erstaunlich oft aus dem Zentrum der Darstellung heraus. In einigen Blättern von „Tides" (2012) wird das zart aquarellierte und bis UNENDLICH variierte Logo ihrer Zweisamkeit von dornenkronenartigen Girlanden überwuchert. Die Zeichnung bewegt sich auf einem vorstrukturierten Grund, die linearen Fluten steigen, der gefräßige, neue Horizont steht teilweise schon bis zum Hals. Wie imaginierte Hilferufe wirken dann diese Blätter. „Kaktusblüten" wuchern überall, in Berlin (2011) und auf der Ile de Ré (2009), aber am gefährlichsten 2010 ausgerechnet auf Usedom. Häuser, Seelenlandschaften, Abstraktes, Mitternächtliches und Surreales tauchen auf. Fadendünne Träume werden von heftigen Verdichtungen aufgefangen. Was kommt von Eva, was von Adele? Ihre Arbeiten erscheinen wie aus einem Guss, doch die unbelehrbaren Betrachter schauen gelegentlich nach Spuren dieser Doppelexistenz, sie suchen in Kontraststrukturen oder in dialogischen Momenten nach Indizien einer funktionalen Zweisamkeit. Dazu gibt es keine Auskunft, die beiden lächeln wissend. Verlässliche Konstante ist die Signatur; was auch passiert, sie lautet immer: EVA & ADELE. Unübersehbares Merkmal ist das solide, ja kostbare Material, edle Papiere zum Beispiel. Manchmal findet sich neben der eigentlichen Zeichnung auch eine Spur von Nagellack. Denn ihre ganz besondere Arbeitskleidung ist ja der unverzichtbare, zeremoniale Ornat. Repräsentieren, Zeichnen, Bewegen = Performance.

Nicht immer bewegen sich EVA & ADELE auf dem geschützten Terrain der Kunst. Es gibt Widerstände, die beiden beißen die Zähne zusammen. Ein Fototermin in Kreuzberg, die Konfrontation mit dem bodenständigen Proletariat kann bedrohliche Züge annehmen, manchmal fliegen Steine oder das fahrbare Nest, der rosafarbene Peugot Boxer wird von Andersdenkenden umstellt oder gar durchgerüttelt.[13] Konfrontation, mit wem auch immer, also nicht nur mit den Gutwilligen, ist aber ein Arbeitsprinzip, ja der Treibriemen der Bildgewinnung. Die Seismographen reagieren entsprechend. Dafür stehen im Atelier an allen Ecken und Enden die gespitzten Stifte bereit. Fast in einem romantischen Sinne formatiert die

Konfrontation von Kunst und Welt ihre Sprache, das Gesamtkunstwerk der beiden Protagonistinnen bedarf des Alltäglichen, um seine etwas anderen Bildverbindungen auszuschwitzen. Hinter der Serie „TSG 1" (2009) verbirgt sich eine Geschichte der besonderen Art. Es geht um das „Gesetz über die Änderung der Vornamen und die Feststellung der Geschlechtszugehörigkeit in besonderen Fällen (kurz: Transsexuellengesetz, TSG)"; im liberalen Deutschland ist das auch möglich, ohne eine entsprechende Operation. Entscheidend sind zwei psychiatrische Gutachten, die ein Richter anerkennen muss, um das gewünschte Resultat dann in das Geburtenregister eintragen zu können. 2009 unterzog sich Eva in sensationell kurzer Zeit erfolgreich dem kräftezehrenden Prozedere. Abends nach den therapeutischen Sitzungen heißt es: ZEICHNEN! Die bürokratisch-analytische Pflichtübung, der sich der Kandidat unterzieht, reißt eingeübte Identitäten vorläufig auf. Doppelgesichter erzählen, vier Augenpaare suchen ein Gesicht, eine Maske bietet sich an, männlich überschreibt weiblich und umgekehrt. Das Selbstbildnis taumelt andeutungsweise durchs Format oder formuliert sich als Guernica-Fratze. Wer ist Eva? Wo sind EVA & ADELE? Die Kinder der Zukunft sind fast nicht mehr zu erkennen, die unmittelbare Konfrontation mit der schweren Prüfung zwingt die treibende Obsession auf eine neue Stufe, die Niederlegung als Zeichnung hat sich partiell verselbstständigt. Die schöne Außenseite ist ganz weit weg, doch die existentielle Innenschau ernährt letztlich den großen Rest.

Manchmal, wenn die Zeichnungen sich zu weit vom Common Sense der immerwährenden Aktion entfernen, werden sie durch die Präsentation wieder eingefangen. Wie die Serie „Tides" arbeitet „Zeitmaschine" (2012) mit gnadenlosen Überzeichnungen der leuchtenden Variationen des Herzkopflogos. Doch diesmal werden die Dekonstruktionen durch Rahmenfundstücke gleichsam

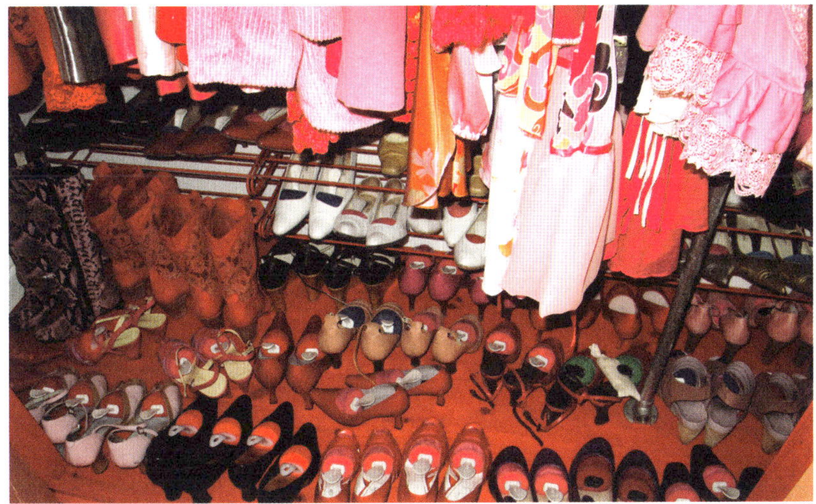

ATELIER EVA & ADELE, *Kostümdepot, 2011 (Foto: Maria Anna Potocka)*

angehoben, die Pracht der neu vergoldeten Rahmen bändigt das emotionale Feuer, nicht nur in dieser Serie. Die Rahmen sind mit Bedacht gewählt – für „Zeitmaschine" neobarocke Prachtstücke, für „Spiegelgespiegelt" (2011) mit ihren abstrakt-erotischen Mutanten eher sachliche, glatte Leisten in Altsilber. Die Hilferufe erreichen die Betrachter sozusagen als Arien. Ohne die Verortung im aktionistischen Rumpf des allgegenwärtigen FUTURING wären diese Ausreißer nicht möglich, und: Die Aktionistinnen sind erfahrene Ausstellungsmacherinnen, ja in gewisser Weise Präsentationsgenies; das machen sie schließlich Tag und Nacht. EVA & ADELE sammeln nicht nur schöne, nostalgische Rahmen, sondern auch Batisttaschentücher. Kostbar wie die guten Papiere, die sie sonst benutzen, bilden sie eine Bühne für eine Mischform aus Malerei und Zeichnung. Der doppeldeutige Serientitel „Wanted" (2012) ist genauso wie die Signatur eingestickt und haftet den Tüchlein an wie ein Brandzeichen. Farbintensive Gesichter leuchten heraus, die Kunstgeschichte wirft in Form eines Nachhalls von Expressionismus und Neuer Sachlichkeit ihre Schatten auf diese Phantombilder, die in Bezug auf die permanente Performance ein innovativer Part des Konzepts sind. Der schön gehäkelte Rahmen und Verzierungen sind integrativer Bestandteil eines vorstrukturierten Grundes. EVA & ADELE produzieren Bilder, manchmal auch solche wie diese, unentwegt in parallelen Formationen. Und die bleiben greifbar, selbst wenn die Tür ins Schloss gefallen ist. *Reinhard Ermen*

[1] Abb. in: EVA & ADELE. Katalog, MOCAK. Museum of Contemporary Art, Kraków, 2012, S. 104ff.

[2] Abb. in: Rosa Rot. Katalog, Museum der Moderne, Salzburg; Lentos Kunstmuseum, Linz, 2008, S. 70ff.

[3] Julia Schmitz: Wo wir sind, ist Museum. www.independantcollectors.com, publiziert am 18. September 2012.

[4] EVA & ADELE in einer Korrekturanmerkung zum Text vom 26. November 2012.

[5] Zeitmaschine. Interview mit Nina Kirsch. In: Rosa Rot. Katalog, Museum der Moderne, Salzburg; Lentos Kunstmuseum, Linz, 2008, S. 94.

[6] Vgl. Anm. 5.

[7] Vgl. Anm. 4.

[8] Email von EVA & ADELE an den Autor vom 02.10.2012.

[9] Wahrig: Fremdwörterlexikon. 4. Auflage, München. 2004, S. 646.

[10] Paolo Bianchi: Kunst als Erfindung des Lebens. In: CUM. Katalog, Sprengel Museum, Hannover, 1997, S. 23.

[11] EVA & ADELE beim Atelierbesuch am 26. 09. 2012 in Berlin.

[12] Vgl. Anm. 5.

[13] On various Aspects of Being a Living Work of Art. Delfina Piekarska im Gespräch mit EVA & ADELE. In: EVA & ADELE. Katalog, MOCAK. Museum of contemporary art, Kraków, 2012, S. 92.

PARALLEL WORLDS

EVA & ADELE DRAW

They produce images – incessantly. Even when EVA & ADELE aren't parading themselves in front of a bemused public, they create their images and remain together. They welcome visitors to their studio dressed in a small uniform – something which is also part of their imagination work. At the same time they leave images in the mind. Perhaps the public imagine how these two inseparable people interact when the door has shut. Occasionally photographs help to inspire such ideas. Eva Maria Ocherbauer shows EVA & ADELE at home staring at a vanity mirror with a pink frame, while the two of them willingly open up the cupboards to Anna Maria Potocka, the director of MOCAK (Museum of Contemporary Art Kraków), allowing her to photograph a view inside their spacious dressing-room.[1] The 'Berliner Zimmer' (Selftimer) shows the double bed, pink in pink, while lingerie and other erotic props complete the setting of this life-long action. They appear in their ubiquitous regalia in the lavatory in Hotel Drei Könige in Basel[2] – in this case in Wings II costumes. The photo allows conclusions regarding how the body can be used and what it means to get the basics done while adorned with wings. There's no separa-tion between art and life is what the images say, including those in the minds of the viewers. Art is everything, art is what we are – and that's demonstrated by their performances, in which they appear as living sculptures. They show nothing but

themselves, namely EVA & ADELE, who claim to be from the future, even though they exist in the flesh, in the here and now, exercising an absolute presence. Their statements disarm even the most inveterate sceptics: "Our smile is a work of art."[3]

It all boils down to a ceremonial variety of concept art – and why not? The photos taken of them by curious passers by are collected and meticulously archived, manifesting "the spreading of the image" as an artwork.[4] The audience play along. They're really only allowed to take pictures if they agree to send them to the two women who are the cause of the photos in the first place. Viewers become contractual partners, employees, to some extent even co-performers. As they work with these images, the artists may break away from the photos – but never the motif. The undertow of the duplication vortex lines up the motifs, hundreds of Polaroids evening out images which are already the same, yet somehow different. The stamp containing the heart logo is an even faster multiplier and also a kind of seal of authenticity. Its various modifications aid organization and archiving. It's striking (and not for the first time) how sovereignly EVA & ADELE control the flood of images that they themselves have inspired. They turn out to be real organizational talents, their tirelessness nurtured by an obsessive desire to acquire their own extraterritorial appearance. Their global perspectives

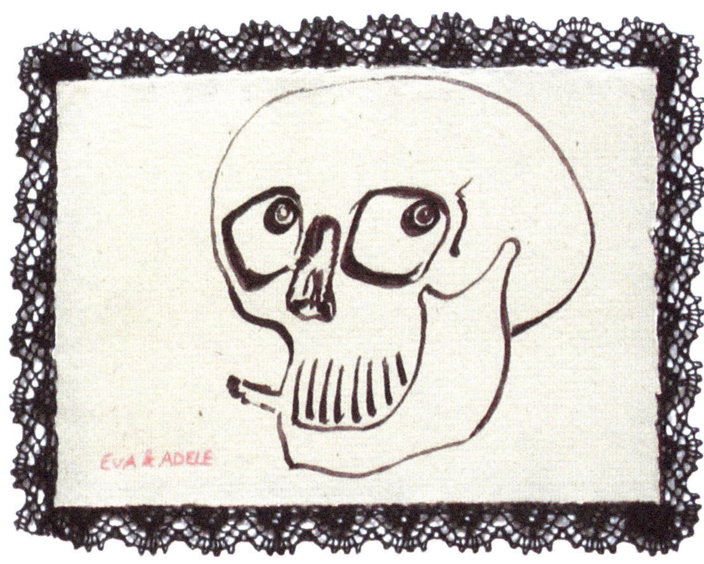

EVA & ADELE, *Savoudrija-Scull, 2005*
Tinte auf Bütten, Bordüre / Ink on laid paper, border, *8,8/9,8 x 12,8 cm*

are sorted by the precisely defined characteristics of their series. The myth that EVA & ADELE are self-taught is quickly refuted by casually glancing at their work itself, even if they choose not to divulge where they learned their craft. EVA & ADELE act with carefully considered strategies. "We take the experience gathered in public with us into the studio," they explained to Nina Kirsch. "The studio is a kind of laboratory, a place of analysis, dissection and reassembly."[5] In a highly professional manner revealing a mastery of images, they distil outline drawings from both the materials they have ordered and sundry jetsam. They then simplify or colour them, intentionally groping their way into self-irony. At this point there's a high risk of their being dismissed as caricatures, and this provides further confusion. From EVA & ADELE's angle, it's like playing with fire. But when it comes down to it, everything they do is deadly serious in its own way!

'Performative Installation 208' created in 2008 for the Lentos Museum of Modern Art in Linz was made up of 208 fairly small mixed-media works over a length of about 12 metres. It contains equal shares of consumption-obsessed seductive art,

the overtaxing of perception, and overwhelming abundance. Anything is possible in the flow of images of this large collage, and sometimes a drawing from the distant past sneaks in. But mixed media is all the range, EVA & ADELE are firing on all cylinders, and sometimes disastrous miniatures make strange insinuations in the confusing horror vacui of 'Performative Installation 208'.[6] Ultimately, the overpowering flood of images shields us from the details. However, the large oil paintings in 'Transformer – Performer' are puzzling, colour-drenched transitions that can't be ignored. The obsessively inseparable EVA & ADELE are torn apart again and again, nightmares and dark erotic fantasies are hinted at in expressive gestures, while all sorts of skulls bare their teeth. Are there really any negative sides in this eternally smiling detachment? Perhaps the self-imposed fate of permanent performance, to which attention is drawn by time-honoured vanitas symbols. Seen in these terms, the elaborate 'Kostümpläne' (Costume Plans) which EVA & ADELE first displayed in detail at MOCAK in 2012 also tell of an actionistic prison, for the concept leaves no room for escape. They take this opportunity to quote Friedrich Hölderlin: "Learning life in art and art in life."[7] 'FUTURING', the term

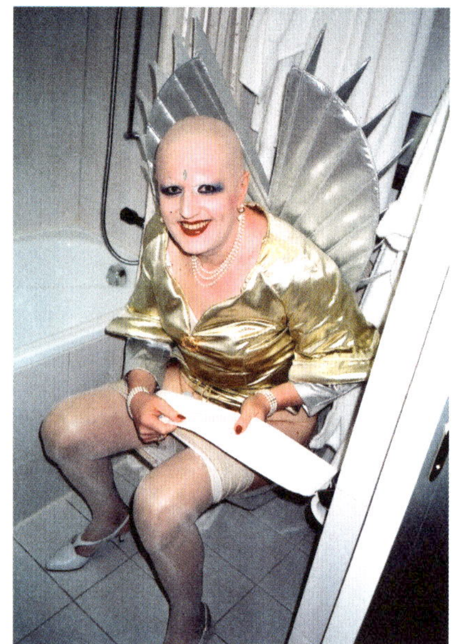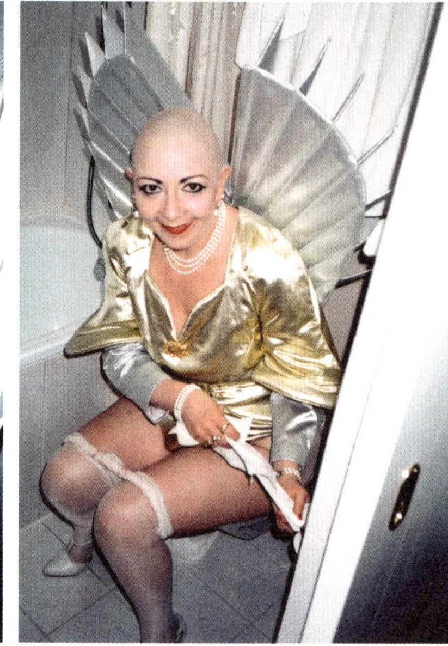

Links: EVA & ADELE SELFTIMER, *Eva, Hotel 3Könige, Basel, 1995, colour print, 120 x 80 cm*
Rechts: EVA & ADELE SELFTIMER, *Adele, Hotel 3Könige, Basel, 1995, colour print, 120 x 80 cm*

which EVA & ADELE coined for their possible-impossible existence, could also be a technical term for a dance on a volcano, for balancing on the precipice. This discovery doesn't mean a paradigm shift; it simply results on closer inspection. There has never been an actionistic permanent cheerfulness here. The comedy has one foot in tragedy. There are parallel worlds to the beautiful exterior which are an indispensable part of the whole and which have been there since the beginning.

When EVA & ADELE draw, they walk only too clearly on the precipice. This seems to be inevitable owing to the very nature of the matter. Drawing is on the one hand a disposable medium of everyday life, while on the other it's used for designing and planning, giving it a utopian, visionary purpose. The boundaries between the edges and centres of this art form are blurred. Perhaps this is why drawings are a kind of seismographic sensory organ in the documentation machinery of the tireless.

Similar to 'Performative Installation 208', the artists at any rate also talk of 'performative drawing'.[8] The infinite action that gives birth to all images is formulated on the shortest route.

From this immediacy, a conceptual feature can simultaneously be filtered out of the EVA & ADELE system (sorry). Action or performance means not so much everyday theatre (that too, of course), but above all movement, and this starts when getting dressed. The energetic aspect of movement feeds production in an almost Beuysian sense before cooling down in a pictorial moment, a pose, a photograph or drawing, as it were. The metaphorical title of the exhibition can be interpreted in this sense: 'Obsidian', a "naturally occurring volcanic glass formed as an extrusive igneous rock."[9] But beforehand EVA & ADELE stroll around (in high heels) in a circle; only curious questions, a photo or small talk cause them to briefly stop. This movement increases their radius of action. They don't just travel to glamorous exhibition openings or their own shows, they travel in order to be on the move — to New York, to Venice as well as to Usedom. And they always go for their daily walks or travel in their own motorhome from one place to another. Paolo Bianchi speaks in this context of the "Grand tour, or the aesthetics of being on the road."[10] EVA & ADELE themselves refer to their "walking programme", which simply takes the form of "walking, walking, walking".[11] The movement, the performance itself now appears to be a spiritual exercise. All of a sudden, the clean-shaven heads look like quotations from the Far East: Buddha goes pop.

Like a natural reaction, the spell of this tireless motion is followed by drawing. The mobile home becomes EVA & ADELE's studio when they're travelling. Drawing has always been an essential part of any travelogue. Despite viewers being prepared by looking at the large collages, despite the depths of their multifarious oil paintings, the drawings' previously overlooked immediacy and expressiveness are stunning. The 'Roadmovie', by which they mean the 12 metres at the Lentos Museum of Modern Art,[12] was taken in single-frame mode, even though series of images can be seen in it. There's a whole raft of details in which EVA & ADELE give themselves away, but the permanent smiling disappears in the somnambulistic notations for the time being on the dark side of the moon. Even in their colour works, a furore prevails, which is suitably released with the related tools and simultaneously realized in the traditional limits of the medium. However, it is the works executed in graphite which appear the most radical. It's amazing how hard a soft pencil (HB) can be. The virtues of the genre are plainly revealed: broad and light strokes, contrasting gestures, extreme materializations and individual lines all enter into dialogue on the white stage. The subject sometimes takes second place while the iconographic topos of EVA & ADELE withdraws from the centre of attention surprisingly often. In some drawings in 'Tides' (2012), the logo of their togetherness painted in delicate watercolours and infinitely varied is overgrown with garlands like crowns of thorns. The drawing moves on a pre-structured basis, the linear waves rising up to the new, gluttonous horizon. These drawings are like imaginary cries for help. "Kaktusblüte' (Cactus Blossom)' proliferate everywhere, in Berlin (2011) and on the Isle of Rhé (2009), but most dangerously of all places in 2010 on Usedom. Homes and lake districts emerge alongside abstract, midnight and surreal images.

Gossamer dreams are captured by violent condensation. What comes from Eva, what from Adele? Although their works appear as a unified whole, incorrigible viewers occasionally look for traces of this double life, seeking evidence of a functional togetherness in contrasting structures and moments of dialogue. But no information is forthcoming – they both just smile knowingly. One reliable constant is the signature; whatever happens, it always says 'EVA & ADELE'. And one distinctive feature is the use of solid, even precious material, such as exquisite paper. Sometimes a trace of nail varnish can be seen next to the actual drawing. After all, their very special work clothes are their indispensable ceremonial regalia. Representation, drawing, movement = performance.

EVA & ADELE don't always operate on the sheltered terrain of art. They encounter resistance – and they both grit their teeth. A photo shoot in Kreuzberg, confrontation with the down-to-earth proletariat can assume dangerous proportions, sometimes stones are thrown, sometimes their mobile nest – the pink Peugeot Boxer – is surrounded or even shaken by detractors.[13] But confrontation, whomever it happens to be with, not just those who mean well, is a principle of work, the drive belt of image-gathering. The seismographs respond accordingly – and sharpened pencils lie ready in every corner of the studio. The confrontation between art and the world formats its language in an almost Romantic sense, and EVA & ADELE's entire oeuvre needs something of everyday life in order to sweat out its somewhat different picture connections. The series 'TSG 1' (2009) fronts a special kind of story. It's about the 'Law on the amendment of the first name and the determination of gender in special cases', 'TSG' being the German abbreviation of Gender Recognition Act. In liberal Germany, sex changes are possible even without the operation. Applicants have to submit two psychiatric reports for approval by a judge before the desired result can be entered in the register of births. Eva passed this gruelling procedure in a sensationally short time

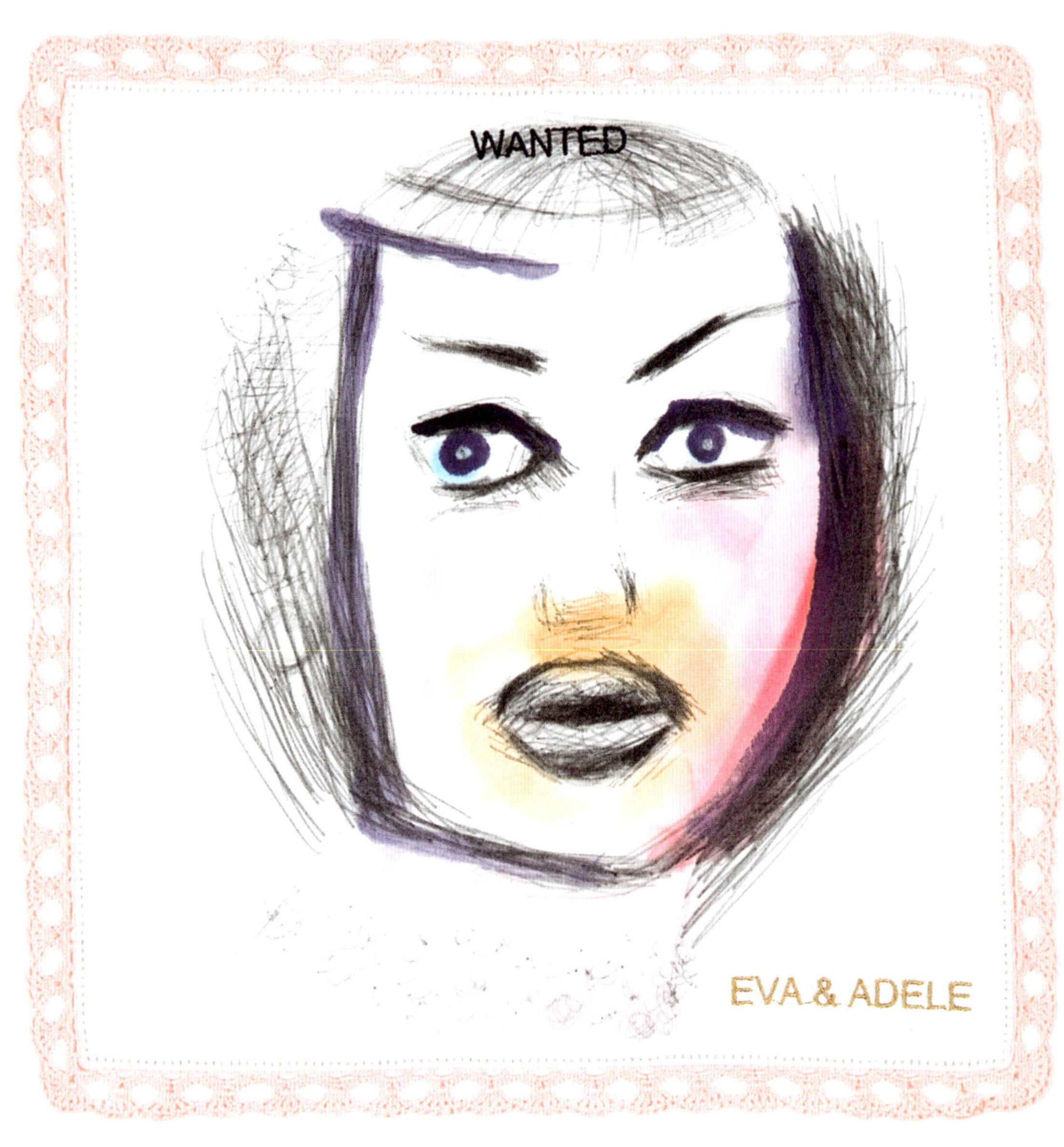

WANTED, *2012 (Detail Nr. 47)*
49 teilig, Aquarell, Graphit auf „objet trouvé" Stofftaschentücher / 49 parts, watercolor, graphite on „objet trouvé" handkerchief
22 x 22 - 33 x 33 cm

in 2009. And in the evenings after the therapy sessions, it was drawing time! Familiar identities are temporarily ripped open by the compulsory bureaucratic and analytical process to which applicants are subjected. Double faces talk, four pairs of eyes seek a face, a mask is proffered, male overwrites female and vice versa. The self-portrait staggers as an intimation through the format and screws itself up in a manner reminiscent of Picasso's 'Guernica'. Who is Eva? Where are EVA & ADELE? The children of the future are almost unrecognizable. Direct confrontation with the ordeal forces the driving obsession to a new level, its recording in the form of a drawing partially taking on a life of its own. Although the beautiful exterior is far away, the existential introspection ultimately feeds the sizeable remainder.

Sometimes, when the drawings are too far removed from the common sense of perpetual action, they are recaptured by the presentation. Like the series 'Tides', 'Zeitmaschine' (Time Machine) (2012) operates with merciless exaggerations of luminous variations of the heart-and-head logo. But this time, the deconstructions are elevated by found frames, the splendour of the newly gilded frames restraining the emotional fire (and not just in this series). The frames have been chosen with care

— neo-baroque gems for 'Zeitmaschine' (Time Machine), smooth, more functional affairs made out of oxidized silver for 'Spiegelgespiegelt' (Mirrormirrored) (2011) with its partly abstract, partly erotic mutants. The cries for help reach the onlooker almost as arias. These outliers wouldn't be possible without being located in the actionistic body of the ubiquitous 'FUTURING'. What's more, EVA & ADELE are experienced exhibition organizers, to a certain extent presentation geniuses — in fact this is something that they do day and night. EVA & ADELE collect not only beautiful, nostalgic frames but also batiste handkerchiefs. As precious as the superb paper that they otherwise use, they form a stage for a hybrid of painting and drawing. The ambiguous series title 'Wanted' (2012) is embroidered (as is the signature), adhering to the cloth like a brand. Intensely coloured faces shine out, art history casts its shadow in the form of Expressionism and New Objectivity reverberating on these phantom images, which are an innovative part of the concept of permanent performance. The beautifully crocheted frames and ornamentation are an element of a pre-structured base. EVA & ADELE produce images incessantly, including sometimes images like these, in parallel formations. And they remain tangible, even when the door has shut. **Reinhard Ermen**

[1] *Illustration in: EVA & ADELE. Catalogue, MOCAK. Museum of Contemporary Art, Kraków, 2012, pp. 104ff.*

[2] *Illustration in: Rosa Rot. Catalogue, Museum der Moderne, Salzburg; Lentos Kunstmuseum, Linz, 2008, pp. 70ff.*

[3] *Julia Schmitz: Wo wir sind, ist Museum. www.independantcollectors.com, published on 18 September 2012.*

[4] *EVA & ADELE in an addendum to the text dated 26 November 2012.*

[5] *Zeitmaschine. Interview mit Nina Kirsch. In: Rosa Rot. Catalogue, Museum der Moderne, Salzburg; Lentos Kunstmuseum, Linz, 2008, p. 94.*

[6] *See Note 5.*

[7] *See Note 4.*

[8] *Email from EVA & ADELE to the author dated 2 October 2012.*

[9] *http://en.wikipedia.org/wiki/Obsidian, retrieved on 22 January 2013.*

[10] *Paolo Bianchi: Kunst als Erfindung des Lebens. In: CUM. Catalogue, Sprengel Museum, Hanover, 1997, p. 23.*

[11] *EVA & ADELE during a visit to their studio in Berlin on 26 September 2012.*

[12] *See Note 5.*

[13] *On various Aspects of Being a Living Work of Art. Delfina Piekarska im Gespräch mit EVA & ADELE. In: EVA & ADELE. Catalogue, MOCAK. Museum of contemporary art, Kraków, 2012, p. 92.*

EVA & ADELE, *Performance-Kostümpaar, 1992*
Vinyl Pink, Satinfutter / Vinyl pink, satin lining

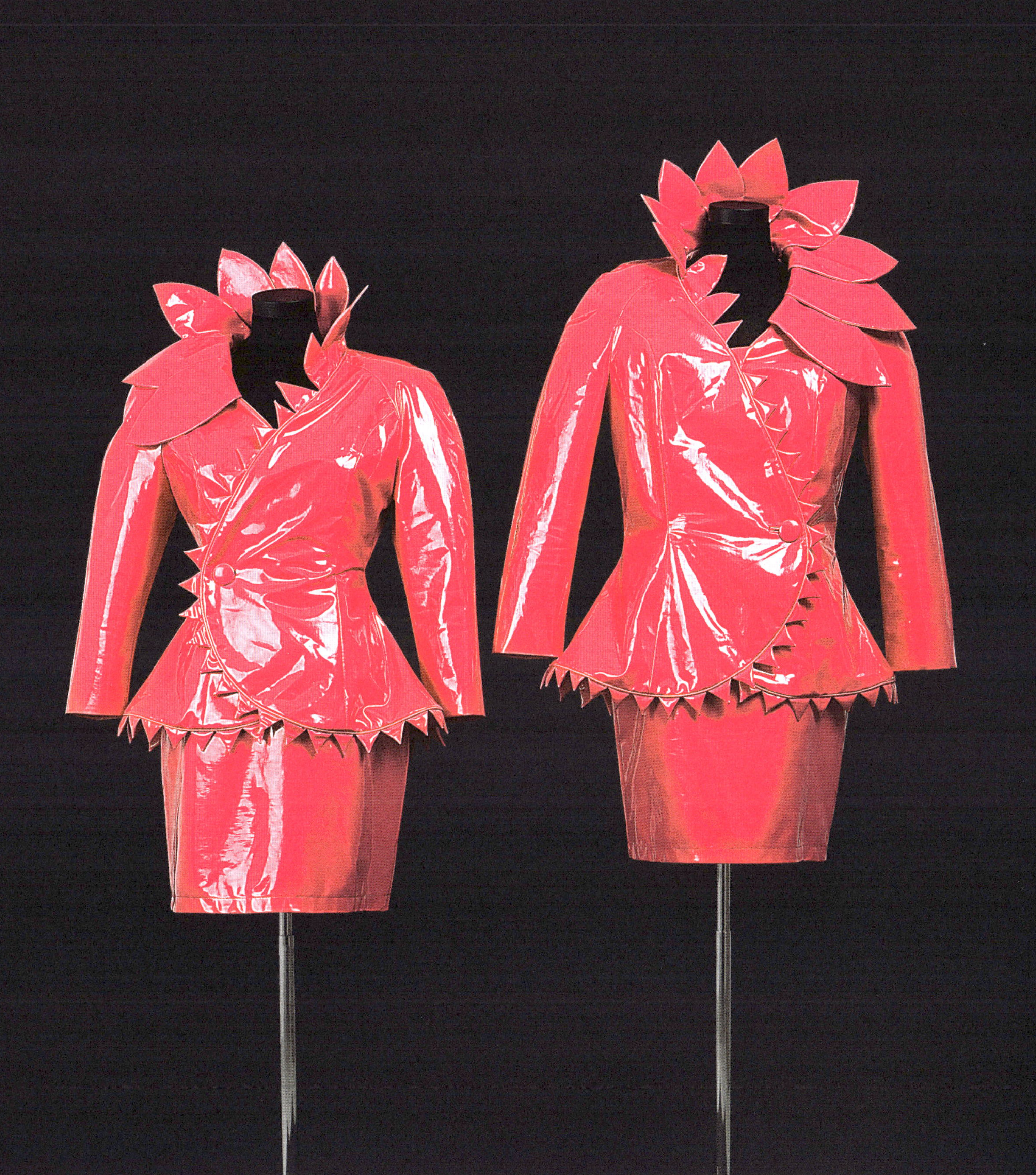

EVA & ADELE, *Performance-Kostümpaar, 1991*
Metallstoff Gold, Satinfutter / Metal fabric golden, satin lining

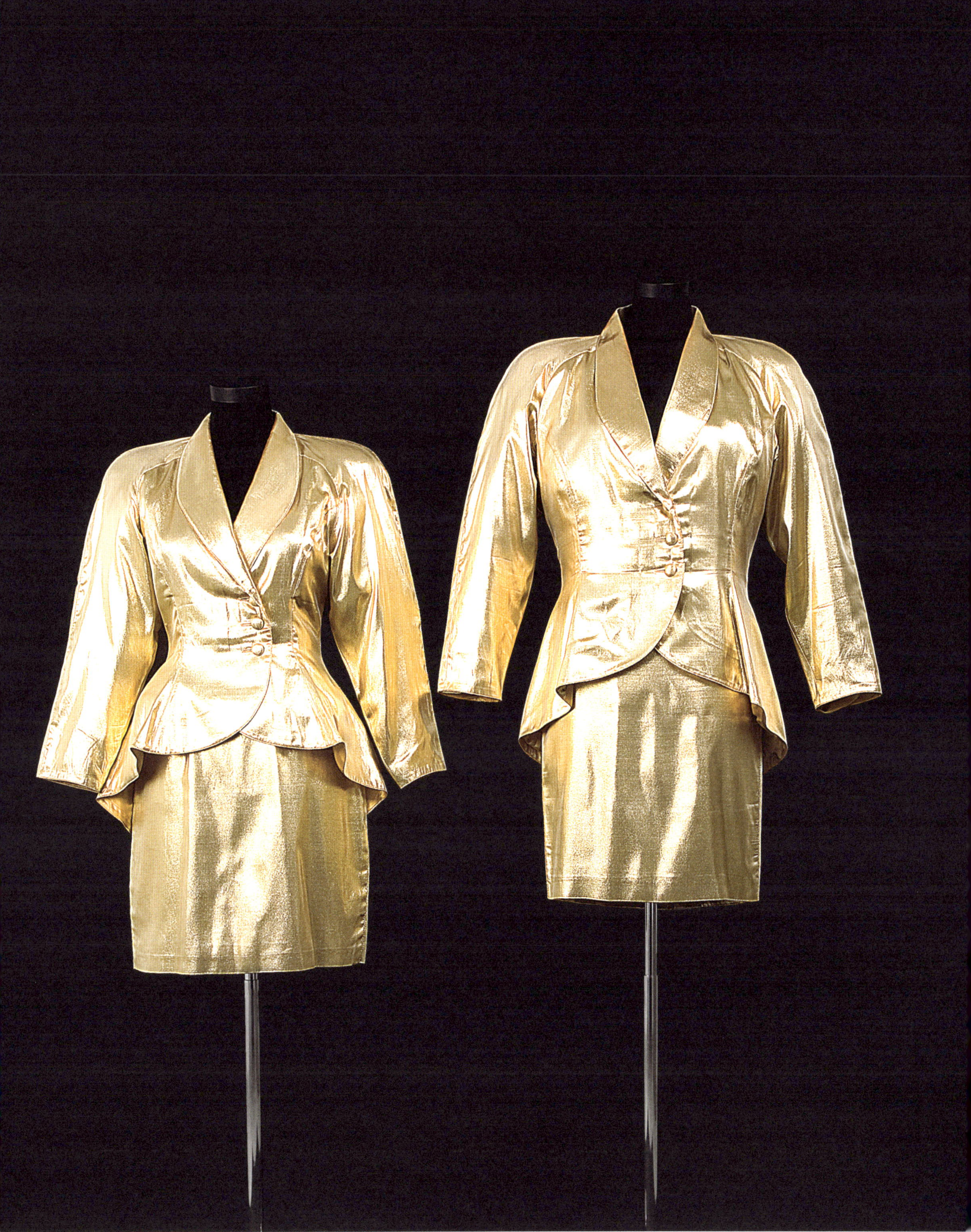

EVA & ADELE, *Performance-Kostümpaar, 1991*

Metallstoff Silber, Vinyl Schwarz, Satinfutter / Metal fabric silver, vinyl black, satin lining

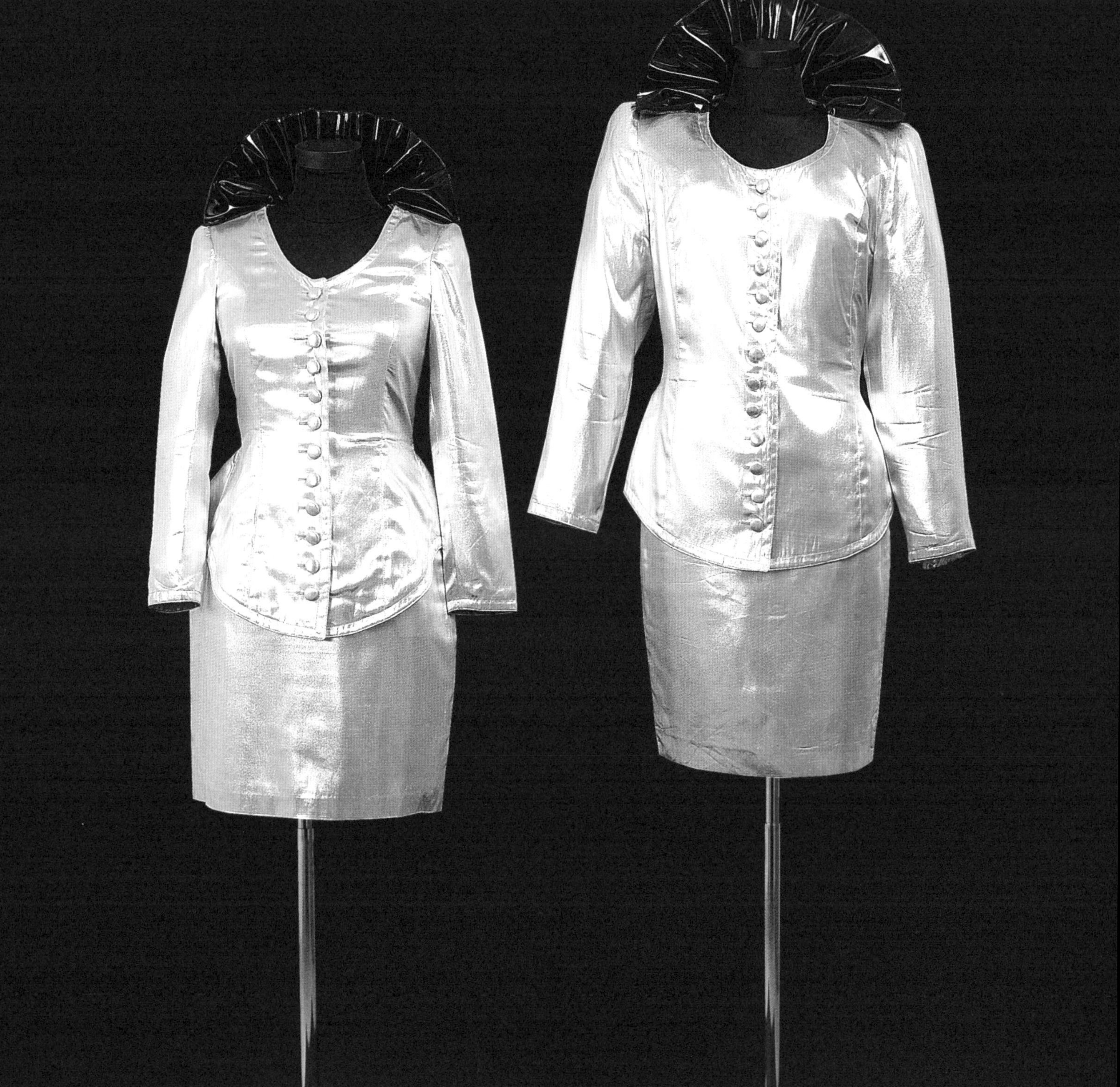

EVA & ADELE, *Performance-Kostümpaar, 1991*
Vinyl Schwarz/Weiss, Satinfutter / Vinyl black/white, satin lining

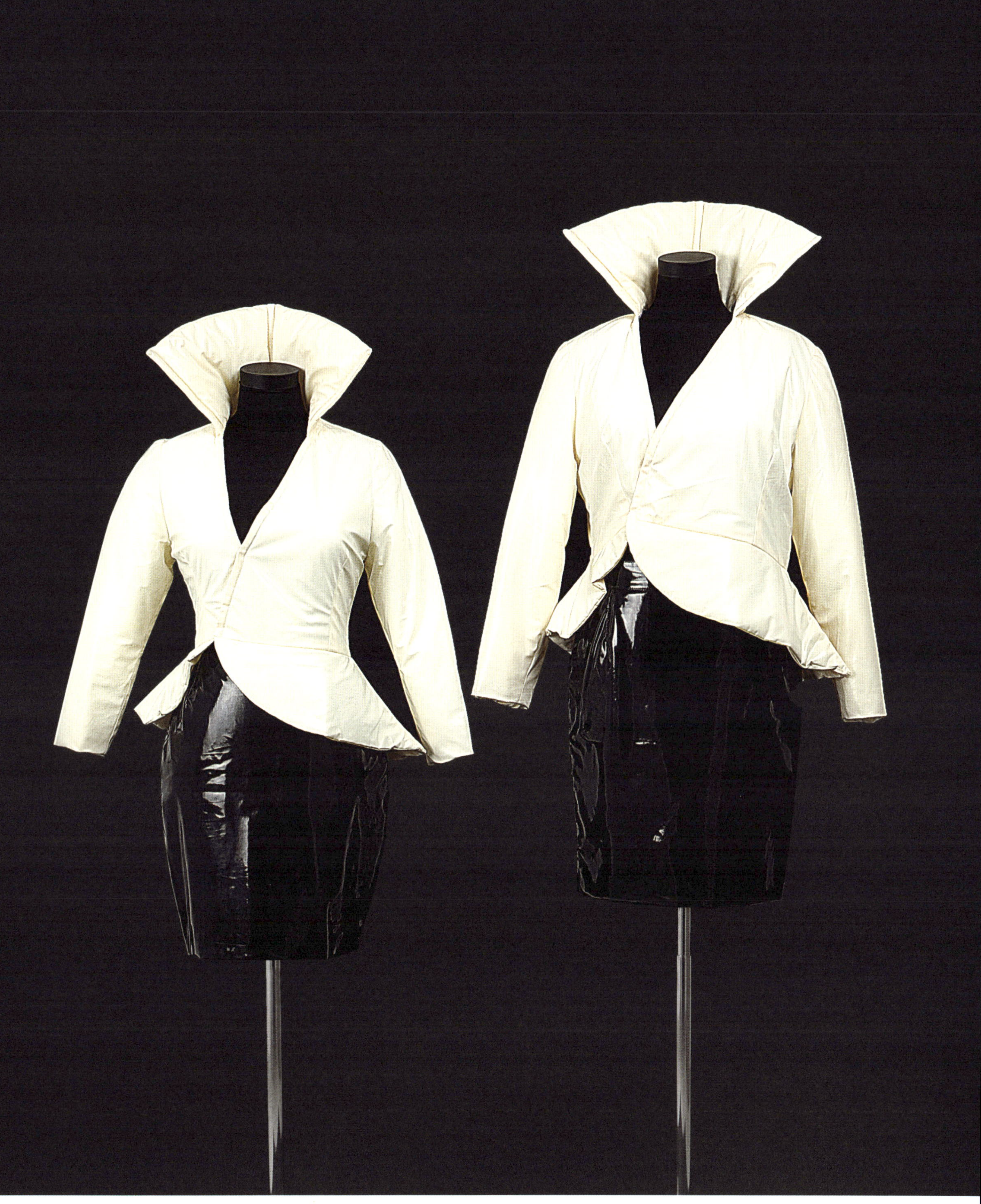

EVA & ADELE, *Performance-Kostümpaar, 1993*
Vinyl Rot II, Satinfutter / Vinyl red II, satin lining

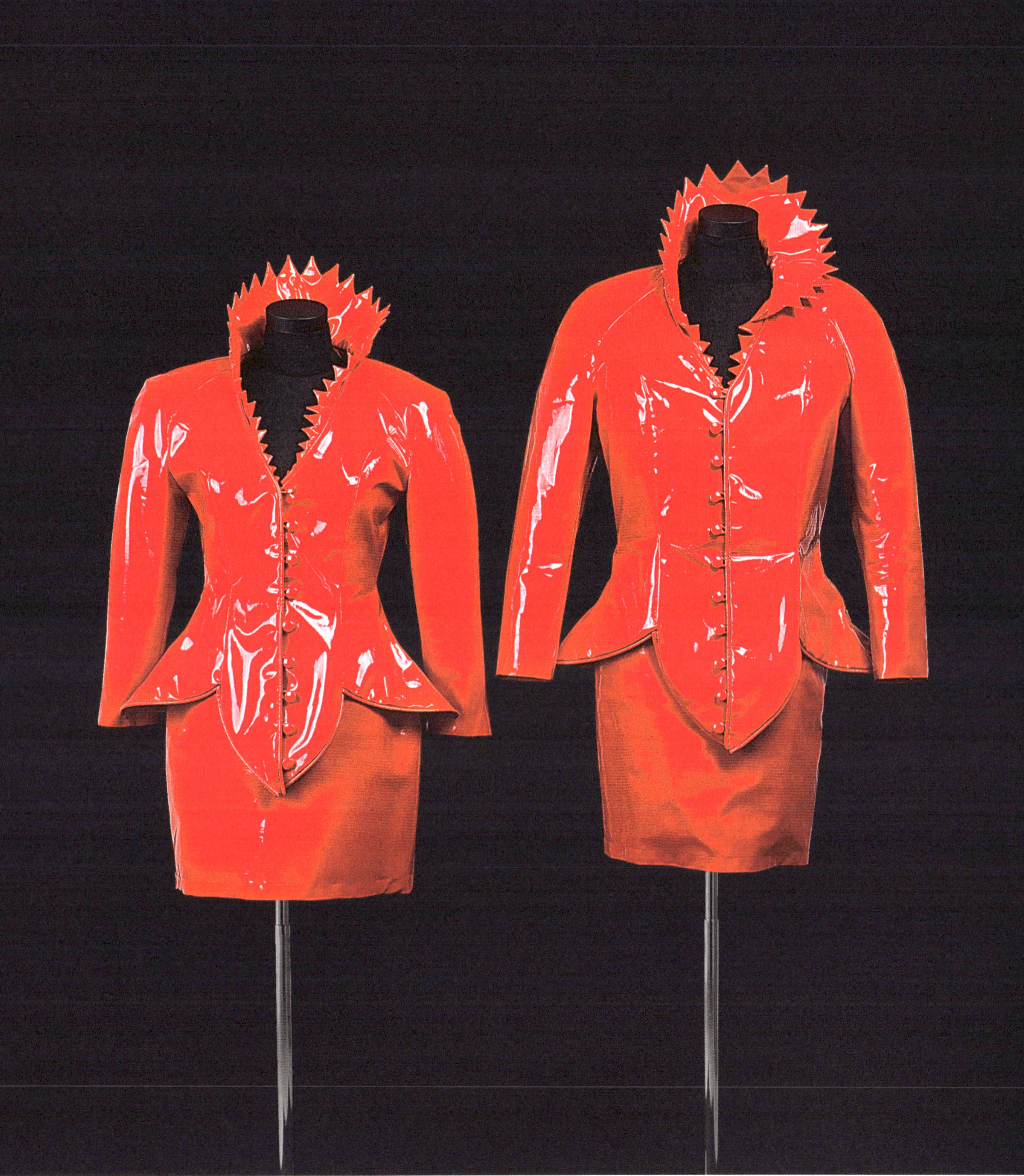

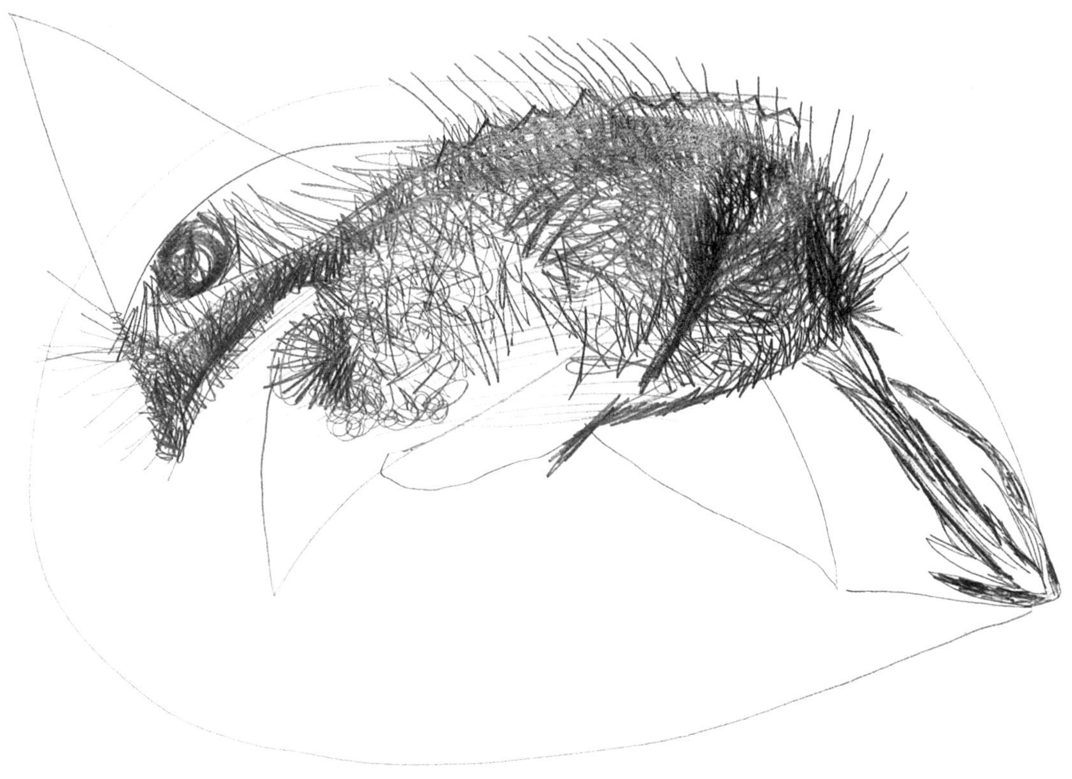

KAKTUSBLÜTE, *Berlin 2, 2011*
Graphit auf Bütten / Graphite on laid paper
57 x 78,5 cm

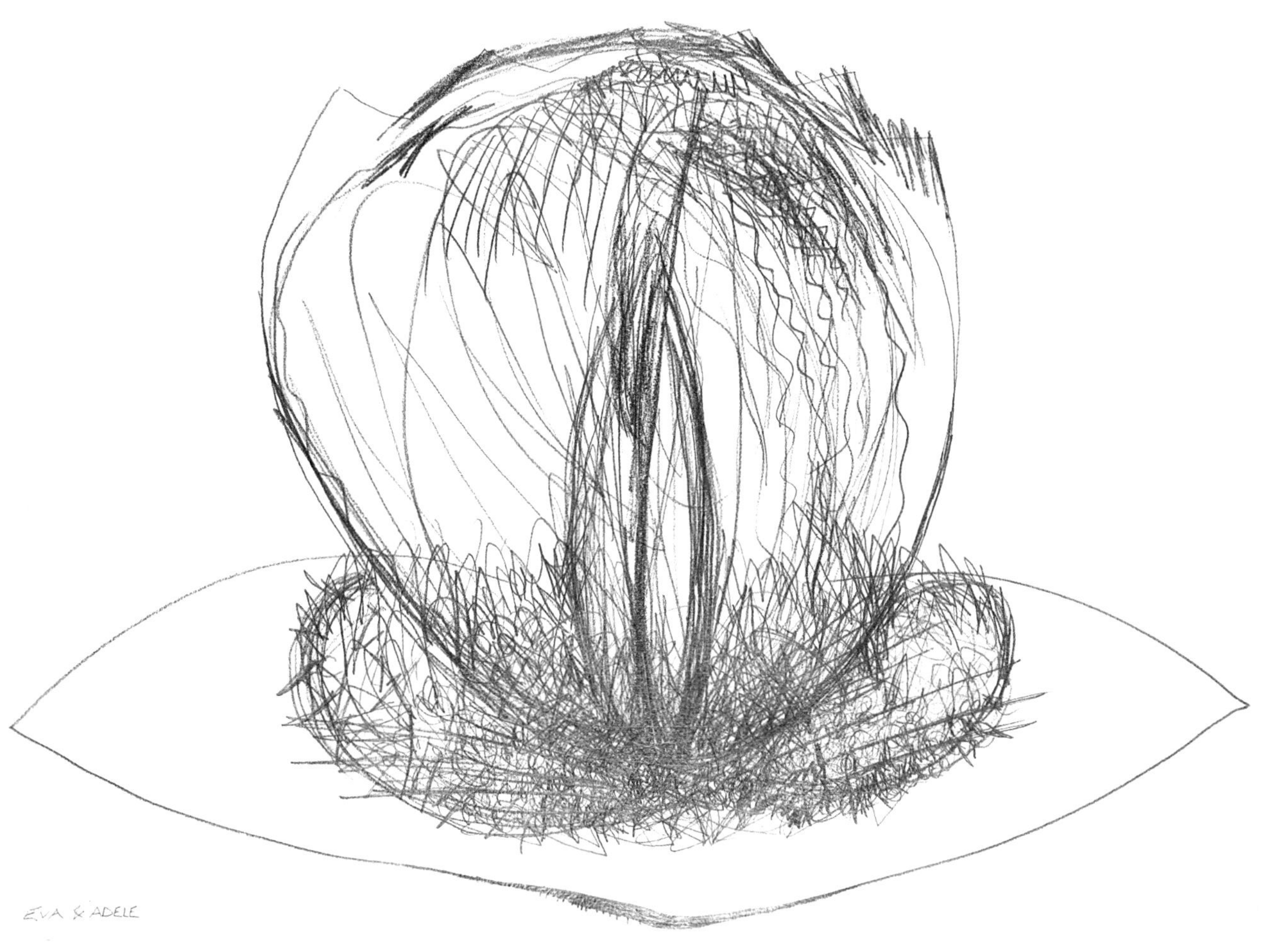

KAKTUSBLÜTE, *Berlin 1, 2011*
Graphit auf Bütten / Graphite on laid paper
57 x 78,5 cm

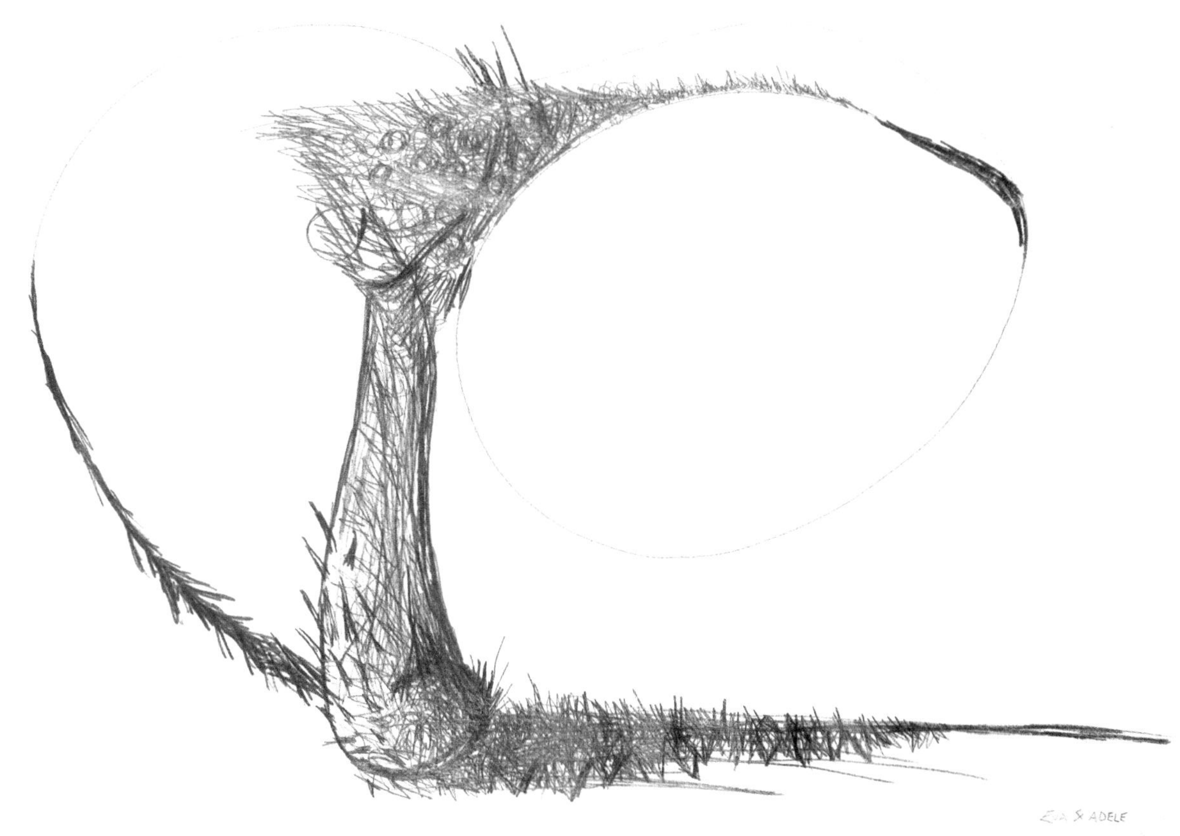

KAKTUSBLÜTE, *Berlin 4, 2011*
Graphit auf Bütten / Graphite on laid paper
57 x 78,5 cm

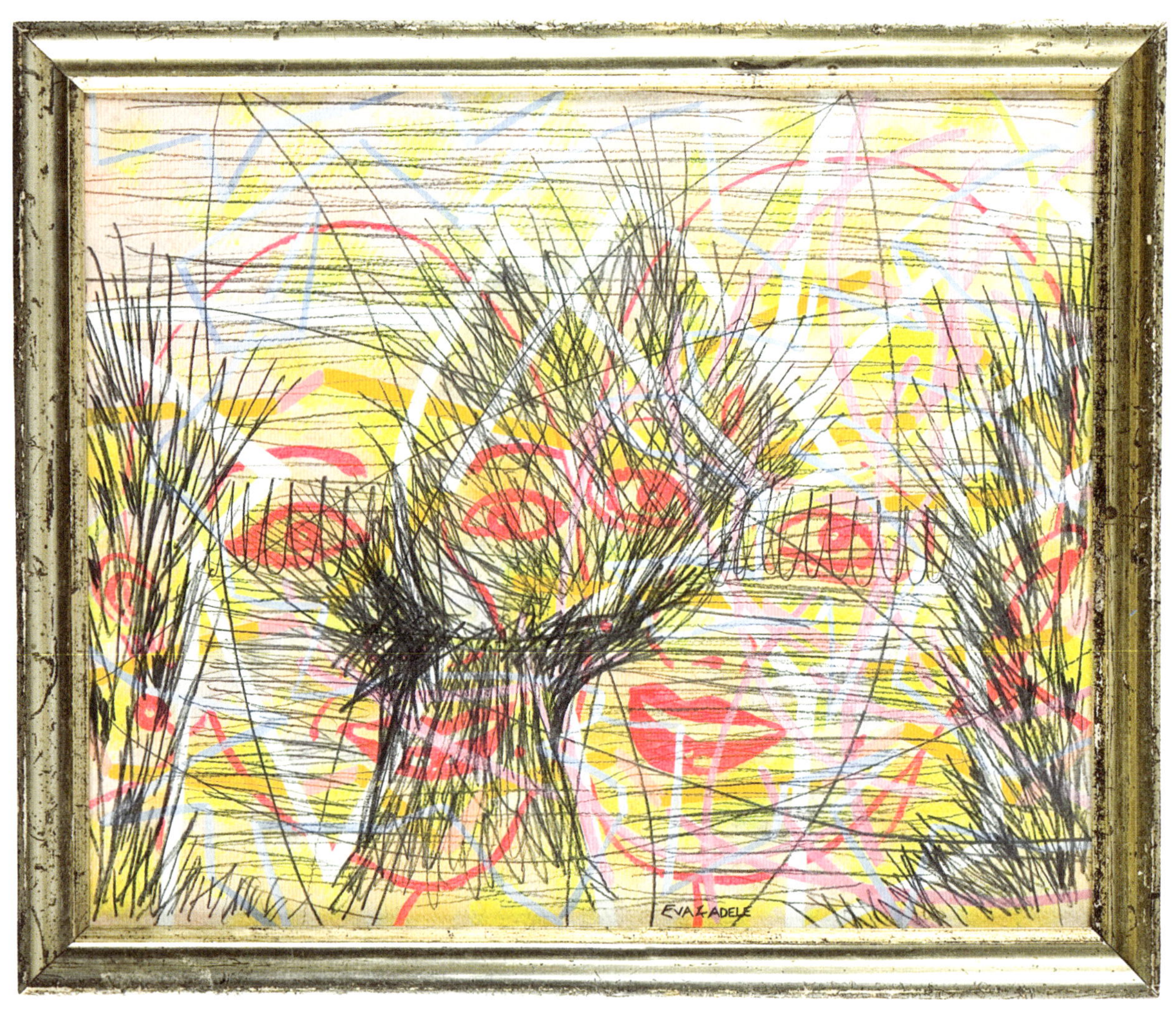

ZEITMASCHINE LAMBDA, *2012*

Aquarell, Gouache, Graphit auf Bütten, Künstlerrahmung / Watercolor, gouache, graphite on laid paper, artist framed

41,9 x 49,9 cm

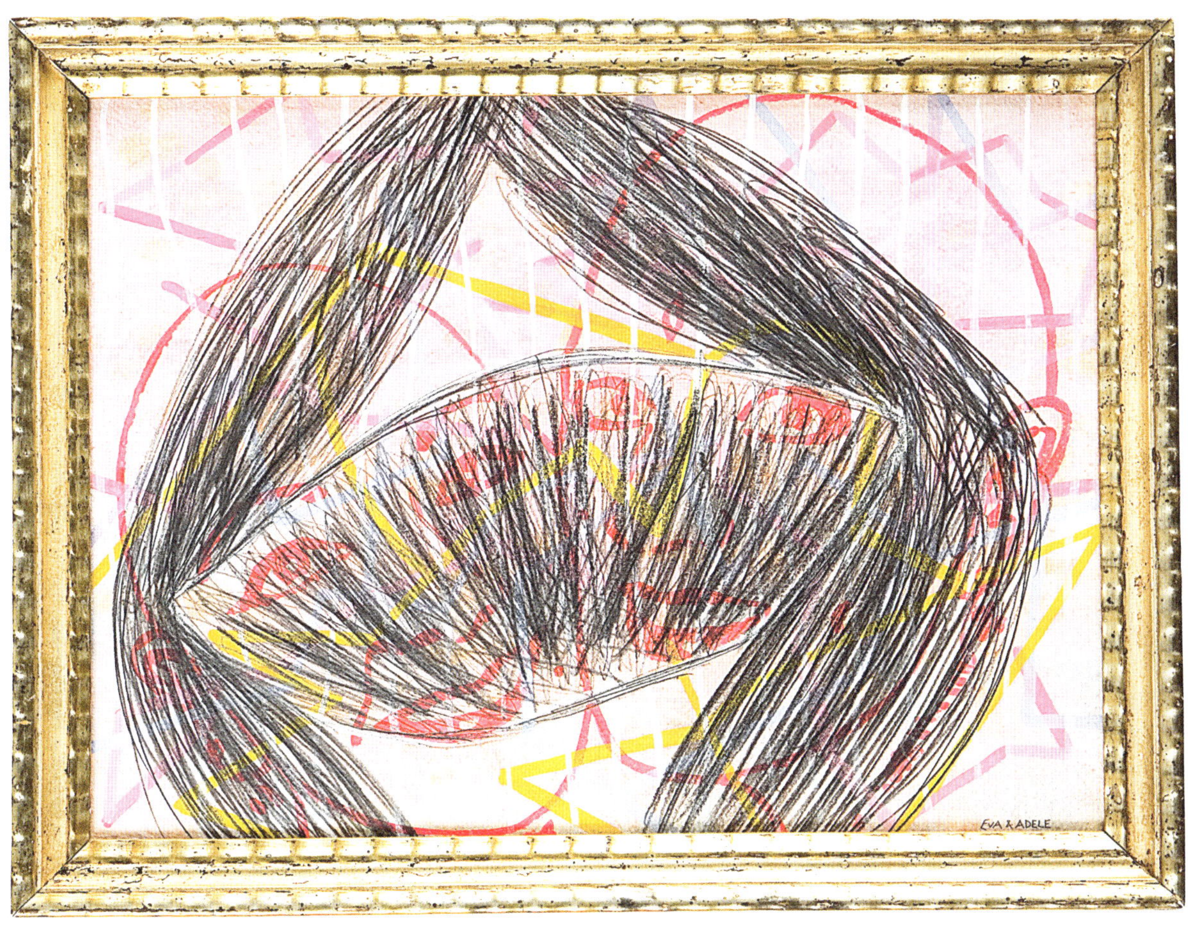

ZEITMASCHINE DELTA, 2012

Aquarell, Gouache, Graphit auf Bütten, Künstlerrahmung / Watercolor, gouache, graphite on laid paper, artist framed

39,2 x 50,9 cm

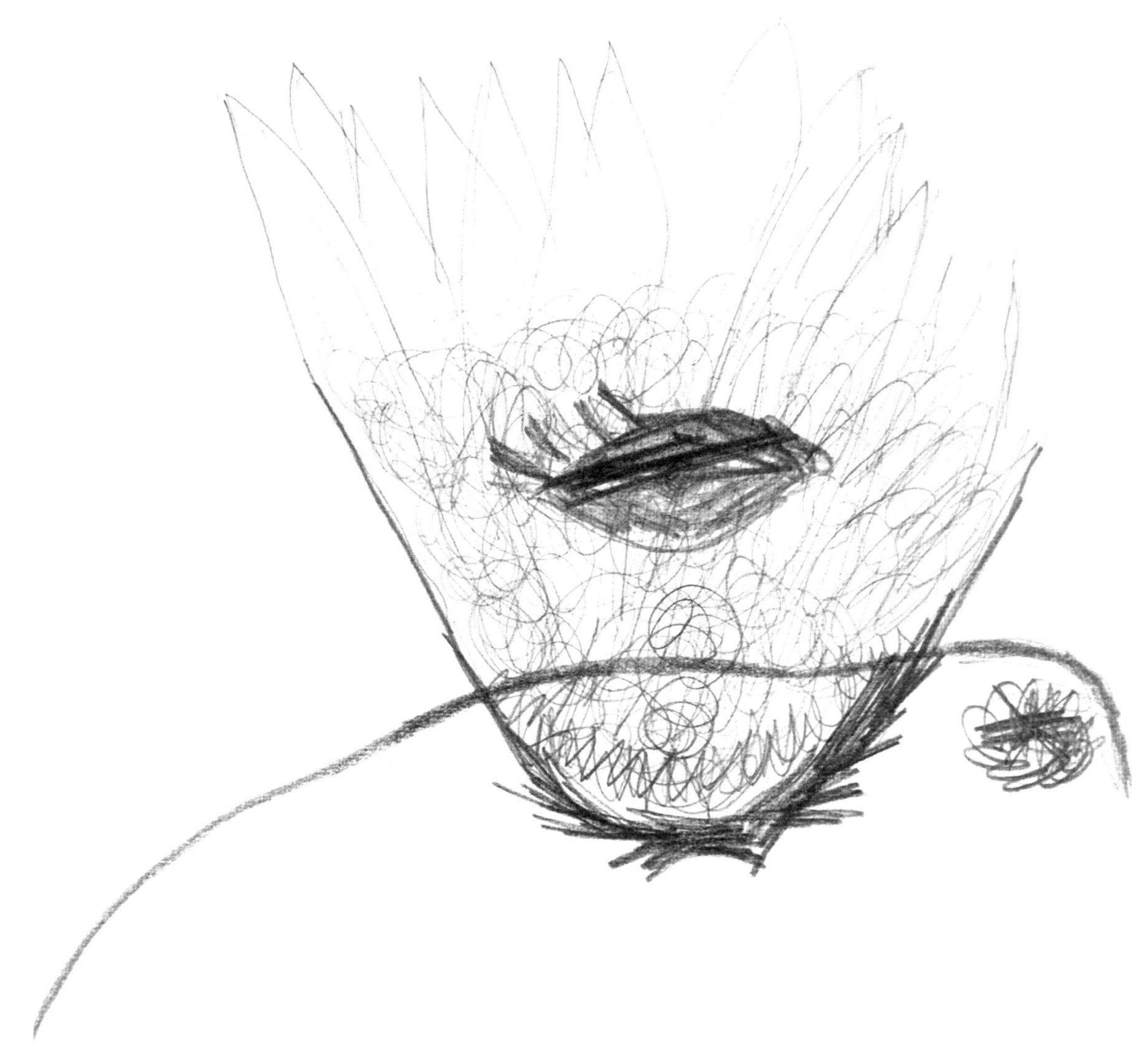

KAKTUSBLÜTE, *Ile de Ré 13, 2009*
Graphit auf Zeichenpapier / Graphite on drawing paper
35,5 x 28 cm

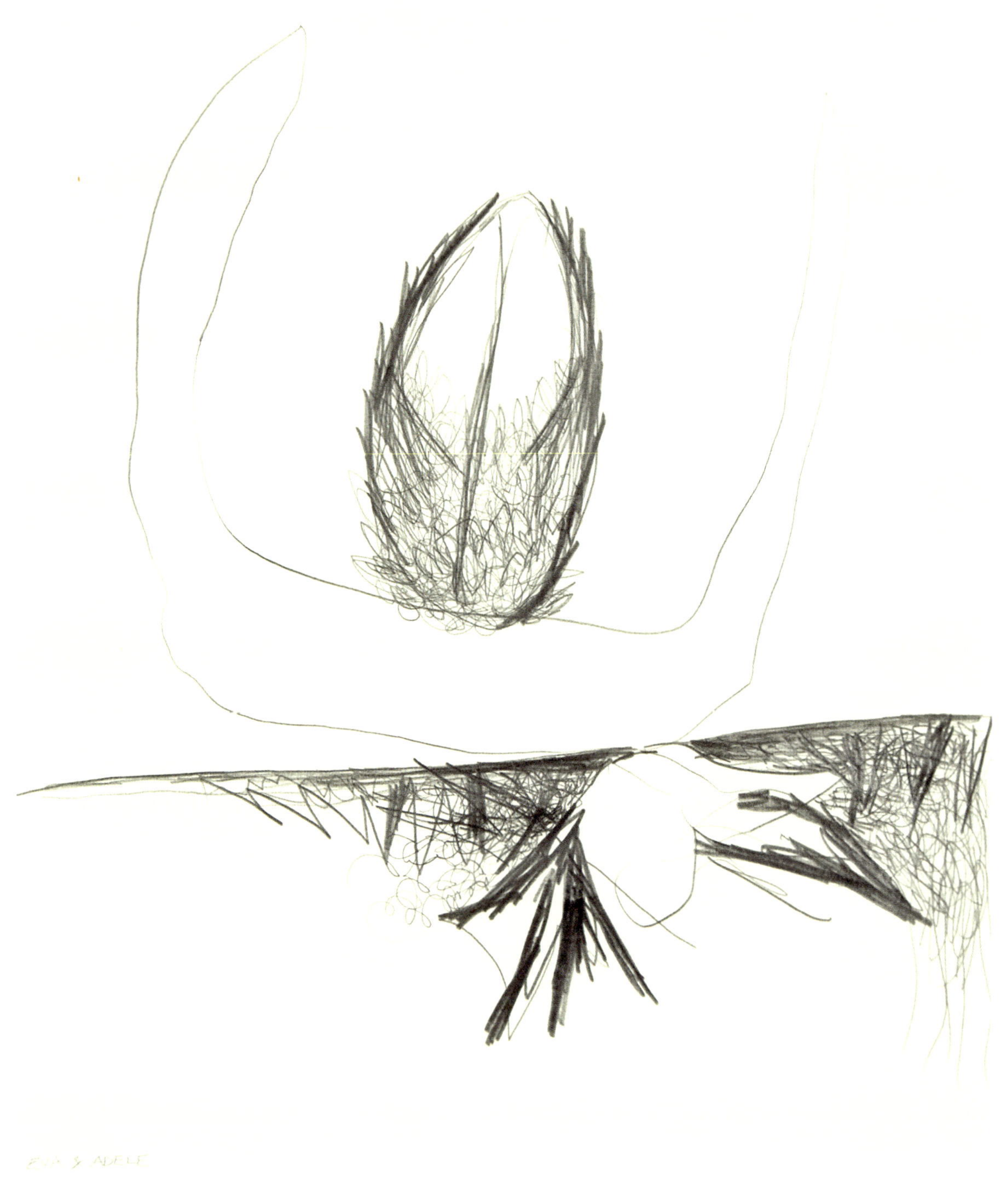

KAKTUSBLÜTE, *Ile de Ré 28, 2009*
Graphit auf Zeichenpapier / Graphite on drawing paper
35,5 x 28 cm

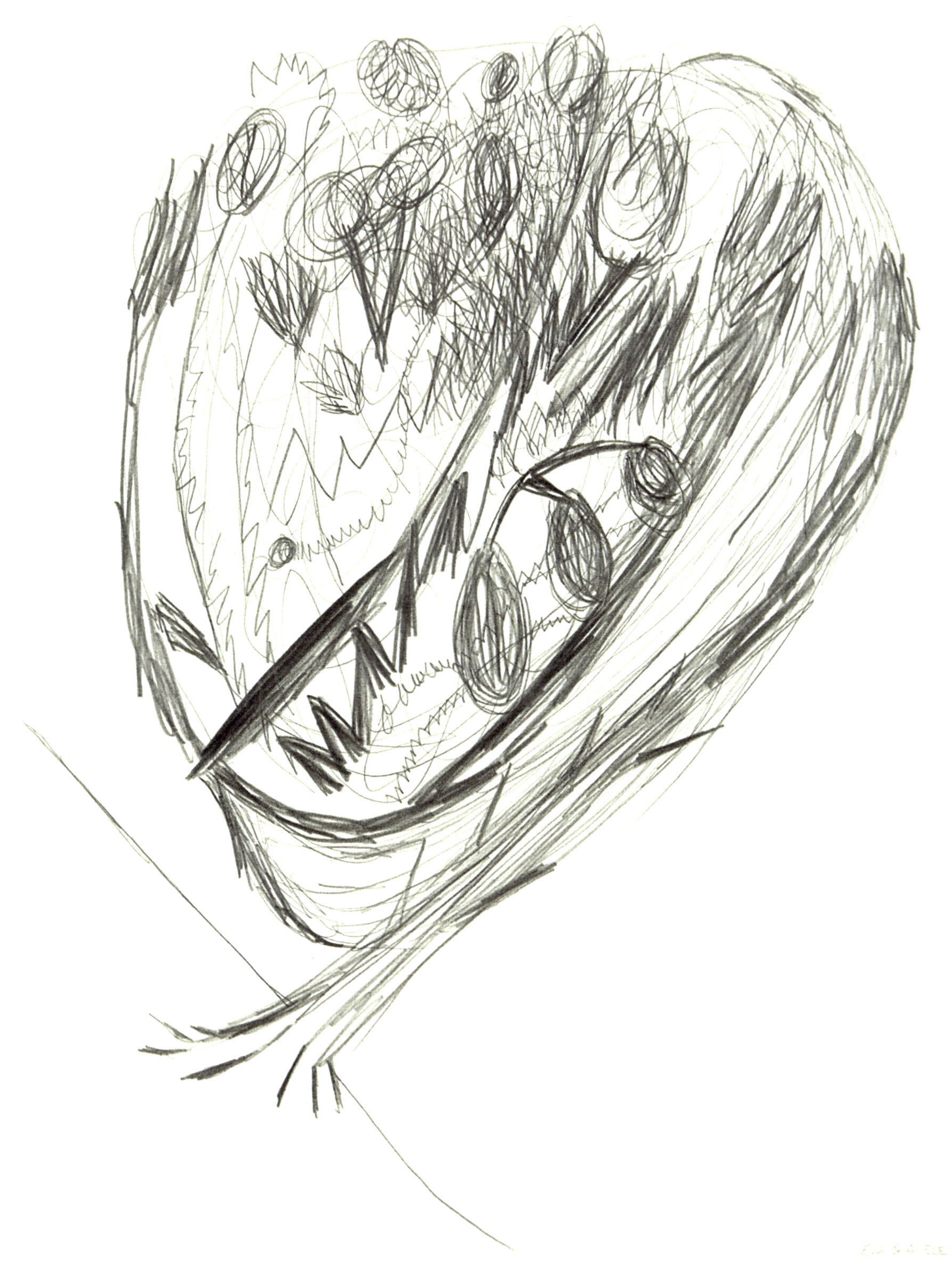

KAKTUSBLÜTE, *Ile de Ré 16, 2009*
Graphit auf Zeichenpapier / Graphite on drawing paper
35,5 x 28 cm

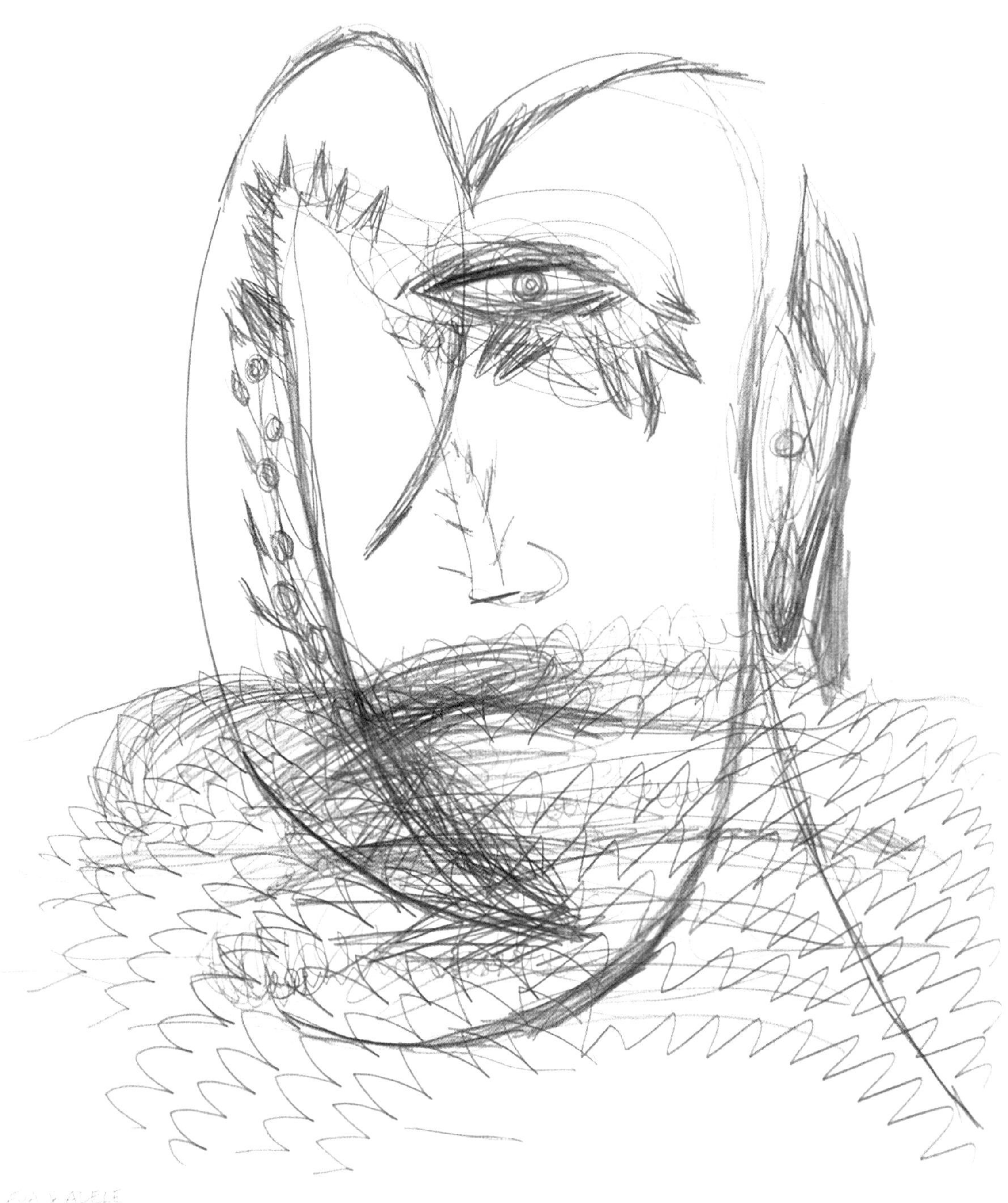

KAKTUSBLÜTE, *Ile de Ré 23, 2009*
Graphit auf Zeichenpapier / Graphite on drawing paper
35,5 x 28 cm

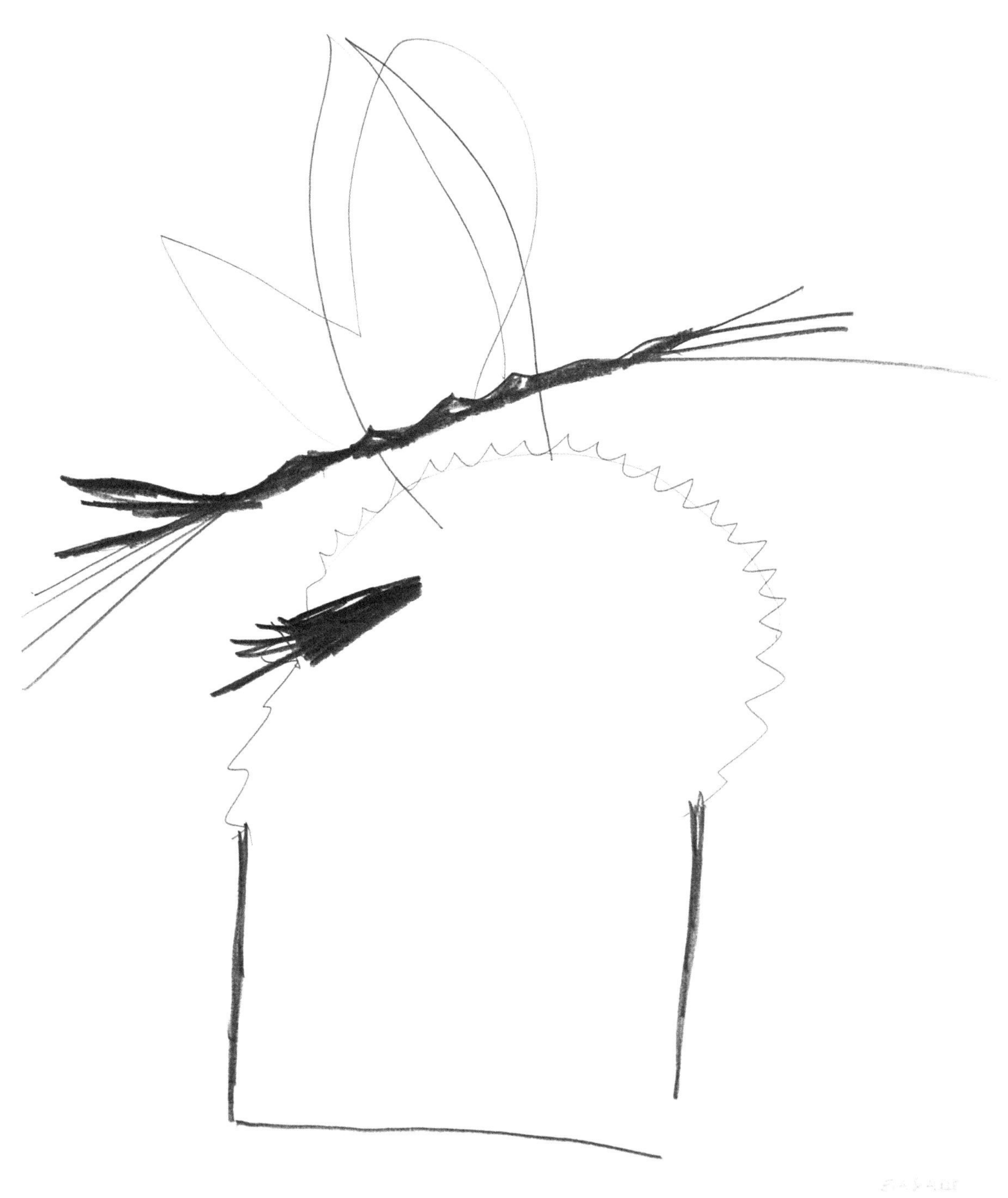

KAKTUSBLÜTE, *Ile de Ré 5, 2009*

Graphit auf Zeichenpapier / Graphite on drawing paper

35,5 x 28 cm

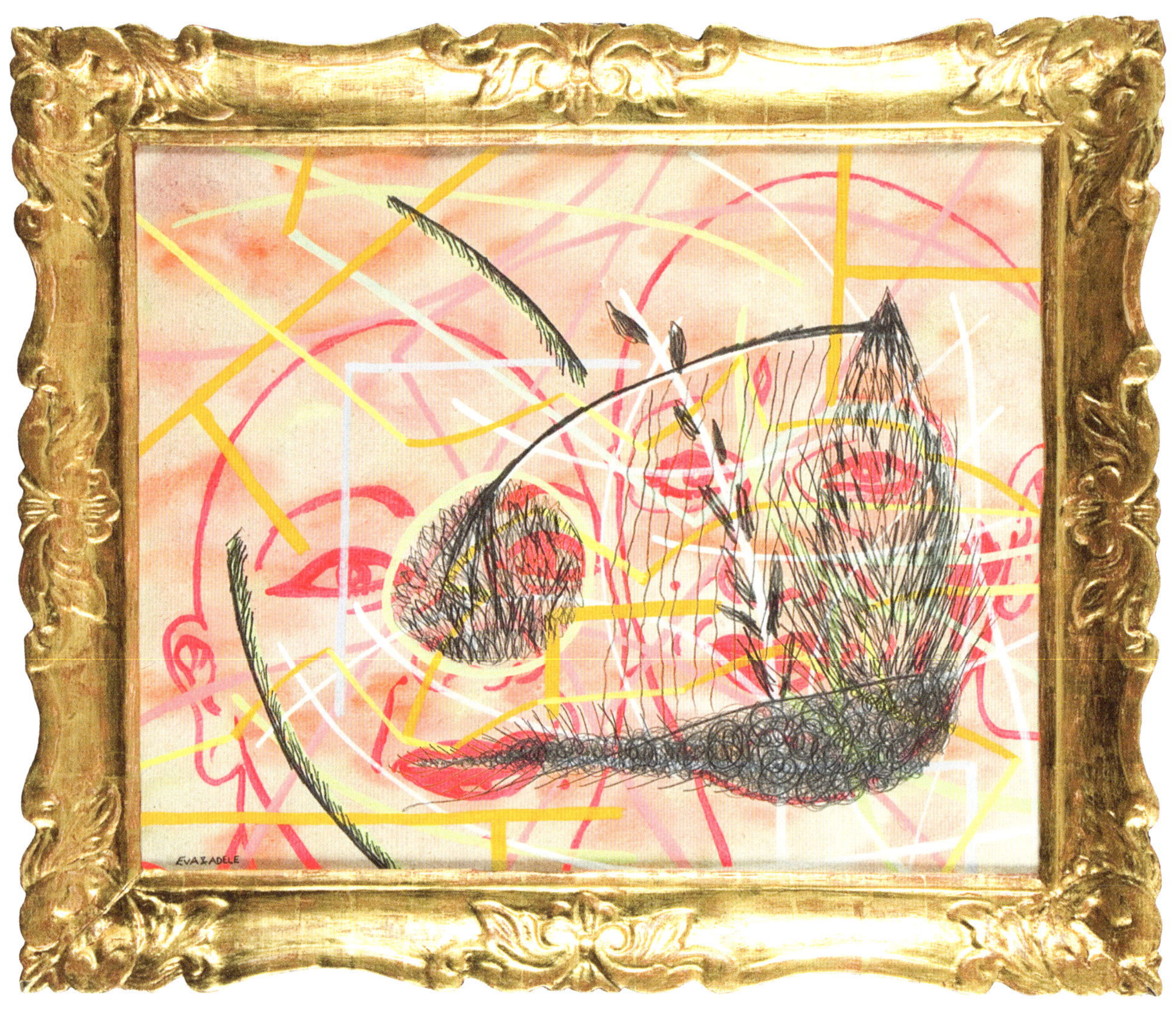

ZEITMASCHINE LOTA, *2012*

Aquarell, Gouache, Graphit auf Bütten, Künstlerrahmung / Watercolor, gouache, graphite on laid paper, artist framed

48,5 x 58,9 cm

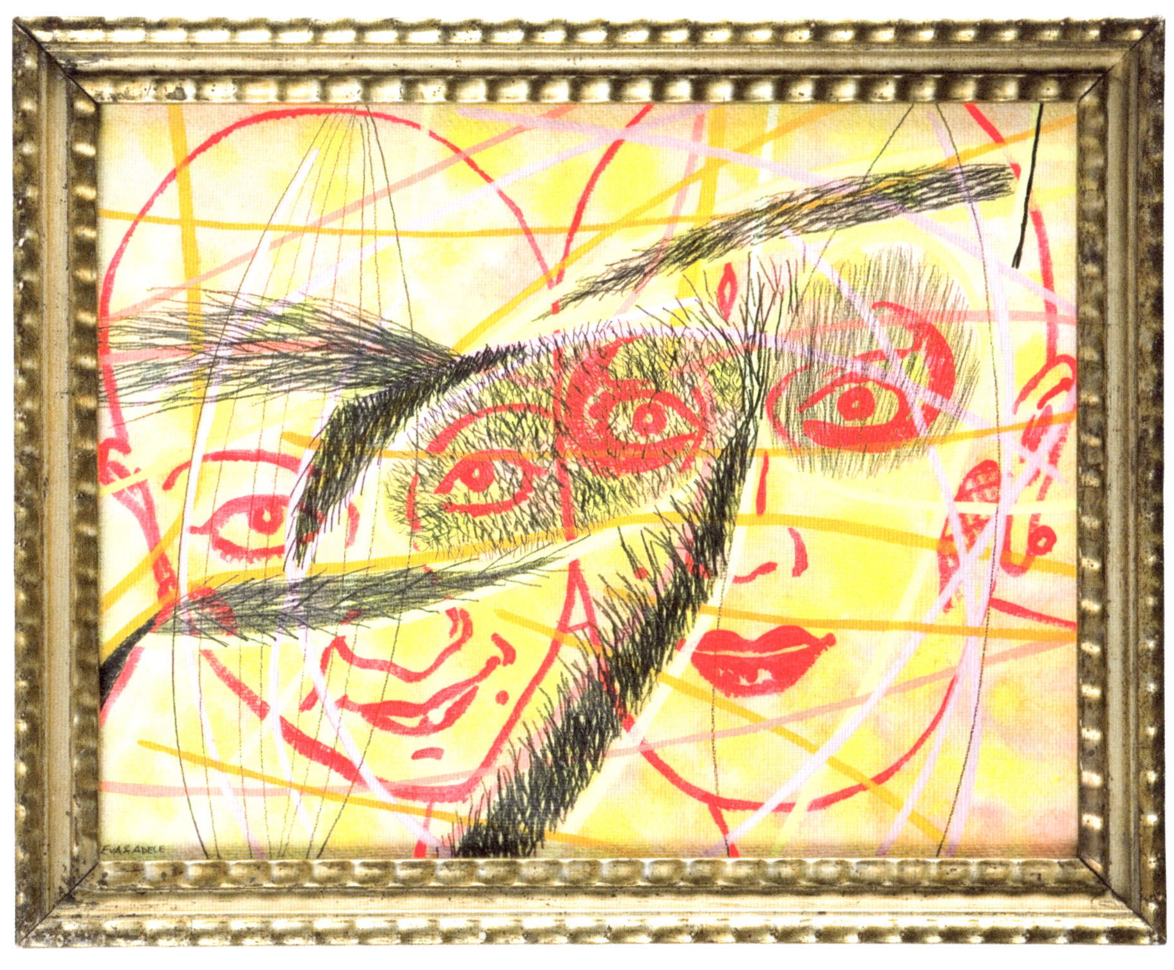

ZEITMASCHINE EPSILON, *2012*

Aquarell, Gouache, Graphit auf Bütten, Künstlerrahmung / Watercolor, gouache, graphite on laid paper, artist framed

38,3 x 48,6 cm

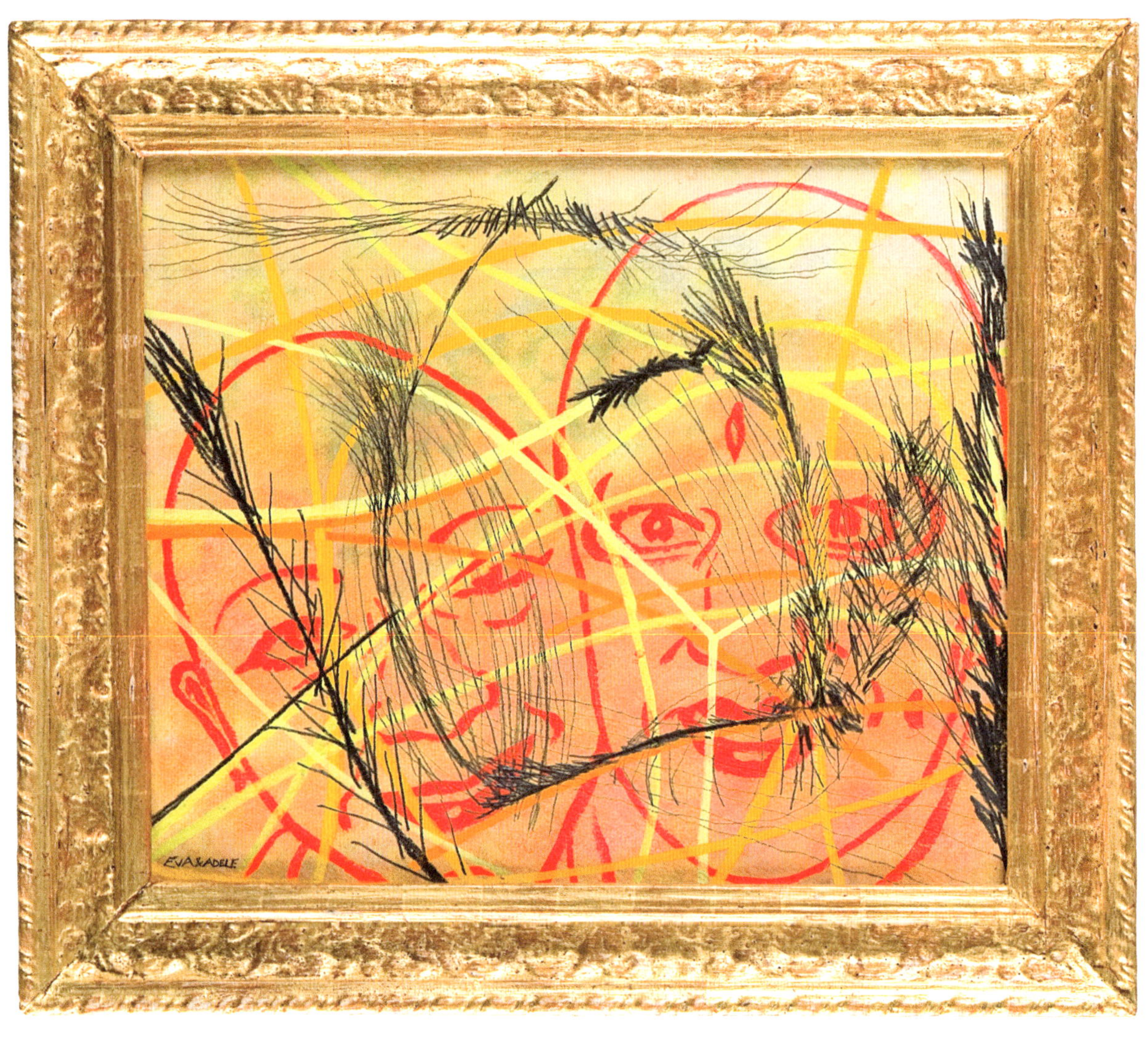

ZEITMASCHINE ZETA, 2012

Aquarell, Gouache, Graphit auf Bütten, Künstlerrahmung / Watercolor, gouache, graphite on laid paper, artist framed

38,2 x 48,6 cm

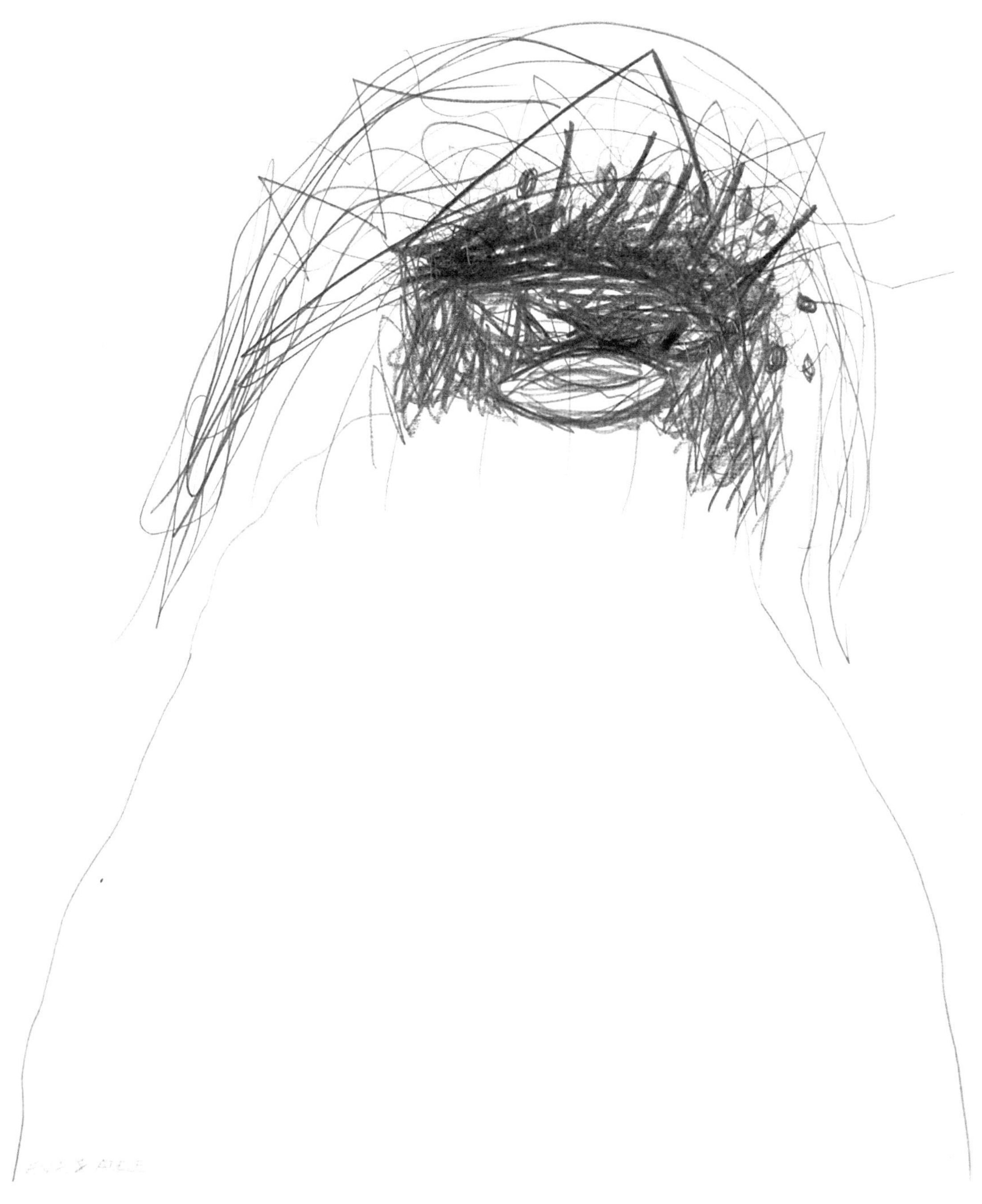

KAKTUSBLÜTE, *Ile de Ré 12, 2009*
Graphit auf Zeichenpapier / Graphite on drawing paper
35,5 x 28 cm

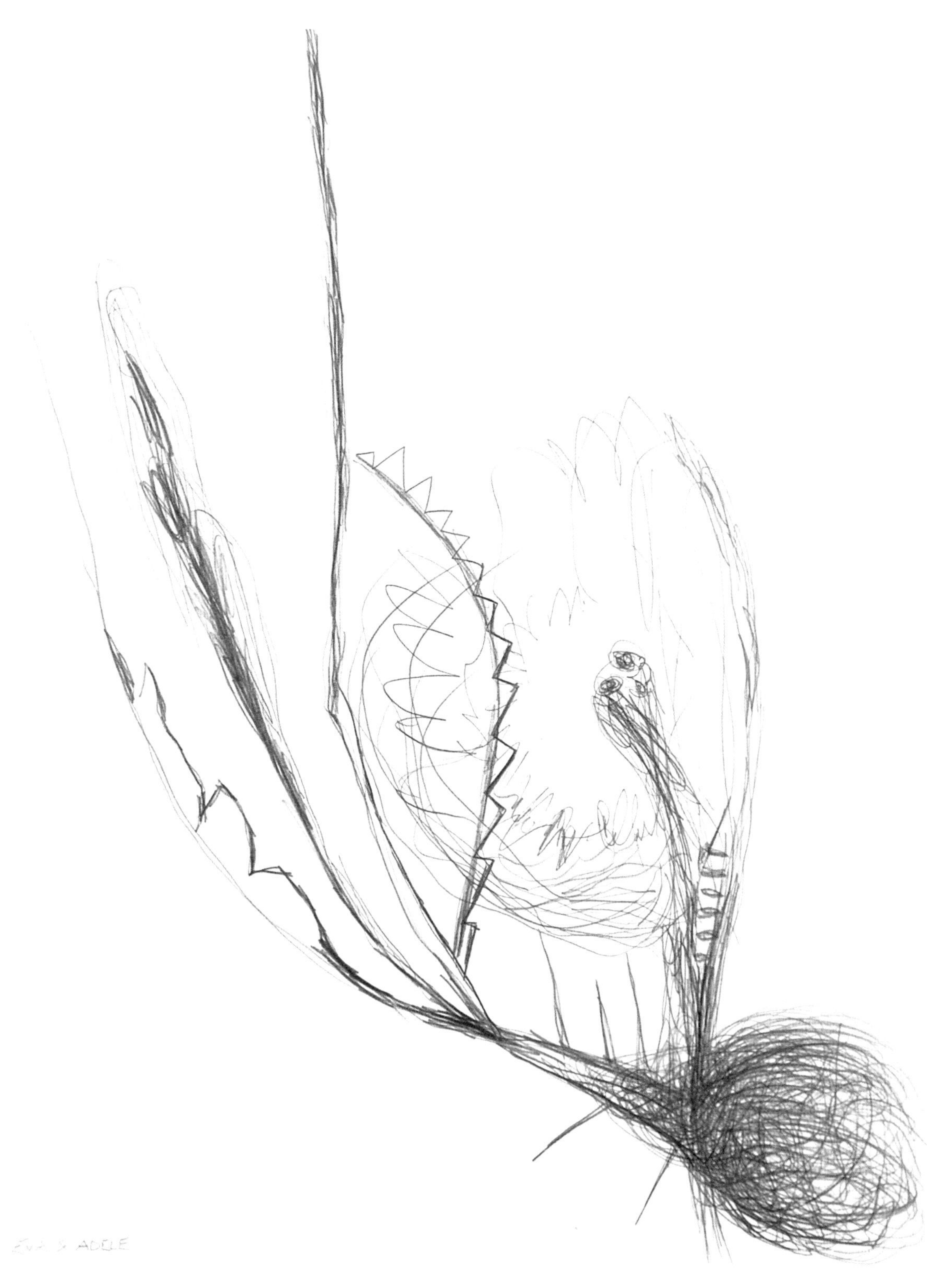

KAKTUSBLÜTE, *Ile de Ré 25, 2009*
Graphit auf Zeichenpapier / Graphite on drawing paper
35,5 x 28 cm

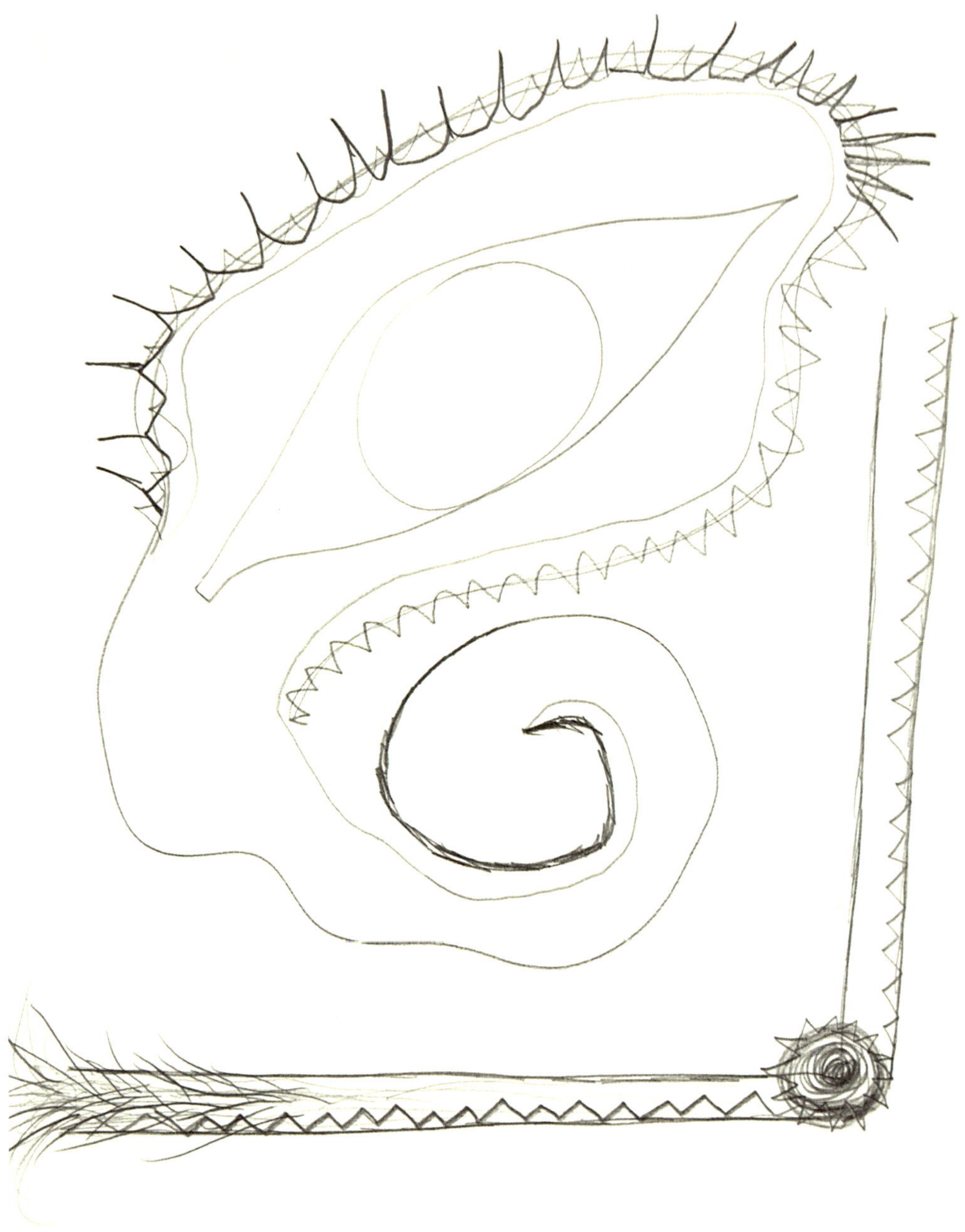

KAKTUSBLÜTE, *Ile de Ré 4, 2009*
Graphit auf Zeichenpapier / Graphite on drawing paper
35,5 x 28 cm

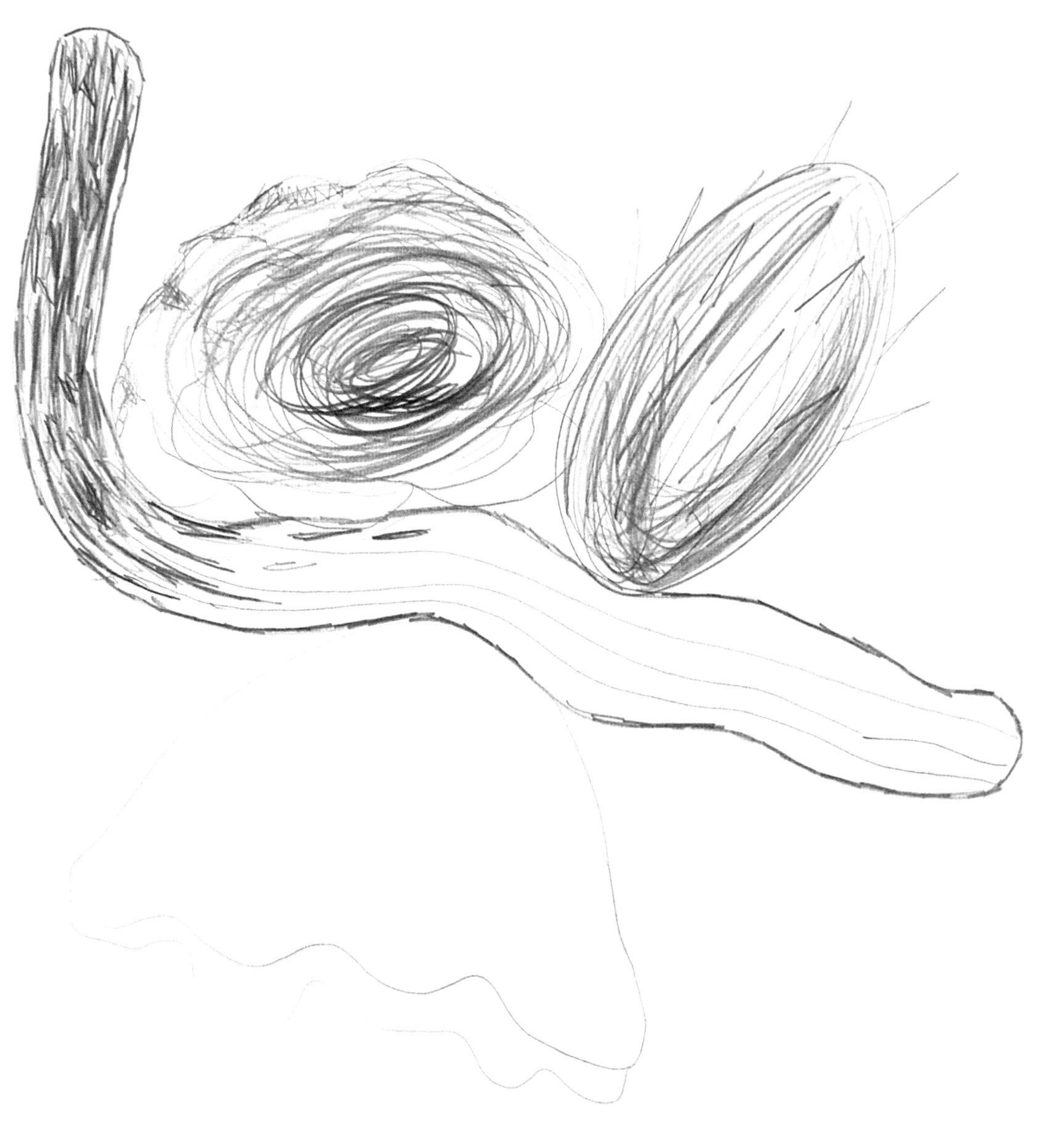

KAKTUSBLÜTE, *Ile de Ré 26, 2009*
Graphit auf Zeichenpapier / Graphite on drawing paper
35,5 x 28 cm

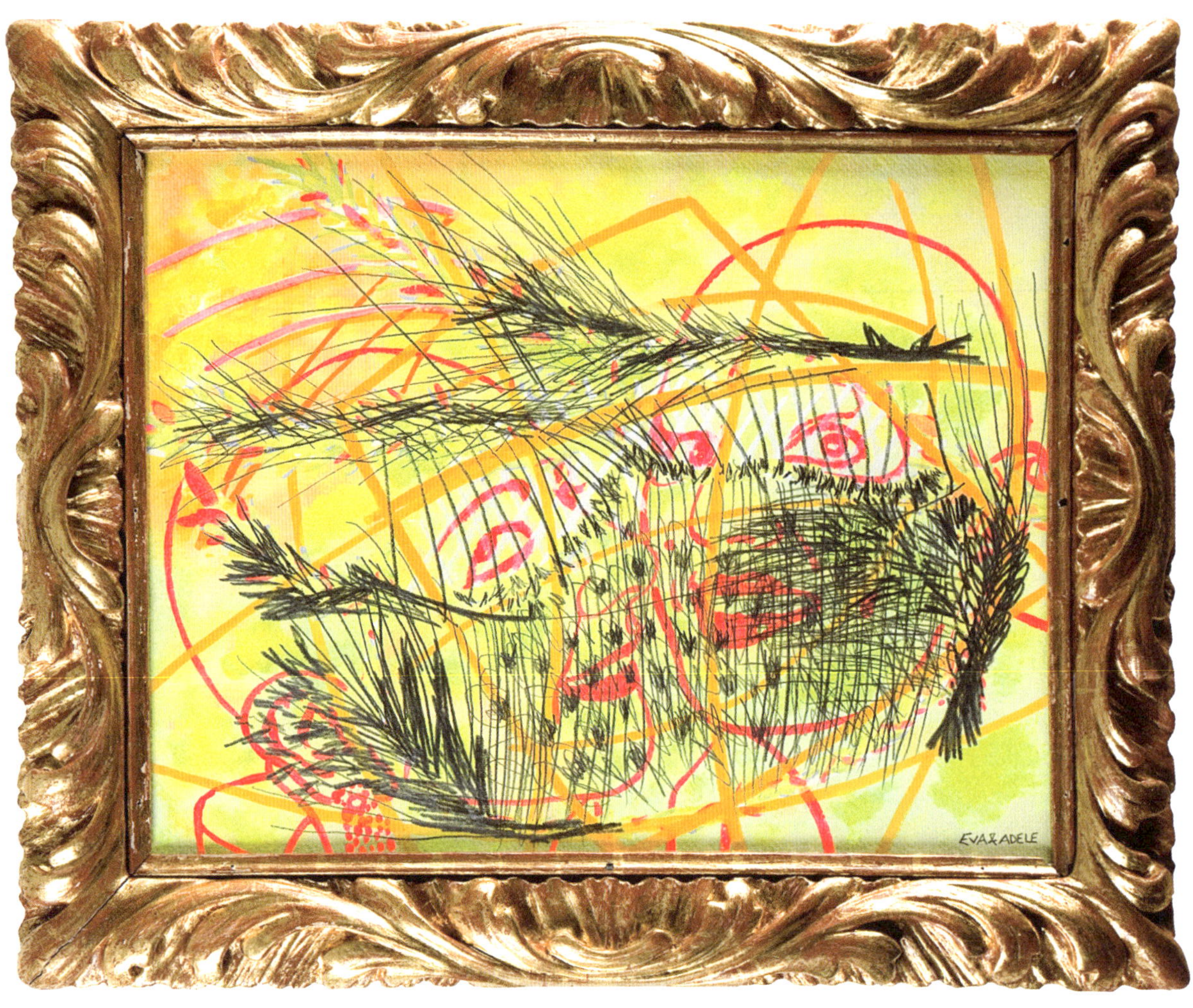

ZEITMASCHINE GAMMA, *2012*

Aquarell, Gouache, Graphit auf Bütten, Künstlerrahmung / Watercolor, gouache, graphite on laid paper, artist framed

42,7 x 52,8 cm

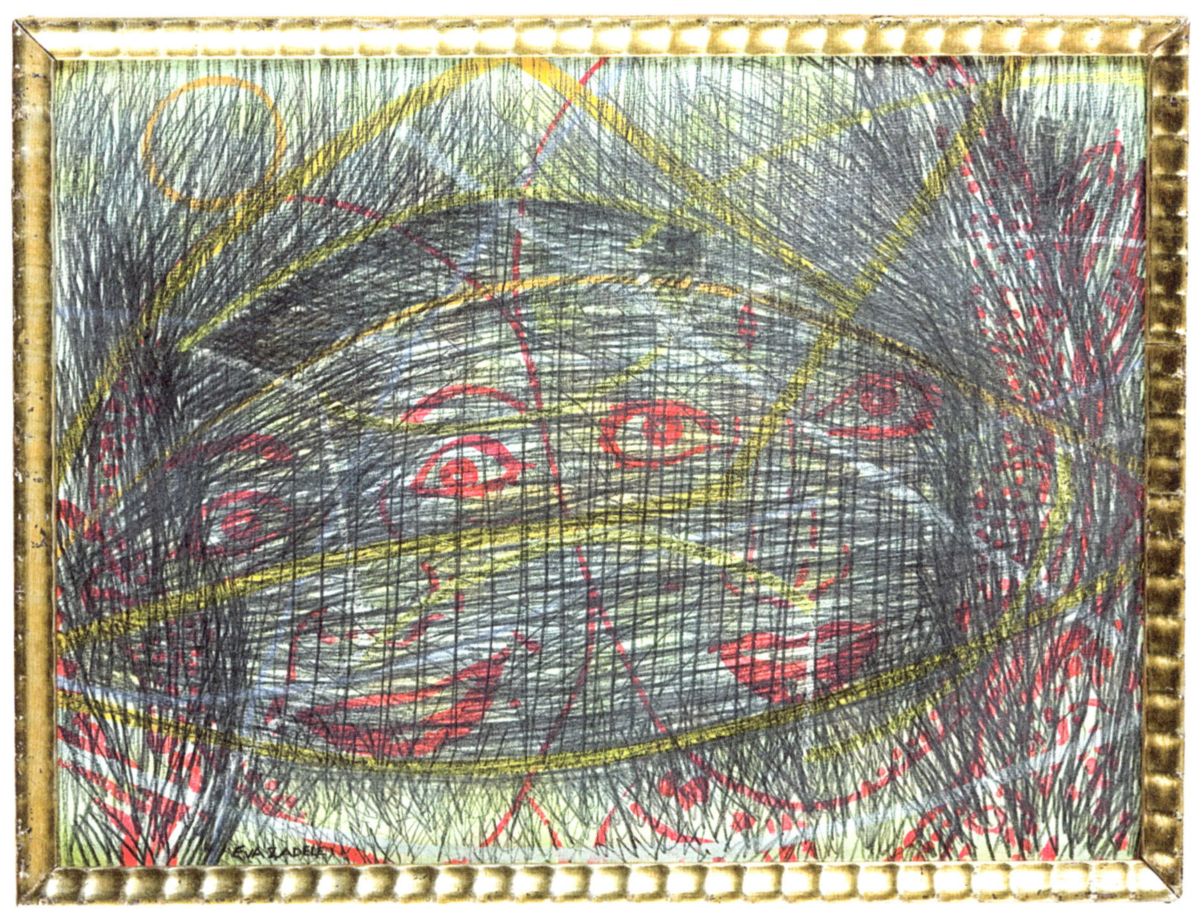

ZEITMASCHINE KAPPA, 2012

Aquarell, Gouache, Graphit auf Bütten, Künstlerrahmung / Watercolor, gouache, graphite on laid paper, artist framed

39,7 x 53,1 cm

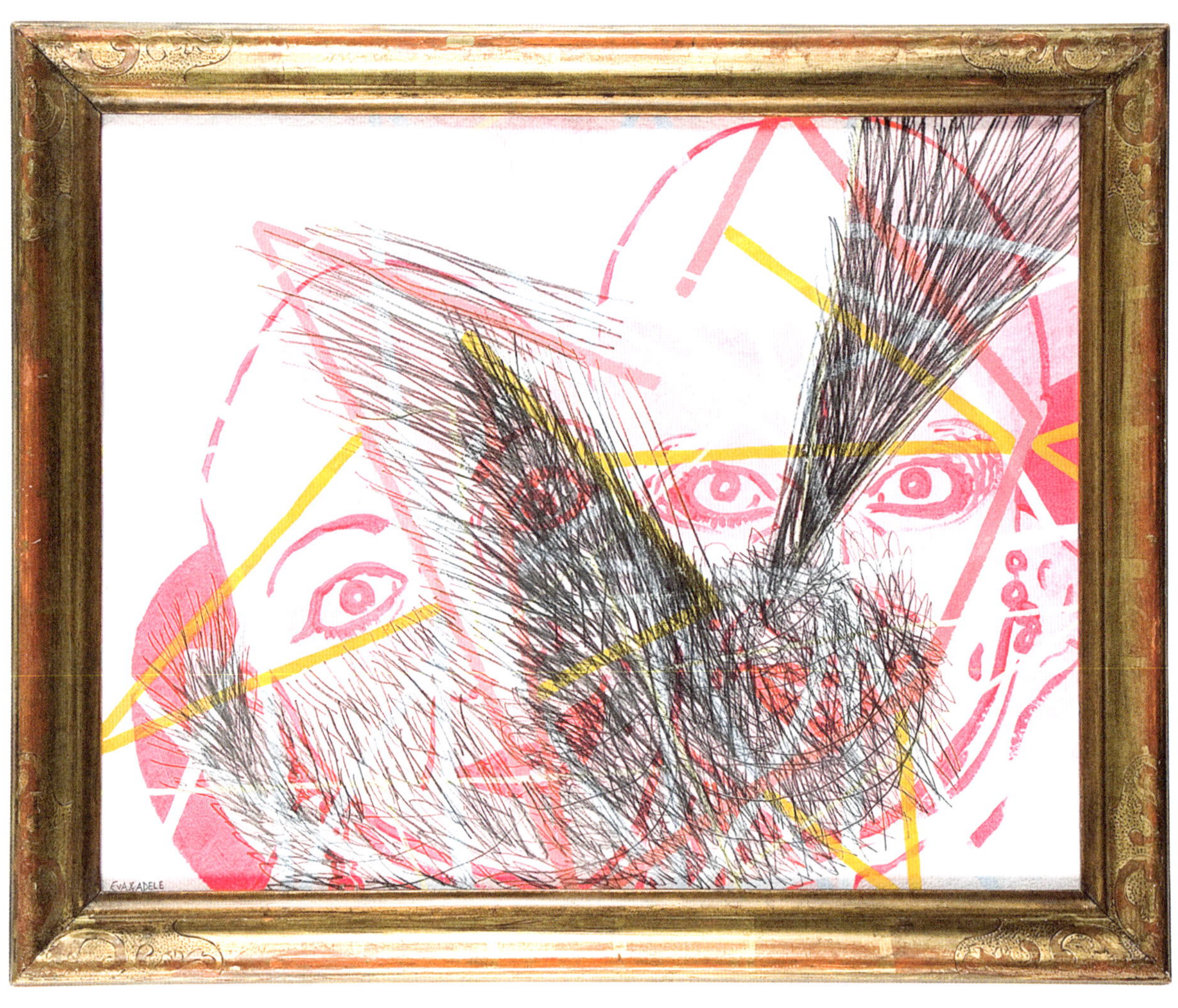

ZEITMASCHINE OMIKRON, *2012*

Aquarell, Gouache, Graphit auf Bütten, Künstlerrahmung / Watercolor, gouache, graphite on laid paper, artist framed

52,6 x 65,9 cm

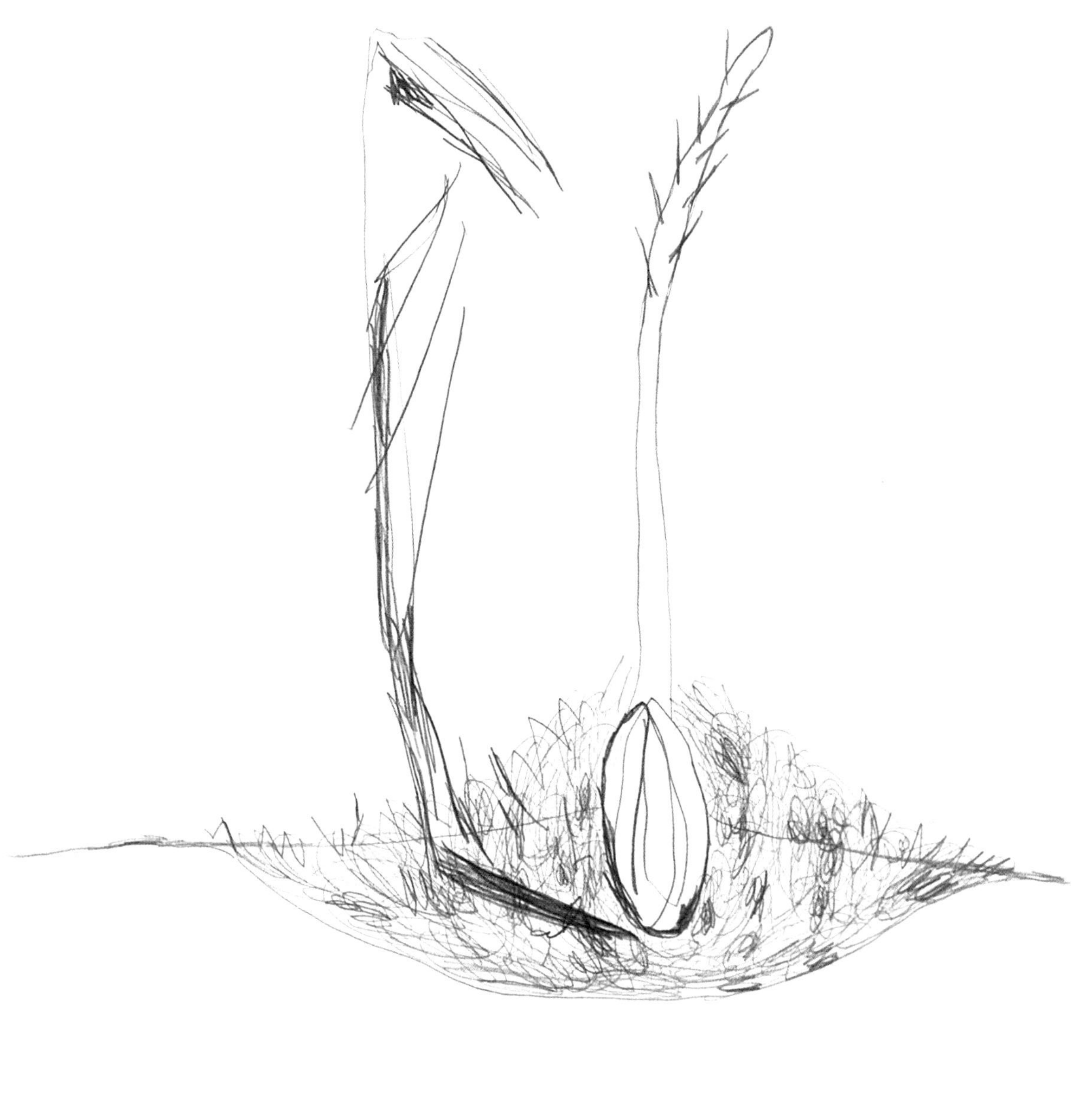

KAKTUSBLÜTE, *Ile de Ré 31, 2009*

Graphit auf Zeichenpapier / Graphite on drawing paper

35,5 x 28 cm

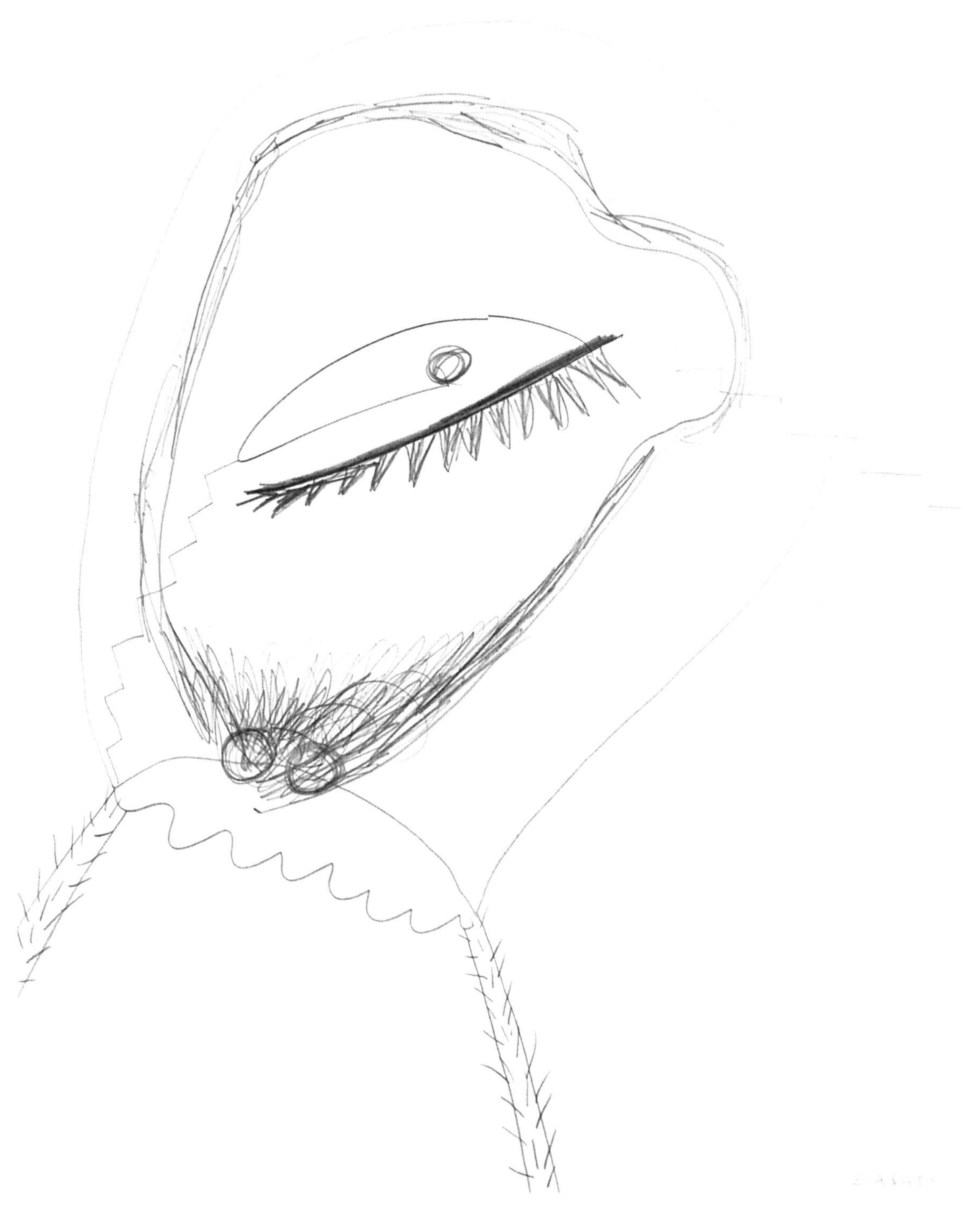

KAKTUSBLÜTE, *Ile de Ré 7, 2009*
Graphit auf Zeichenpapier / Graphite on drawing paper
35,5 x 28 cm

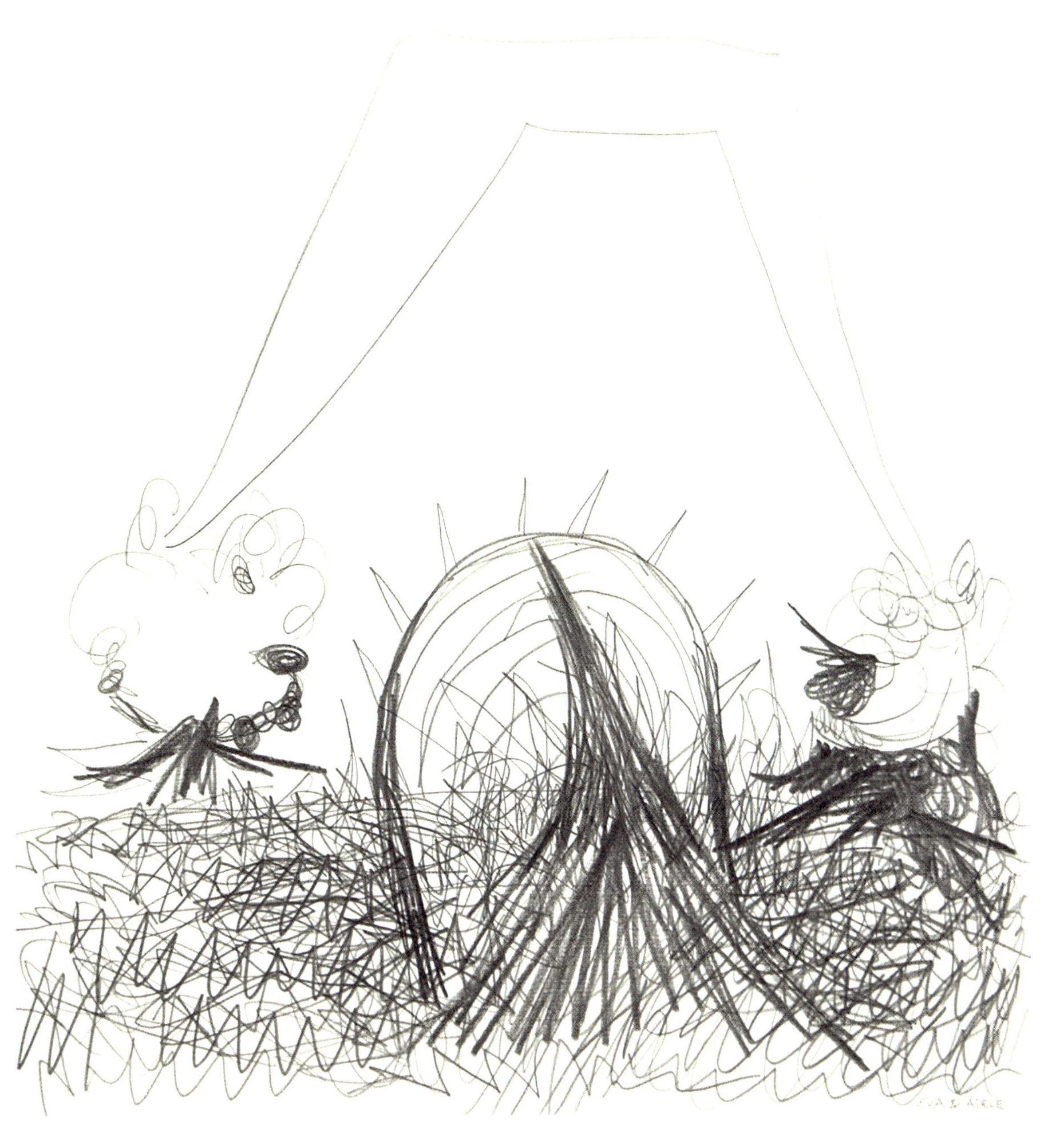

KAKTUSBLÜTE, *Ile de Ré 10, 2009*
Graphit auf Zeichenpapier / Graphite on drawing paper
35,5 x 28 cm

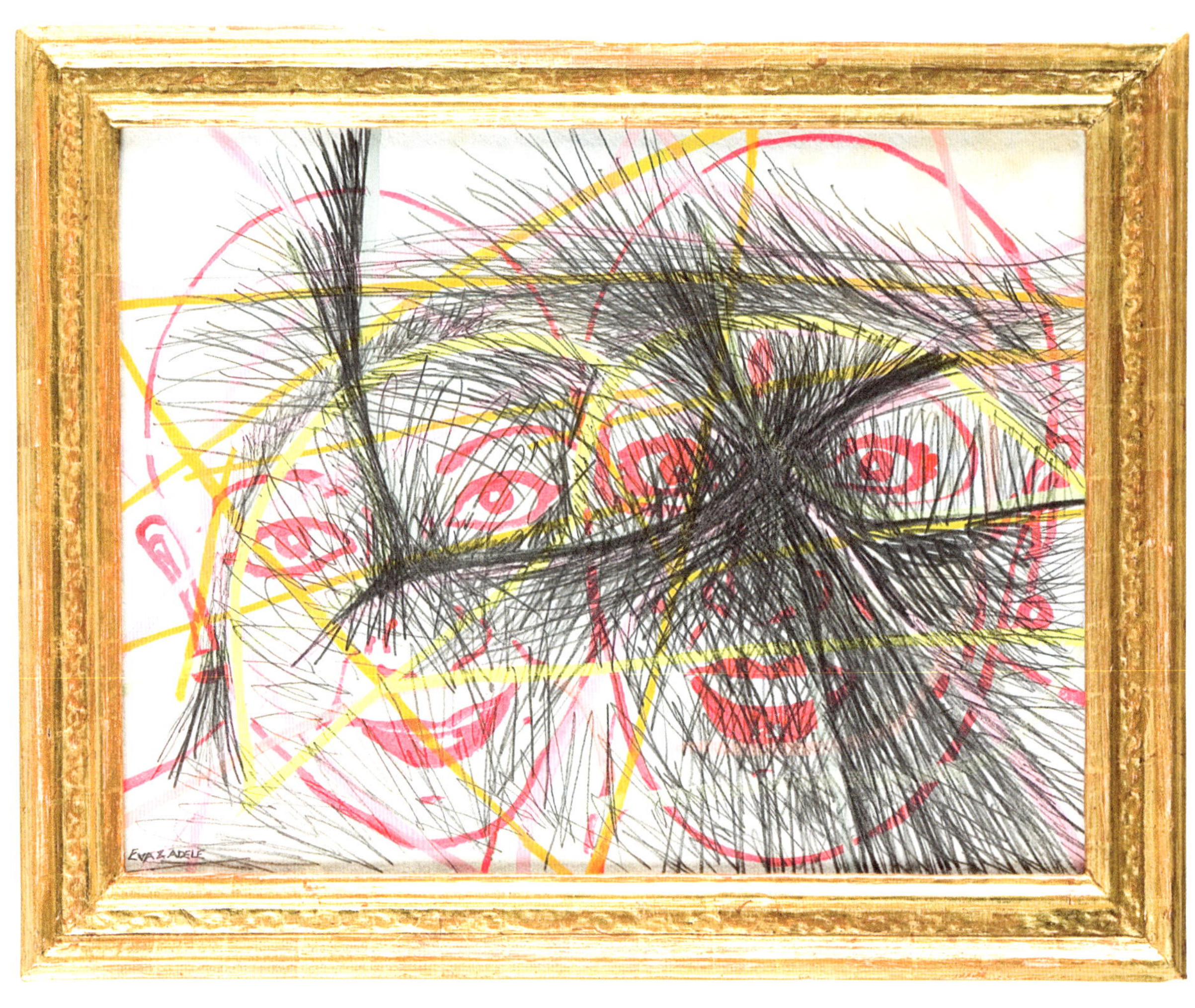

ZEITMASCHINE ETA, *2012*

Aquarell, Gouache, Graphit auf Bütten, Künstlerrahmung / Watercolor, gouache, graphite on laid paper, artist framed

39,1 x 48,8 cm

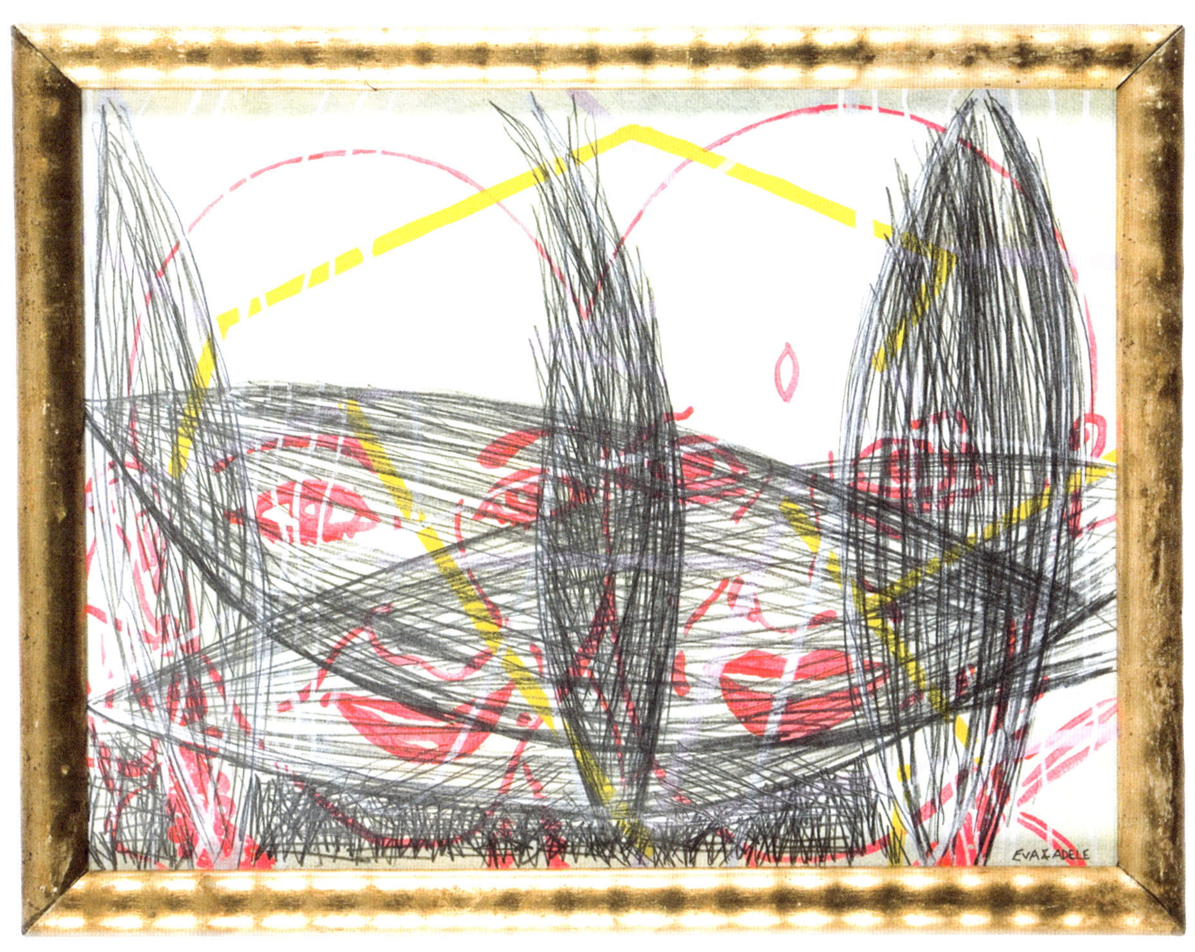

ZEITMASCHINE THETA, *2012*

Aquarell, Gouache, Graphit auf Bütten, Künstlerrahmung / Watercolor, gouache, graphite on laid paper, artist framed

44,7 x 57,6 cm

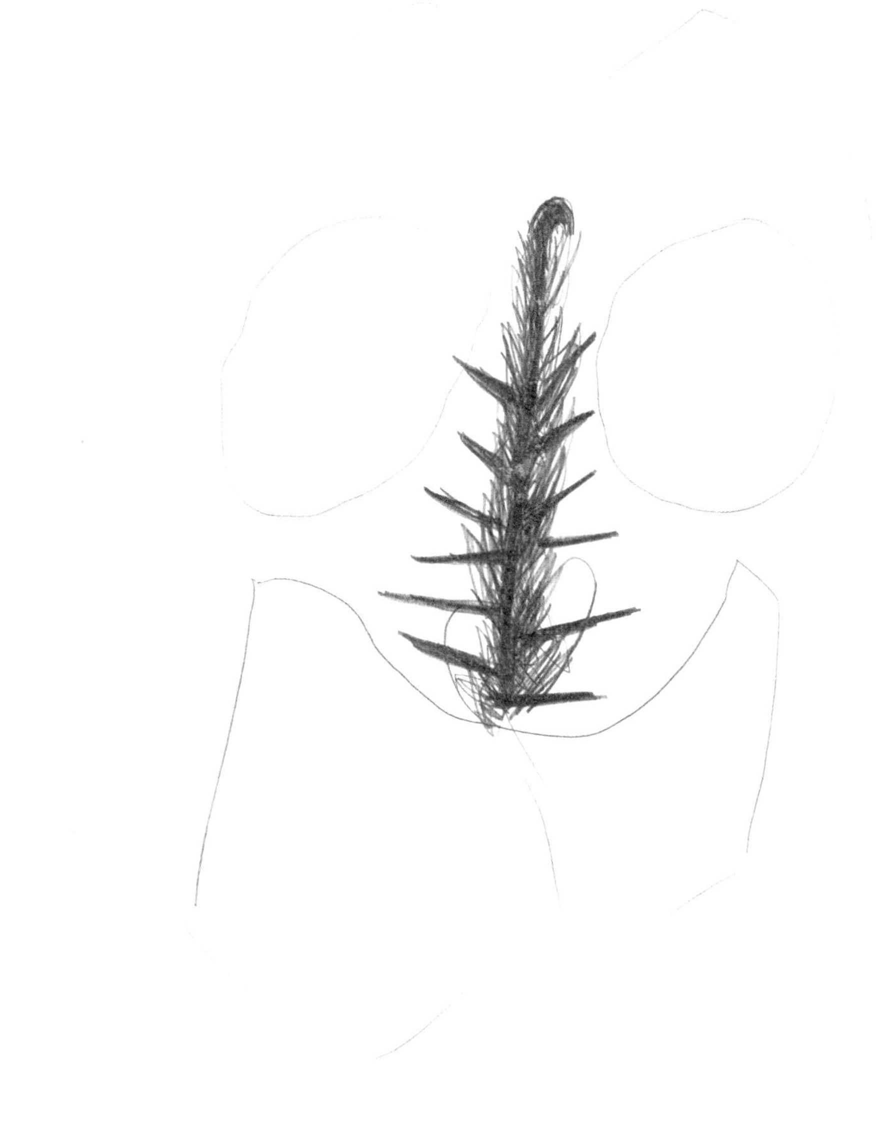

KAKTUSBLÜTE, *Usedom 4, 2010*
Graphit auf Zeichenpapier / Graphite on drawing paper
47,5 x 36 cm

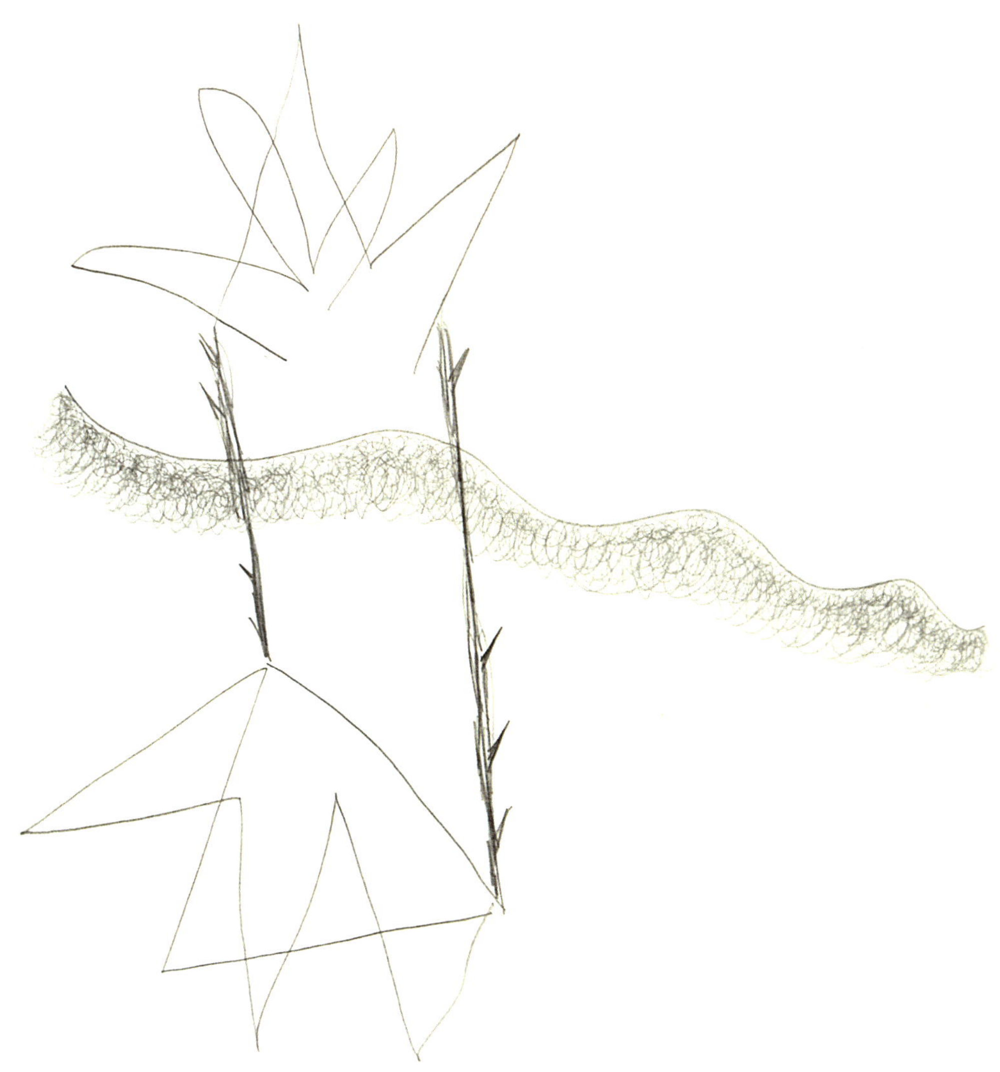

KAKTUSBLÜTE, *Ile de Ré 20, 2009*
Graphit auf Zeichenpapier / Graphite on drawing paper
35,5 x 28 cm

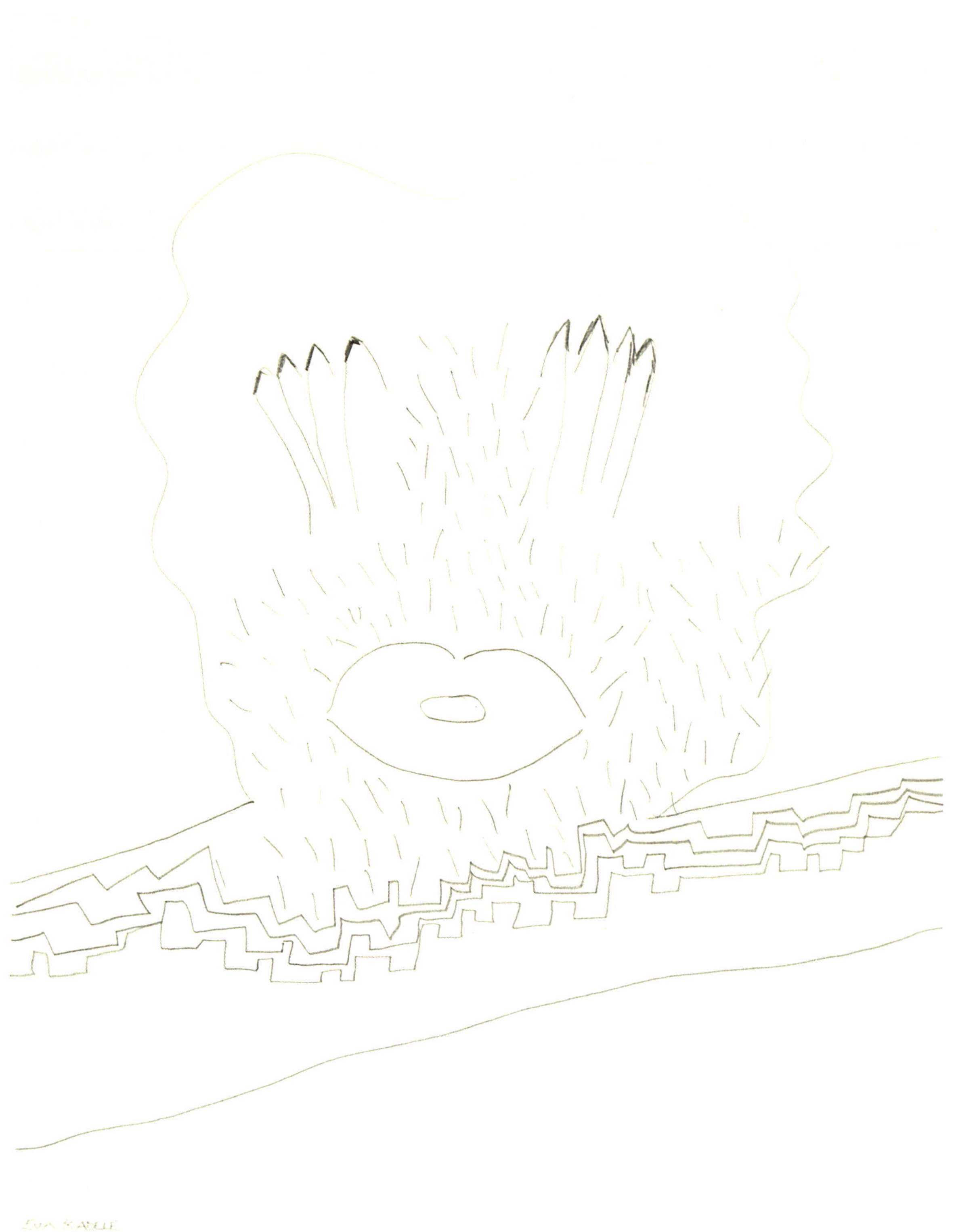

KAKTUSBLÜTE, *Ile de Ré 1, 2009*

Graphit auf Zeichenpapier / Graphite on drawing paper

35,5 x 28 cm

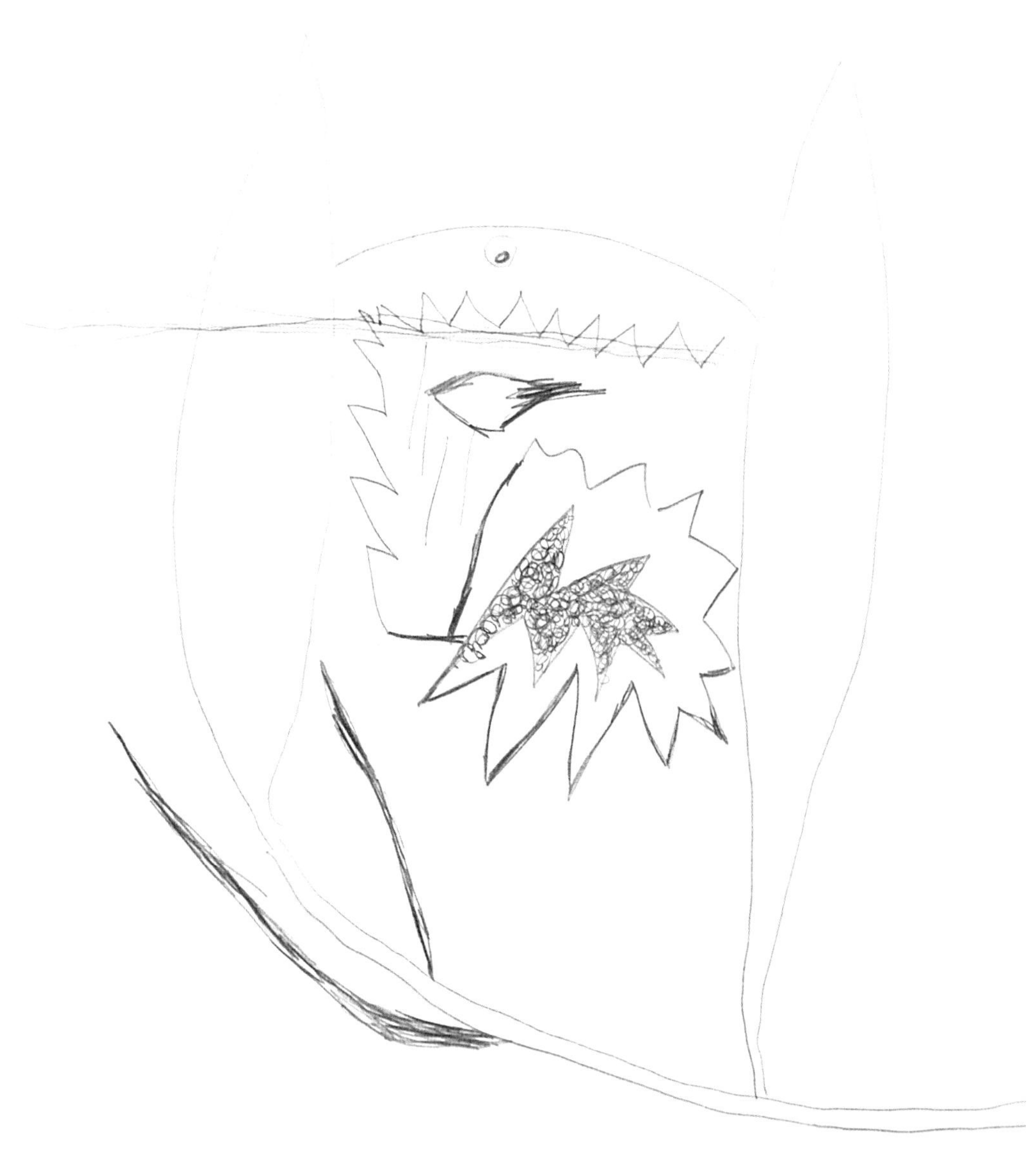

KAKTUSBLÜTE, *Ile de Ré 22, 2009*
Graphit auf Zeichenpapier / Graphite on drawing paper
35,5 x 28 cm

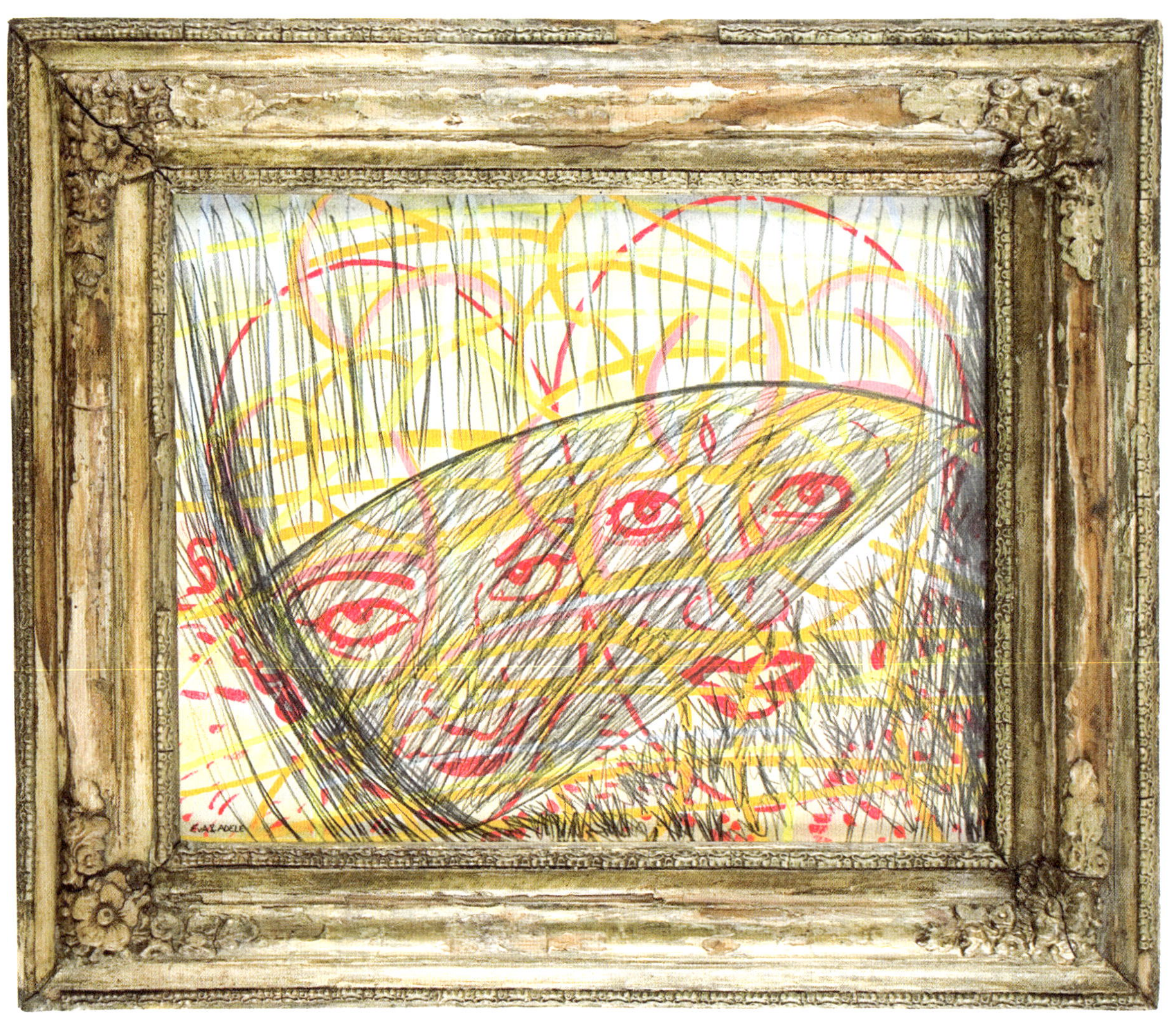

ZEITMASCHINE RHO, *2012*

Aquarell, Gouache, Graphit auf Bütten, Künstlerrahmung / Watercolor, gouache, graphite on laid paper, artist framed

55,6 x 66,2 cm

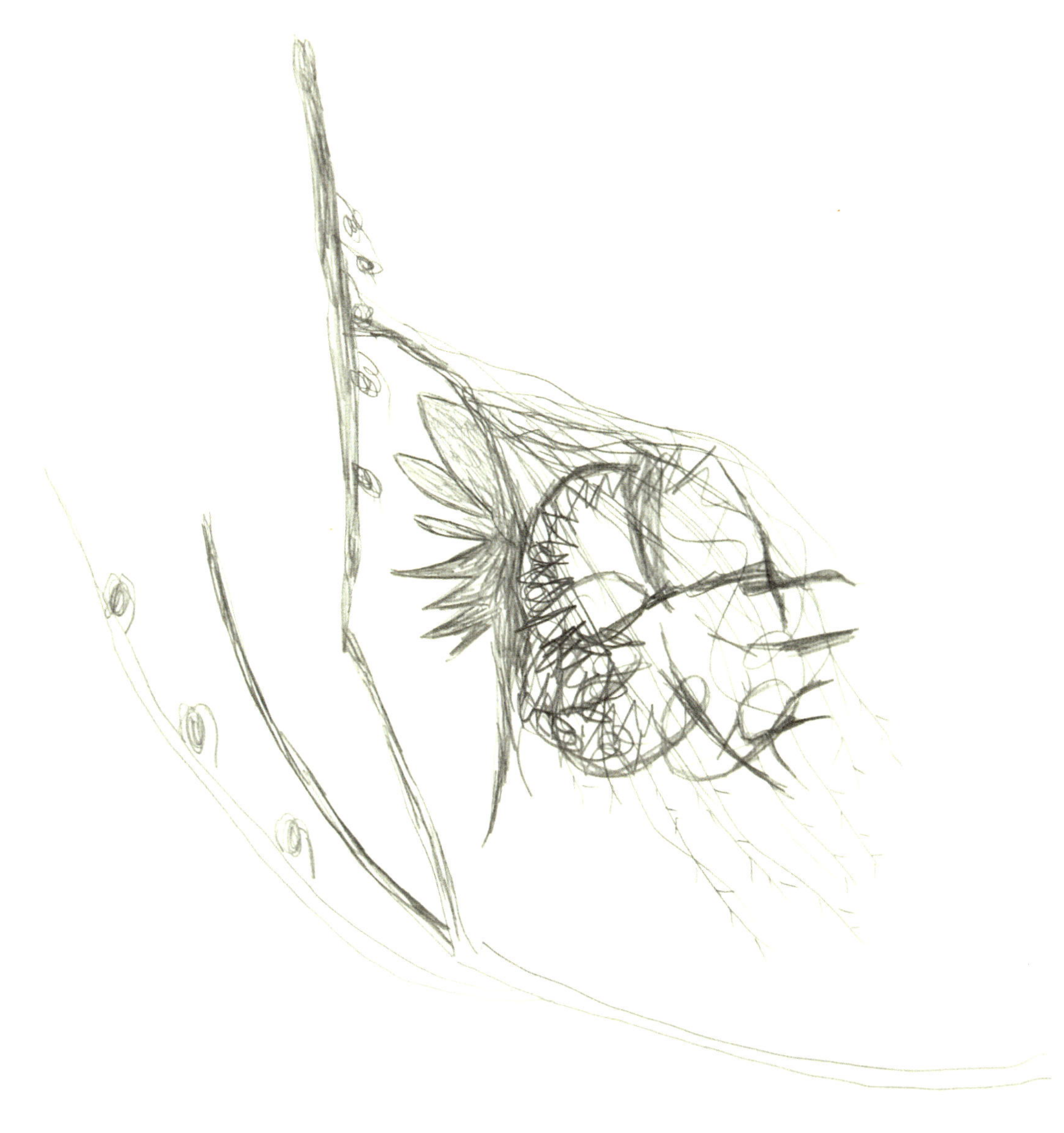

KAKTUSBLÜTE, *Ile de Ré 24, 2009*
Graphit auf Zeichenpapier / Graphite on drawing paper
35,5 x 28 cm

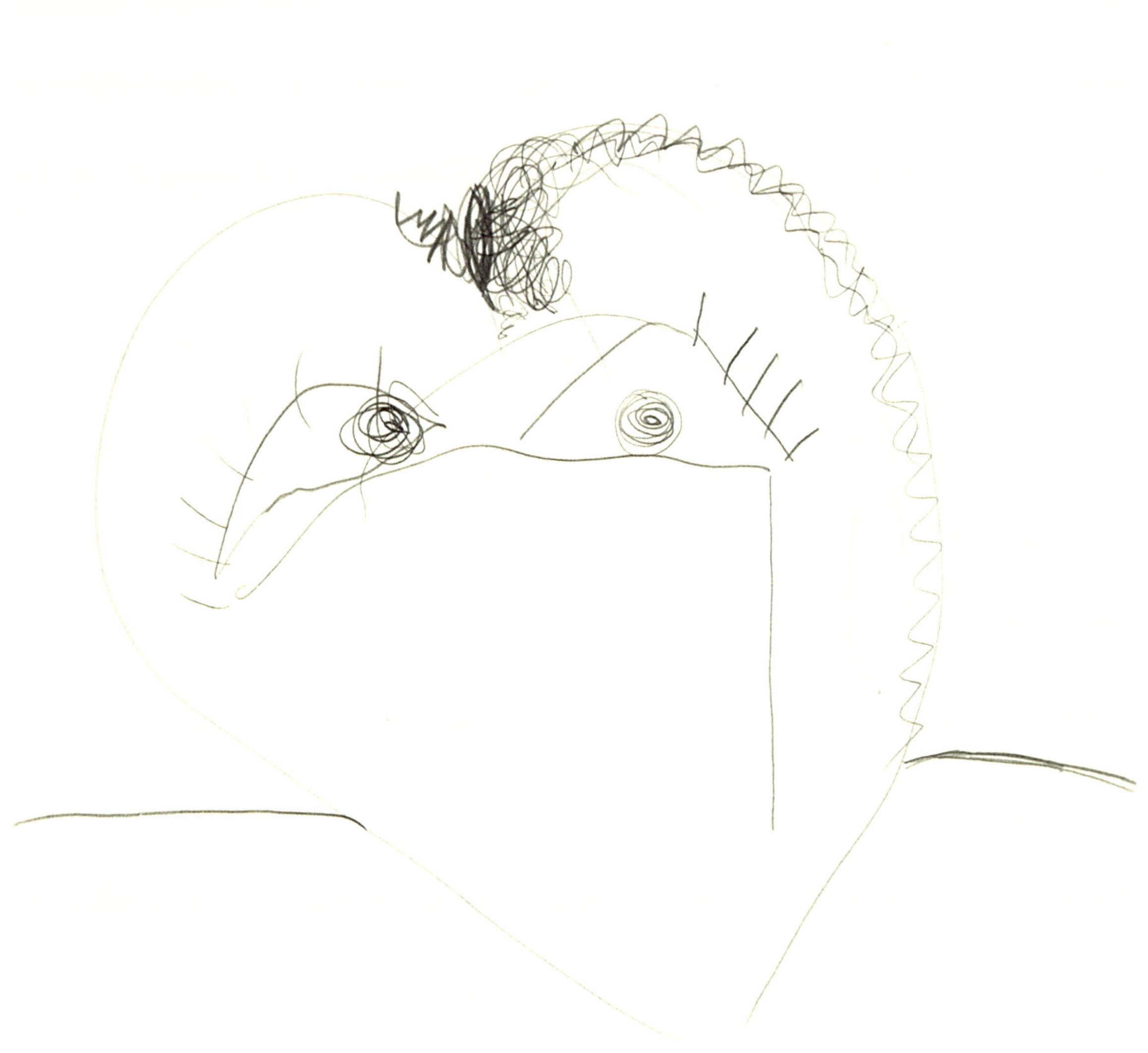

KAKTUSBLÜTE, *Ile de Ré 11, 2009*
Graphit auf Zeichenpapier / Graphite on drawing paper
35,5 x 28 cm

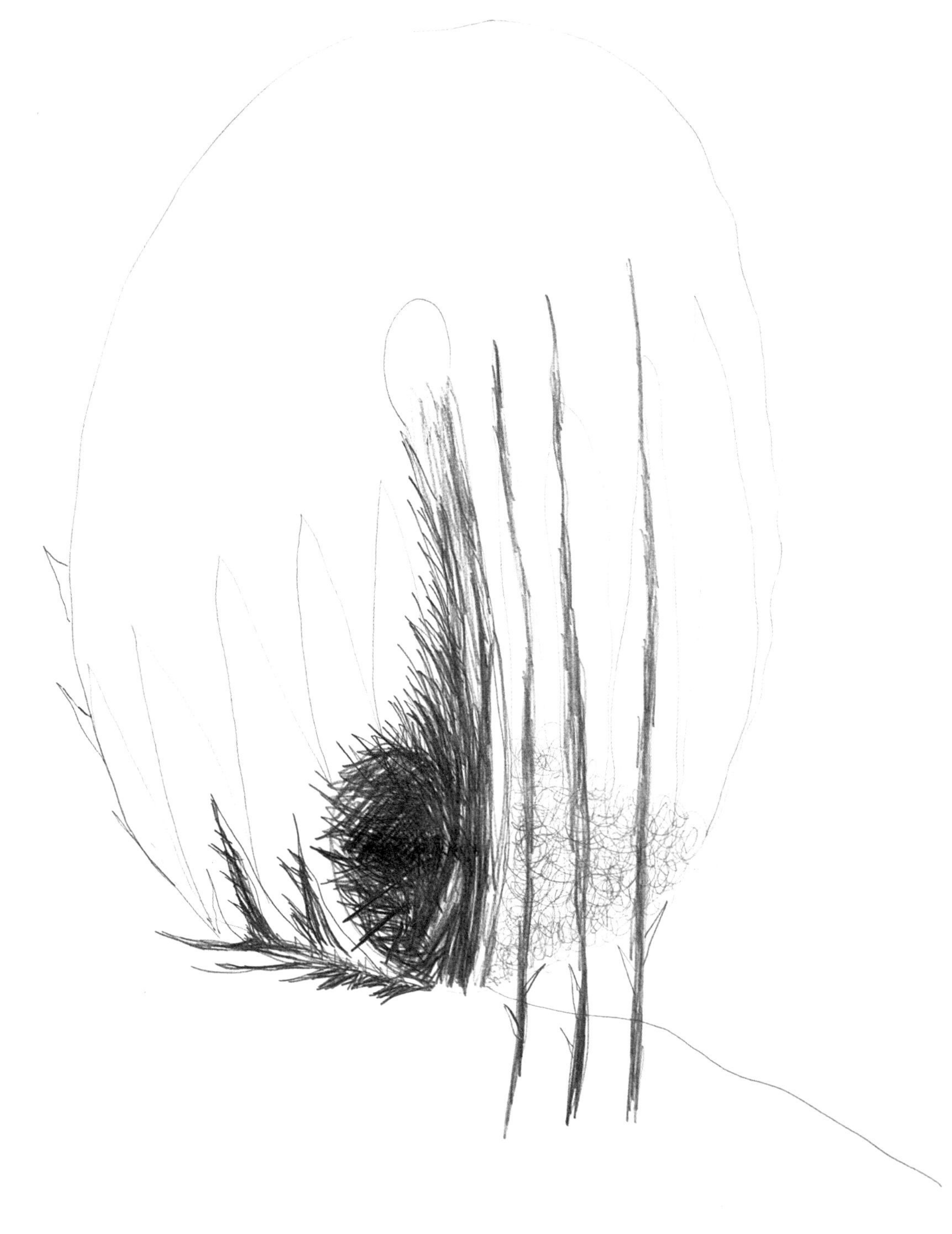

KAKTUSBLÜTE, *Usedom 2, 2010*
Graphit auf Zeichenpapier / Graphite on drawing paper
47,5 x 36 cm

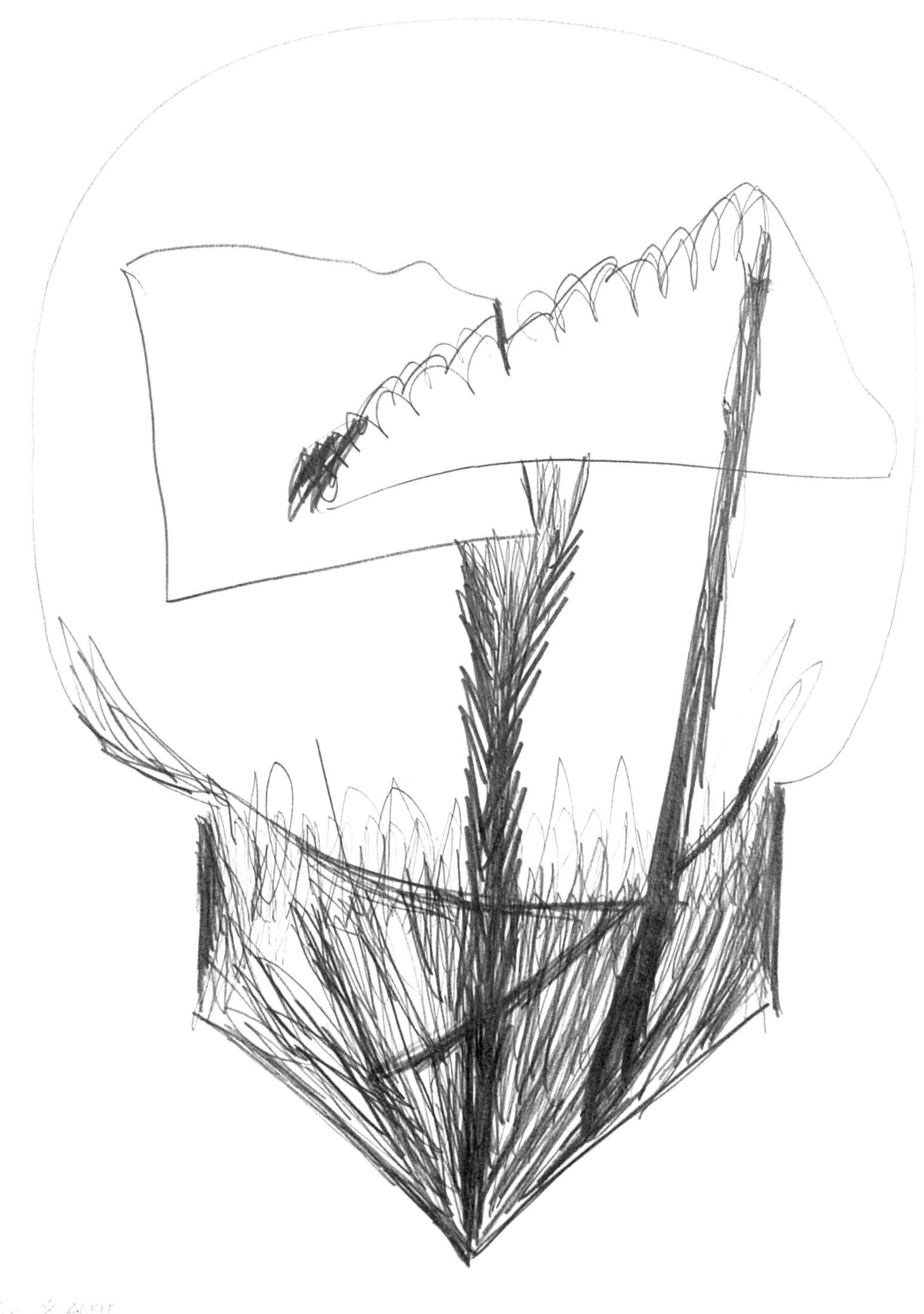

KAKTUSBLÜTE, *Usedom 6, 2010*
Graphit auf Zeichenpapier / Graphite on drawing paper
47,5 x 36 cm

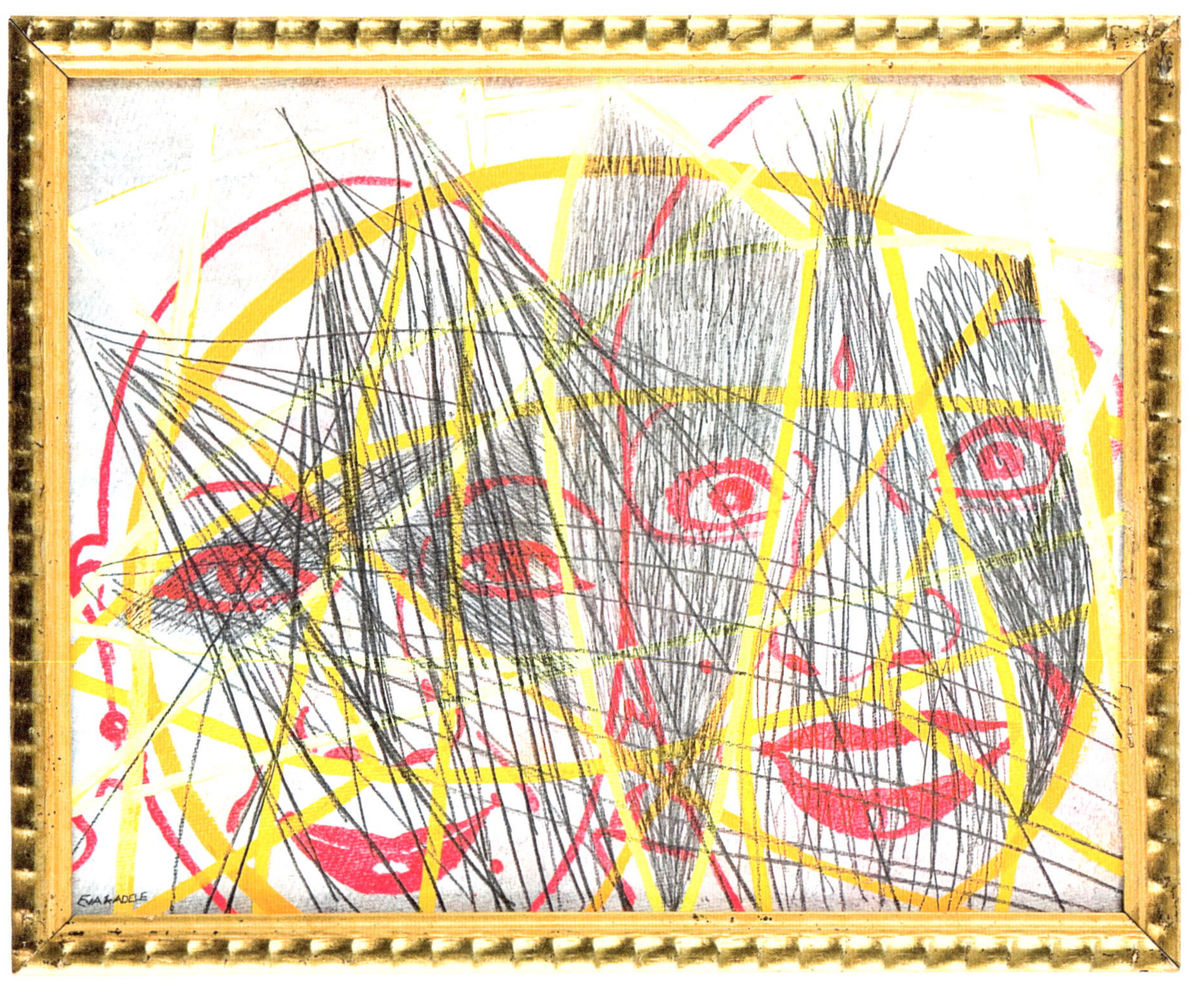

ZEITMASCHINE MY, *2012*

Aquarell, Gouache, Graphit auf Bütten, Künstlerrahmung / Watercolor, gouache, graphite on laid paper, artist framed

40,3 x 50,2 cm

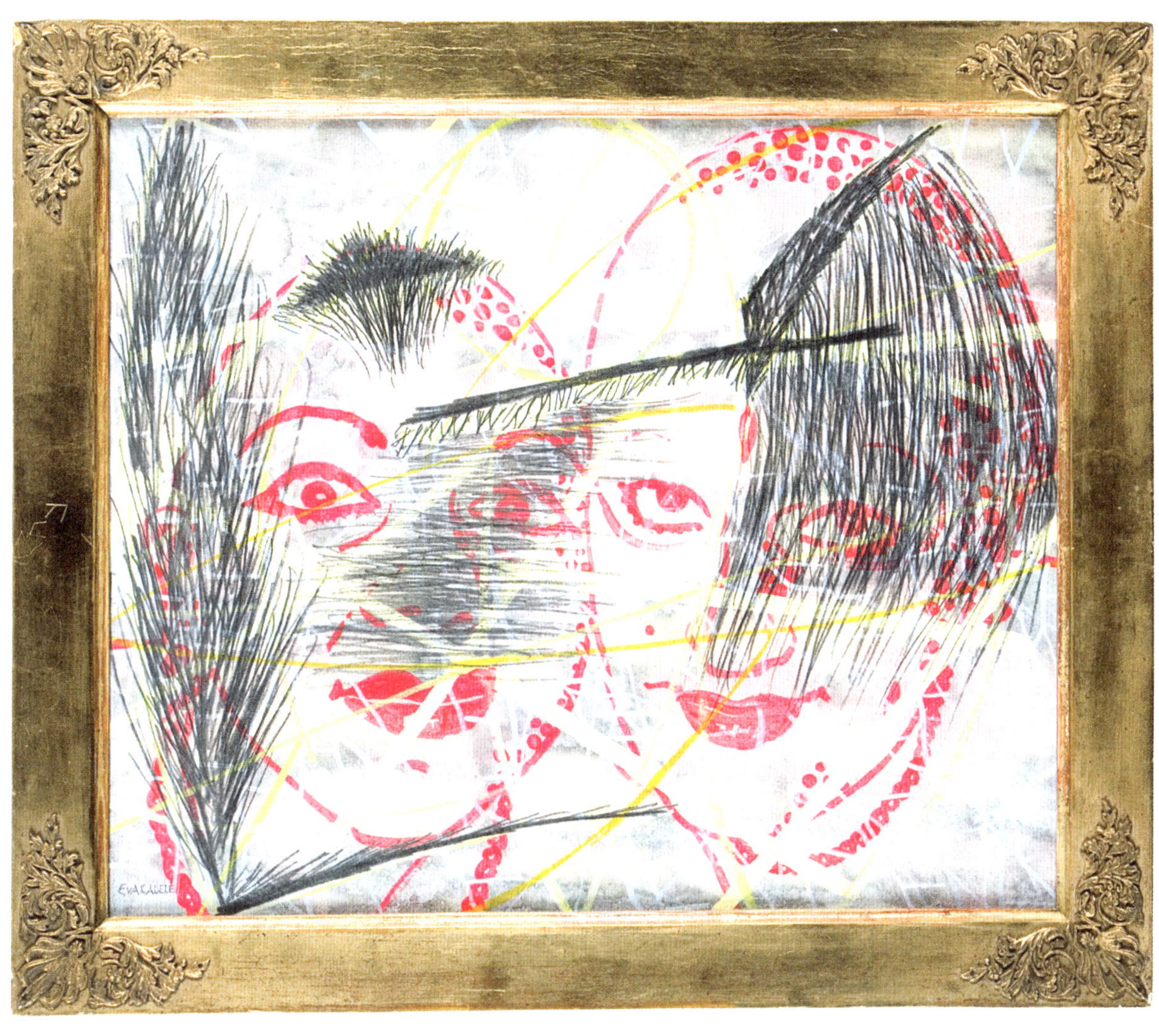

ZEITMASCHINE Xi, *2012*

Aquarell, Gouache, Graphit auf Bütten, Künstlerrahmung / Watercolor, gouache, graphite on laid paper, artist framed

46,4 x 54,7 cm

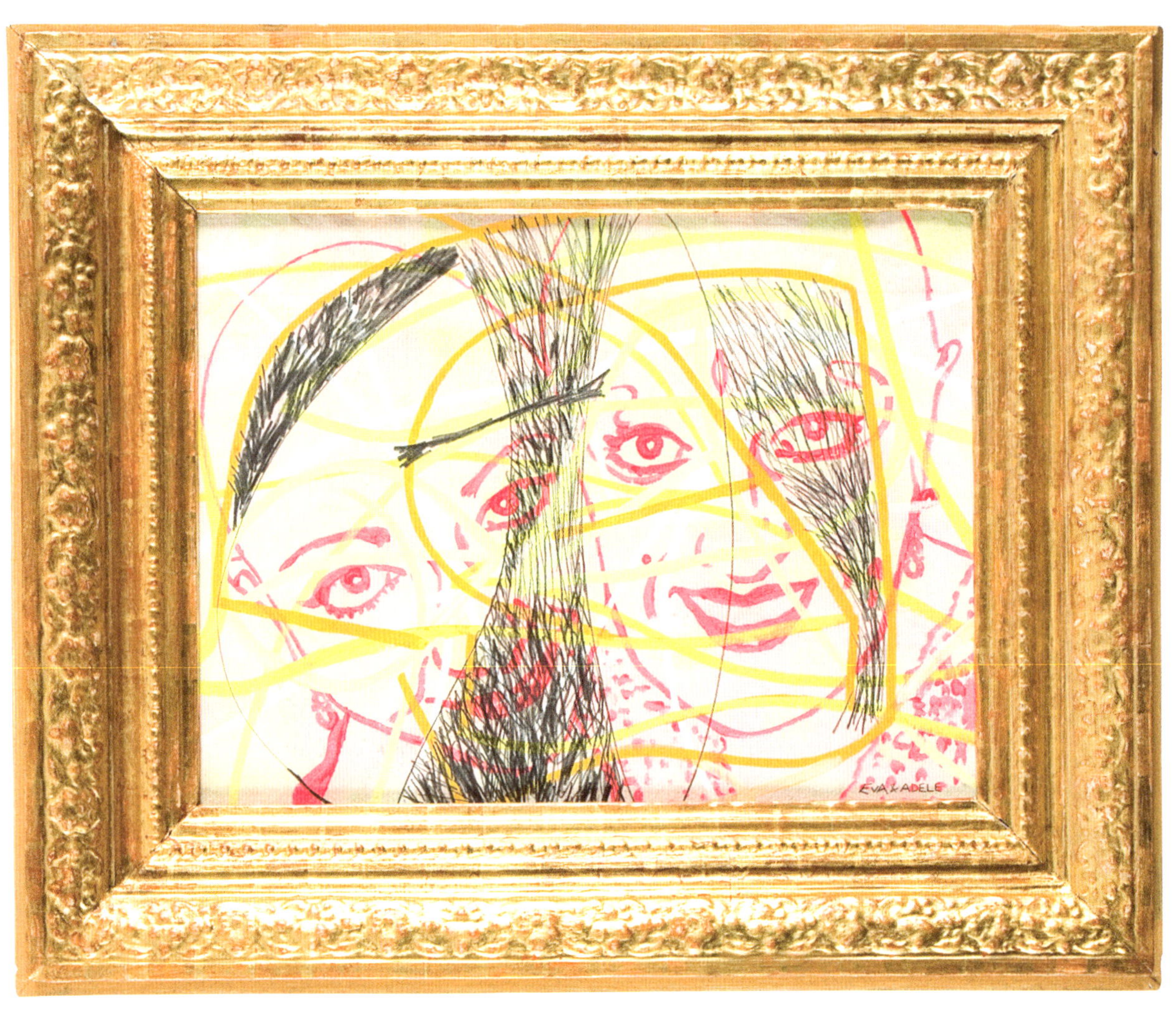

ZEITMASCHINE SIGMA, 2012

Aquarell, Gouache, Graphit auf Bütten, Künstlerrahmung / Watercolor, gouache, graphite on laid paper, artist framed

47,6 x 58,1 cm

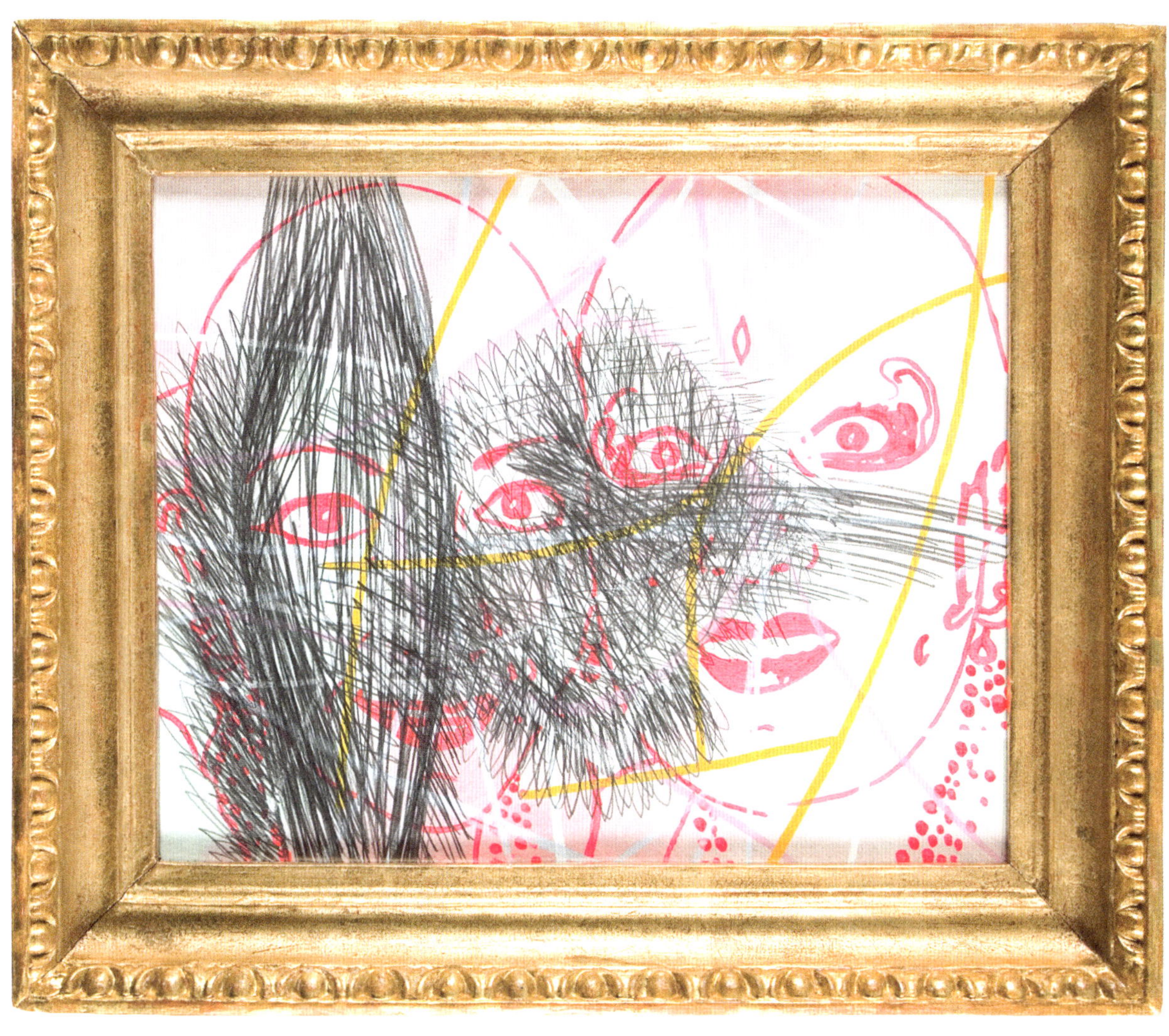

ZEITMASCHINE PI, *2012*

Aquarell, Gouache, Graphit auf Bütten, Künstlerrahmung / Watercolor, gouache, graphite on laid paper, artist framed

58,6 x 70,9 cm

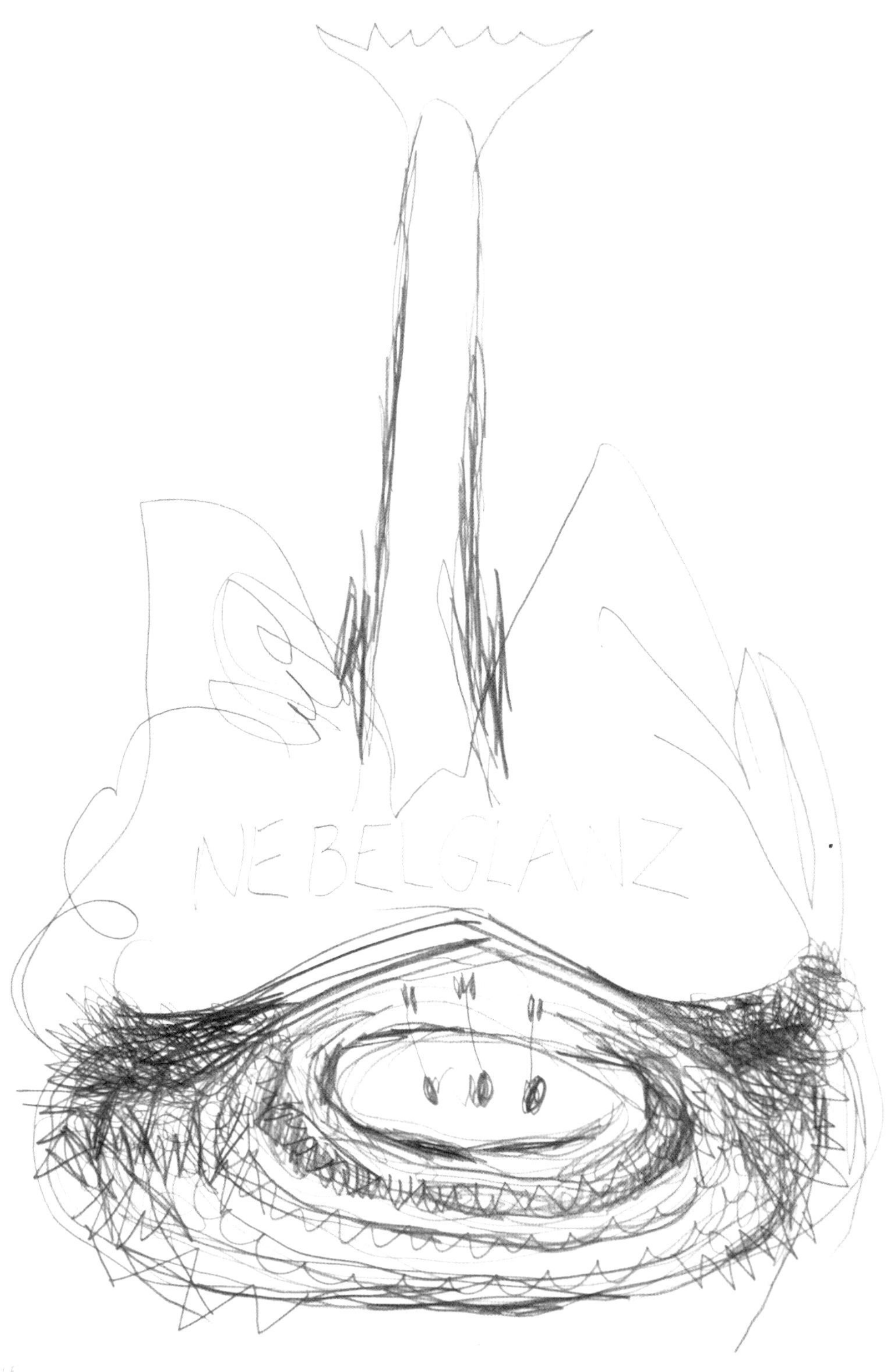

KAKTUSBLÜTE, *Ile de Ré 27, 2009*
Graphit auf Zeichenpapier / Graphite on drawing paper
35,5 x 28 cm

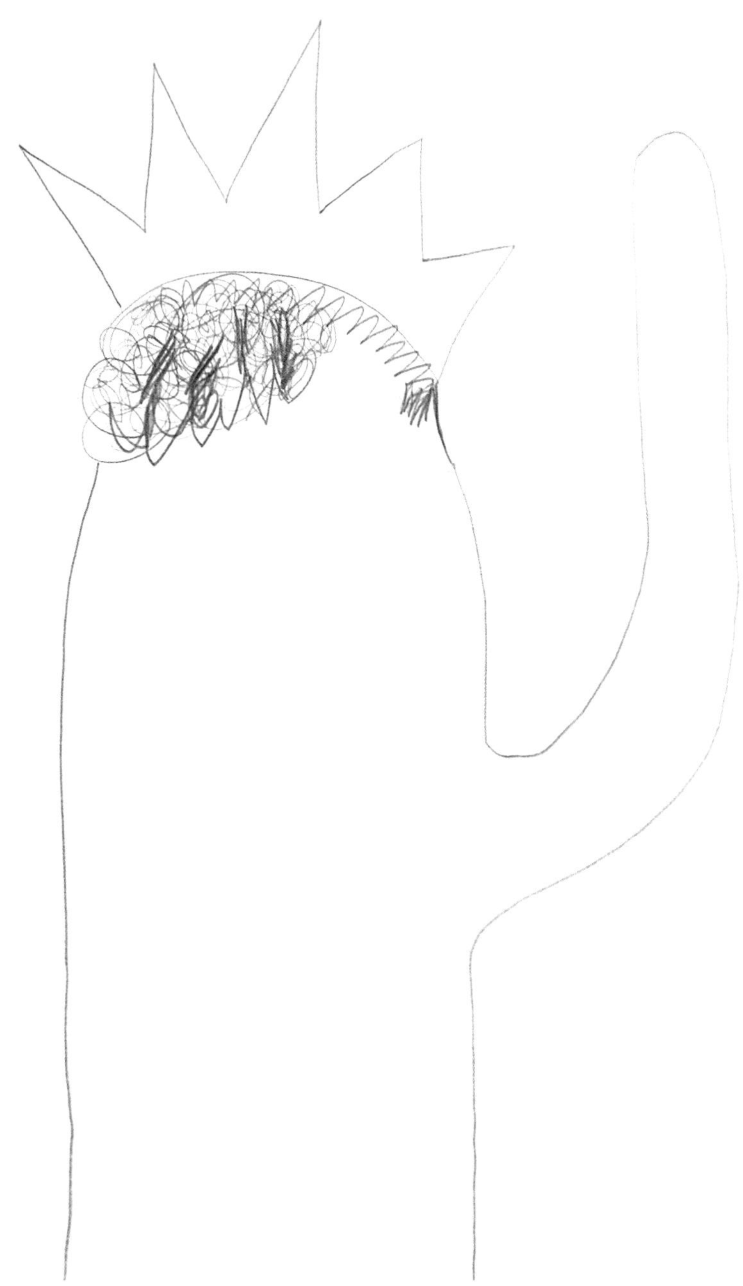

KAKTUSBLÜTE, *Ile de Ré 18, 2009*
Graphit auf Zeichenpapier / Graphite on drawing paper
35,5 x 28 cm

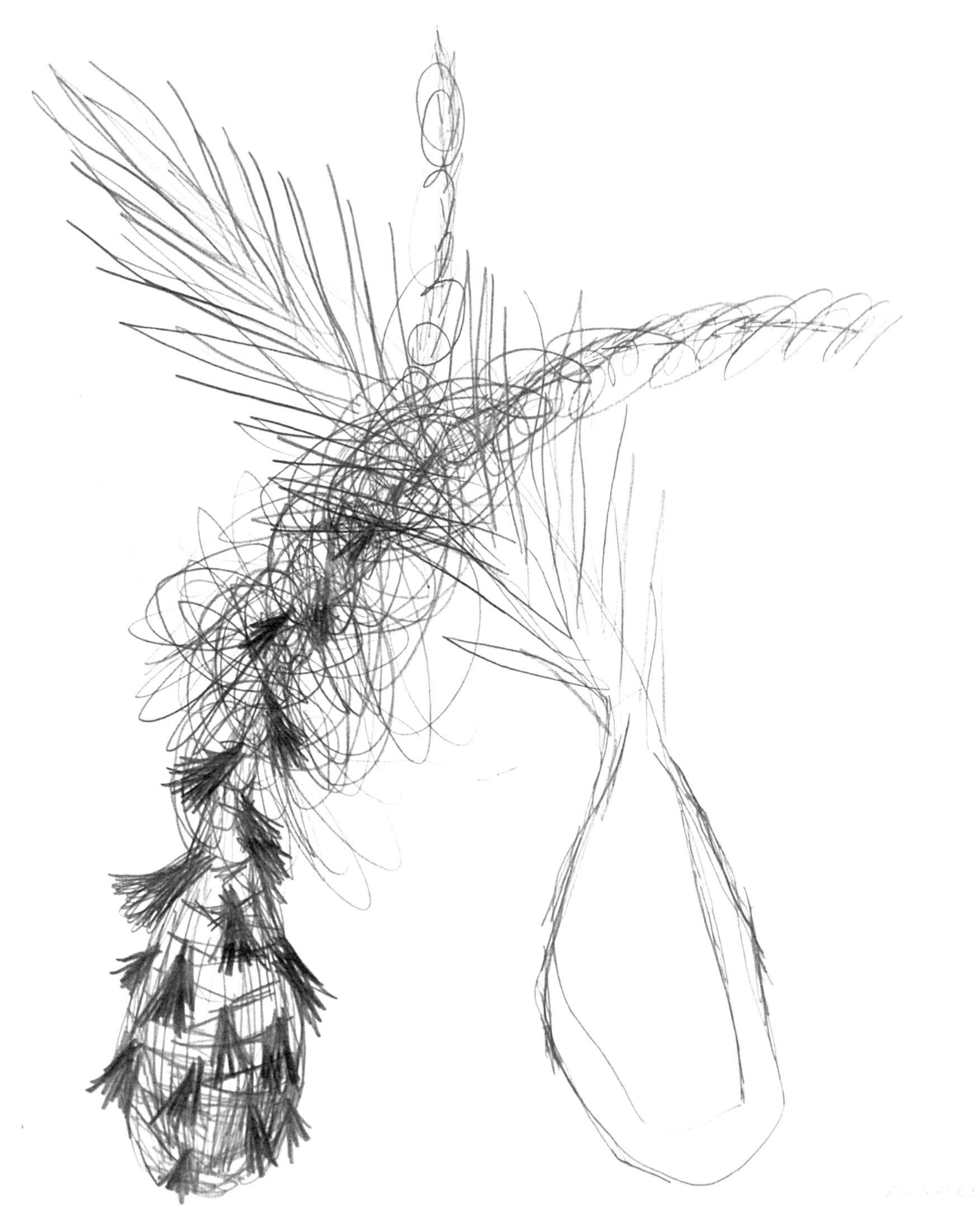

KAKTUSBLÜTE, *Ile de Ré 15, 2009*
Graphit auf Zeichenpapier / Graphite on drawing paper
35,5 x 28 cm

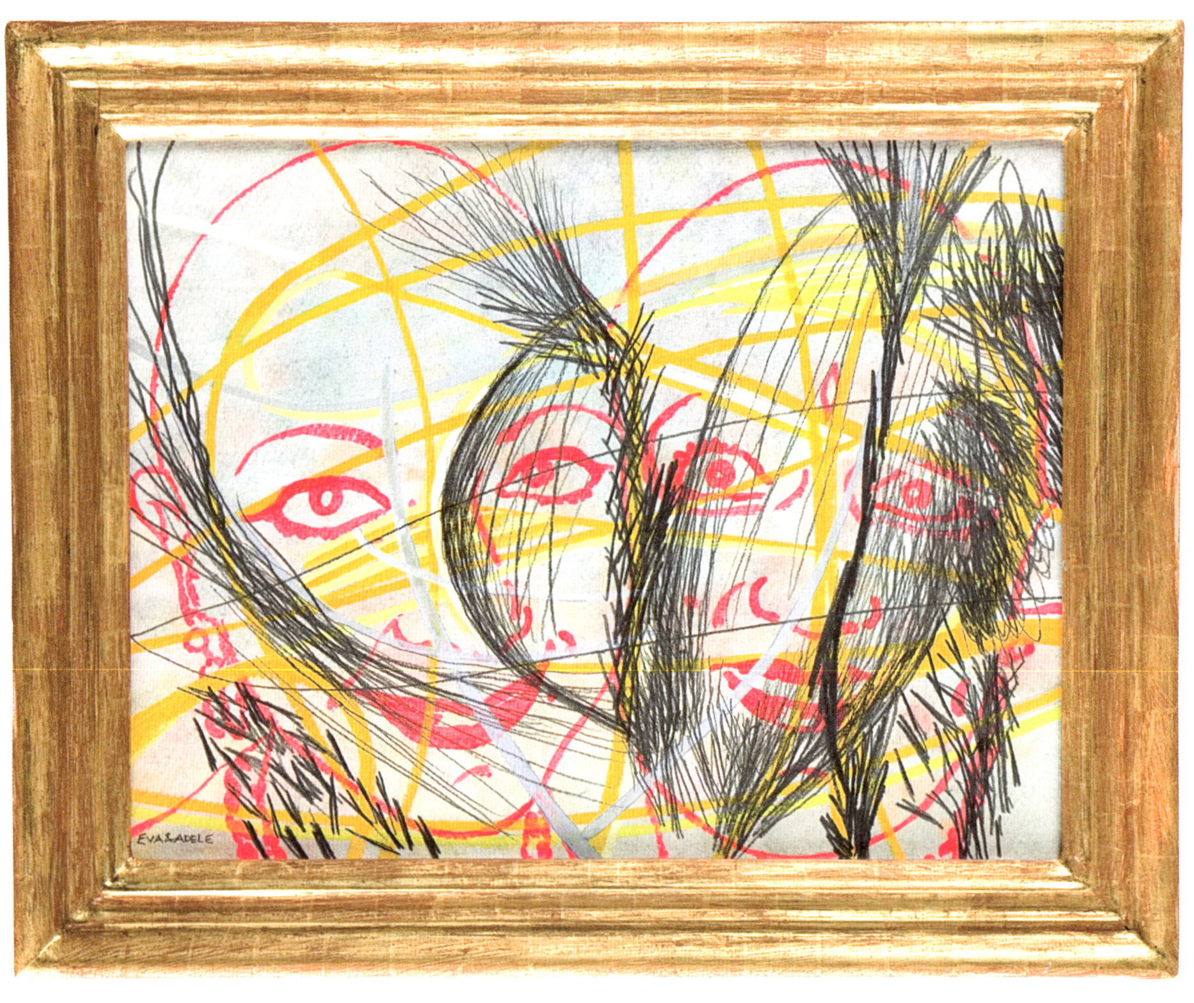

ZEITMASCHINE NY, *2012*

Aquarell, Gouache, Graphit auf Bütten, Künstlerrahmung / Watercolor, gouache, graphite on laid paper, artist framed

39,3 x 48,8 cm

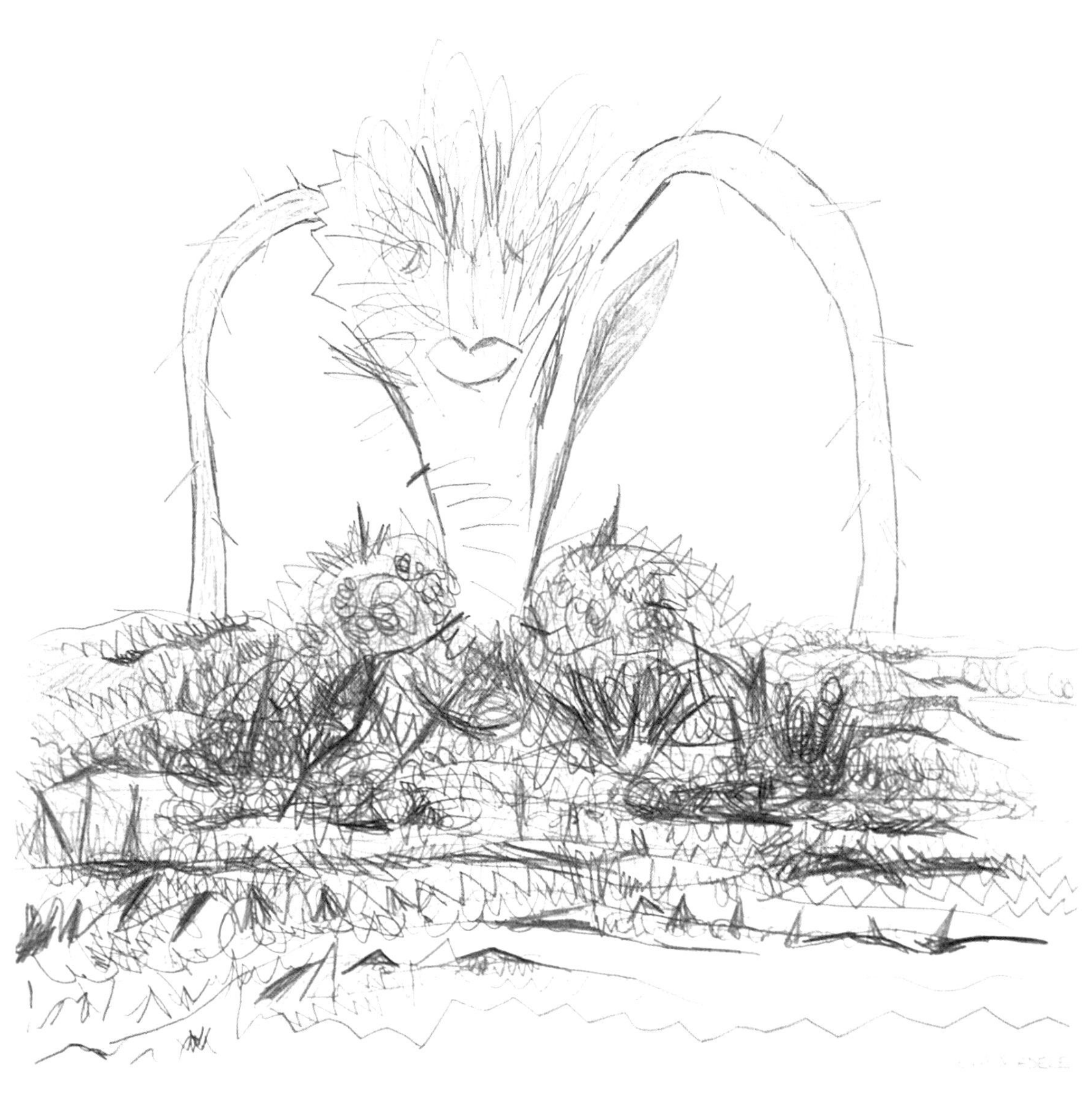

KAKTUSBLÜTE, *Ile de Ré 33, 2009*
Graphit auf Zeichenpapier / Graphite on drawing paper
35,5 x 28 cm

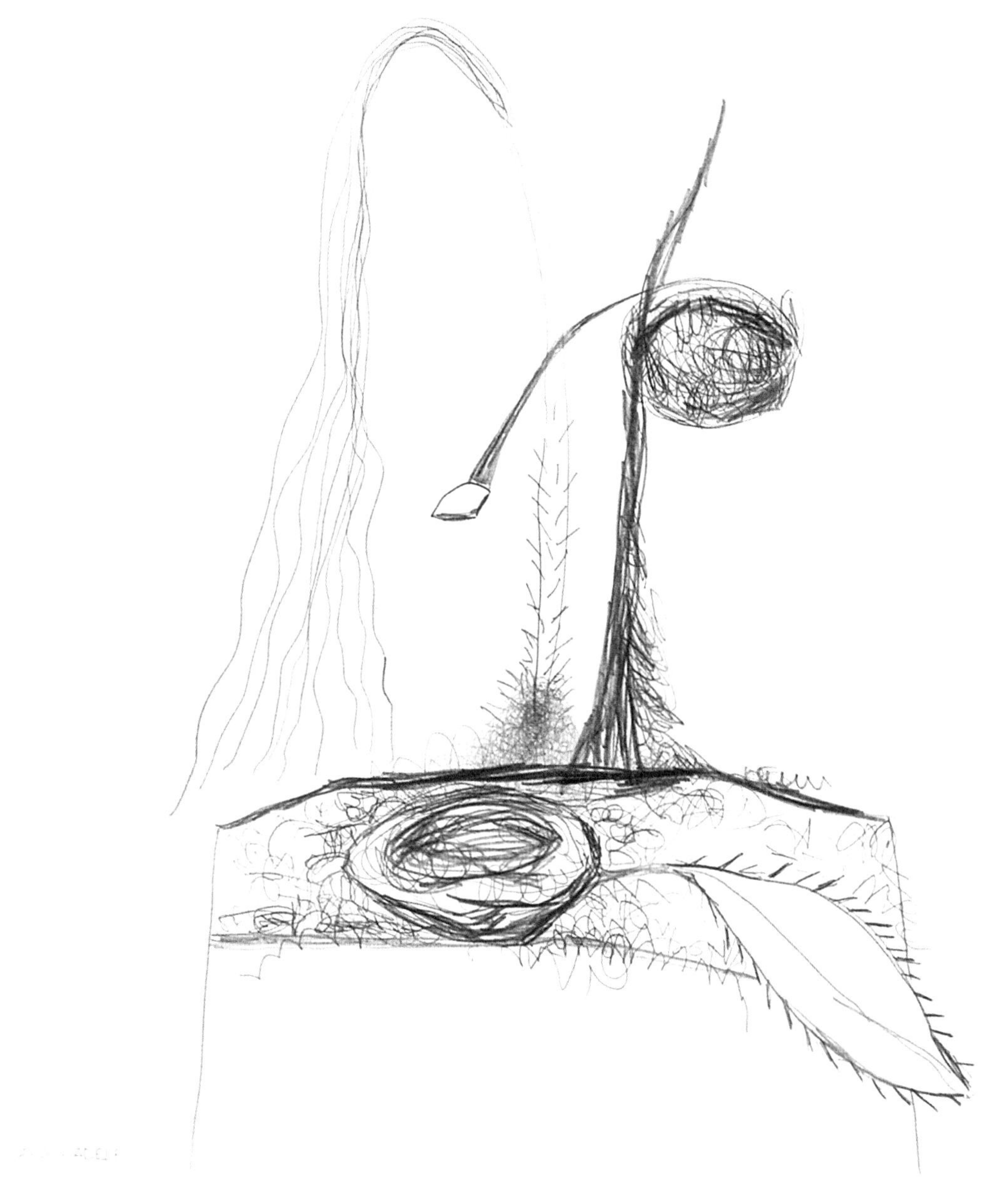

KAKTUSBLÜTE, *Ile de Ré 32, 2009*
Graphit auf Zeichenpapier / Graphite on drawing paper
35,5 x 28 cm

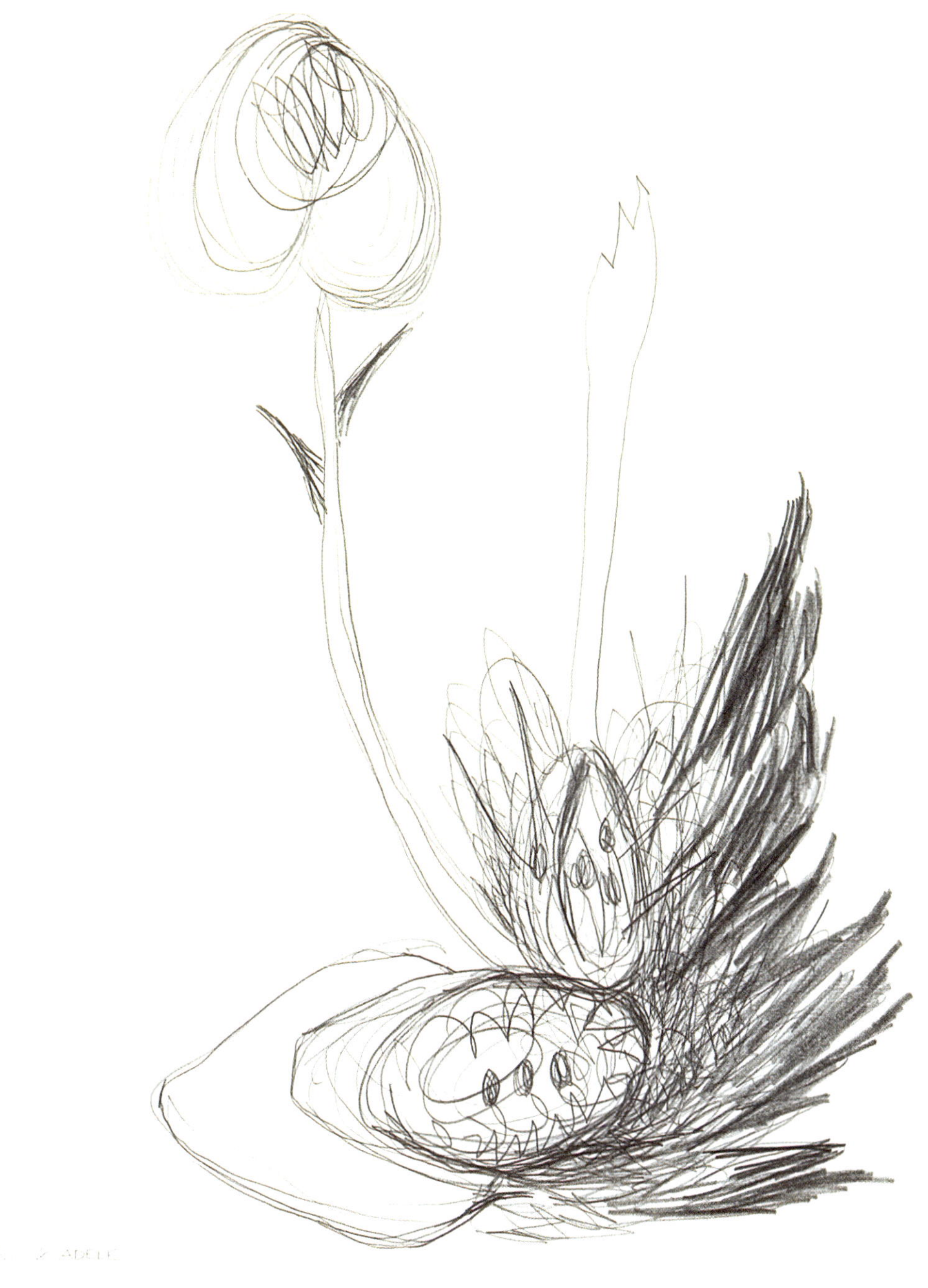

KAKTUSBLÜTE, *Ile de Ré 30, 2009*
Graphit auf Zeichenpapier / Graphite on drawing paper
35,5 x 28 cm

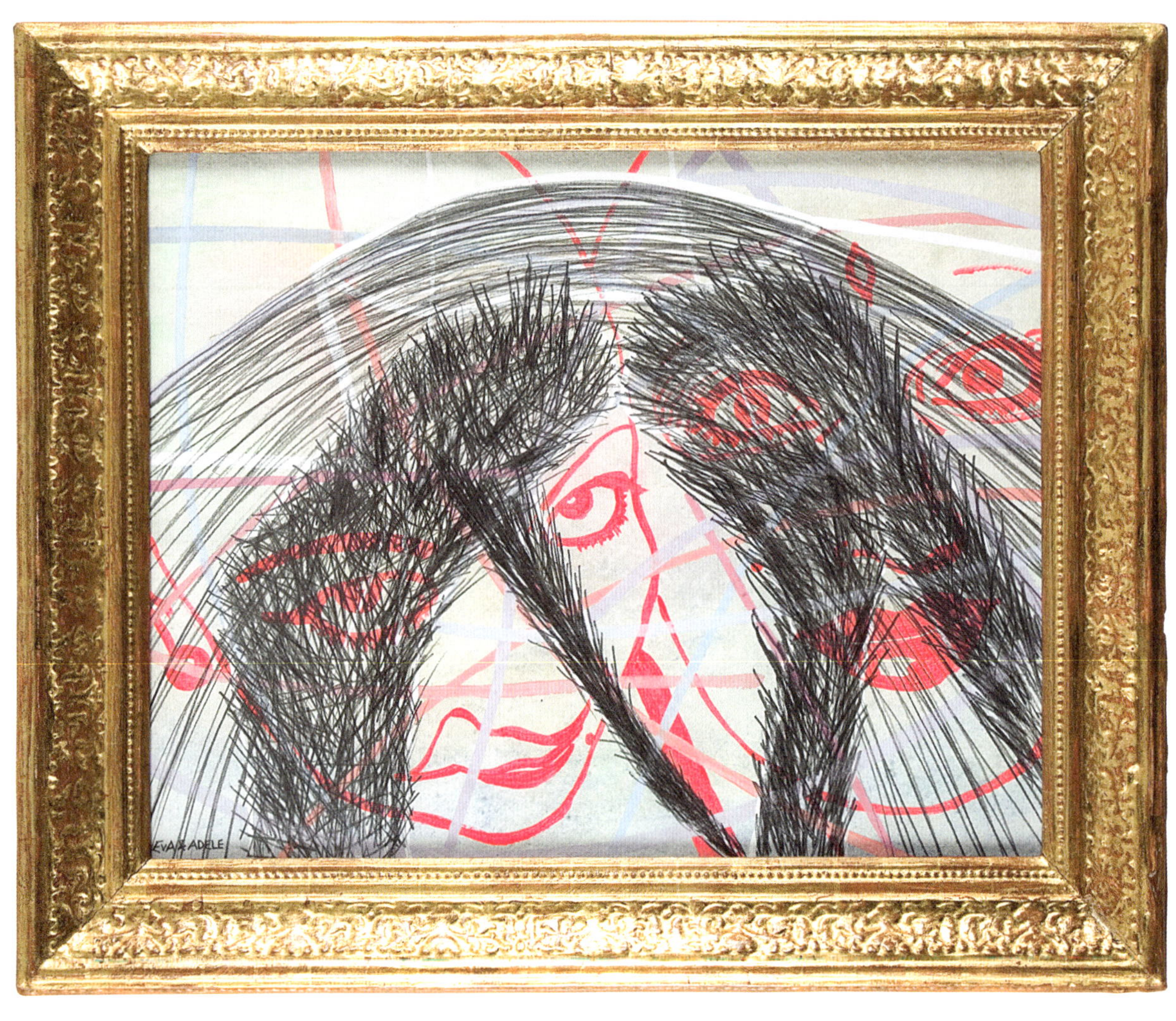

ZEITMASCHINE ALPHA, *2012*

Aquarell, Gouache, Graphit auf Bütten, Künstlerrahmung / Watercolor, gouache, graphite on laid paper, artist framed

52,1 x 63,6 cm

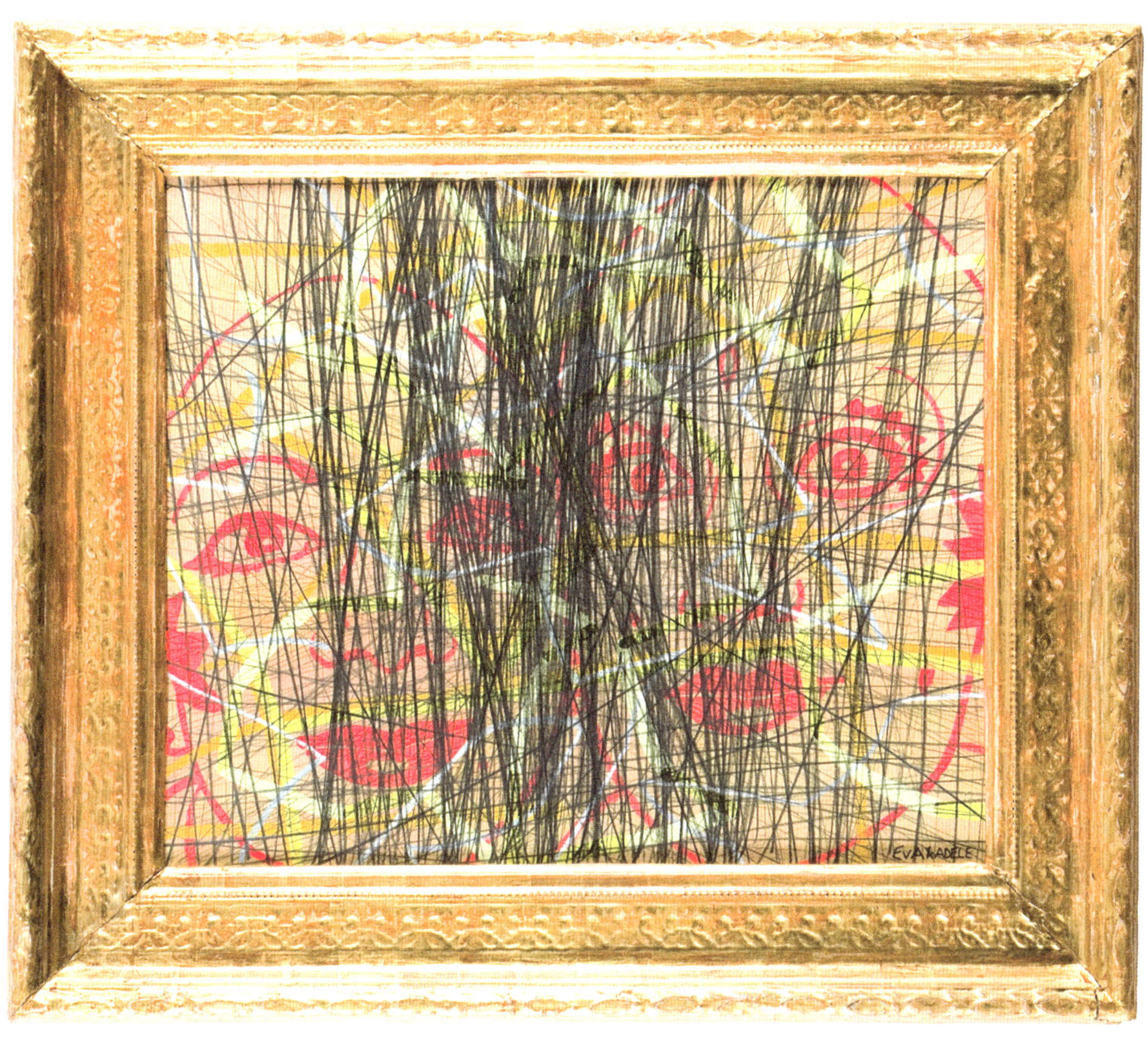

ZEITMASCHINE TAU, 2012

Aquarell, Gouache, Graphit auf Bütten, Künstlerrahmung / Watercolor, gouache, graphite on laid paper, artist framed

47,7 x 55,2 cm

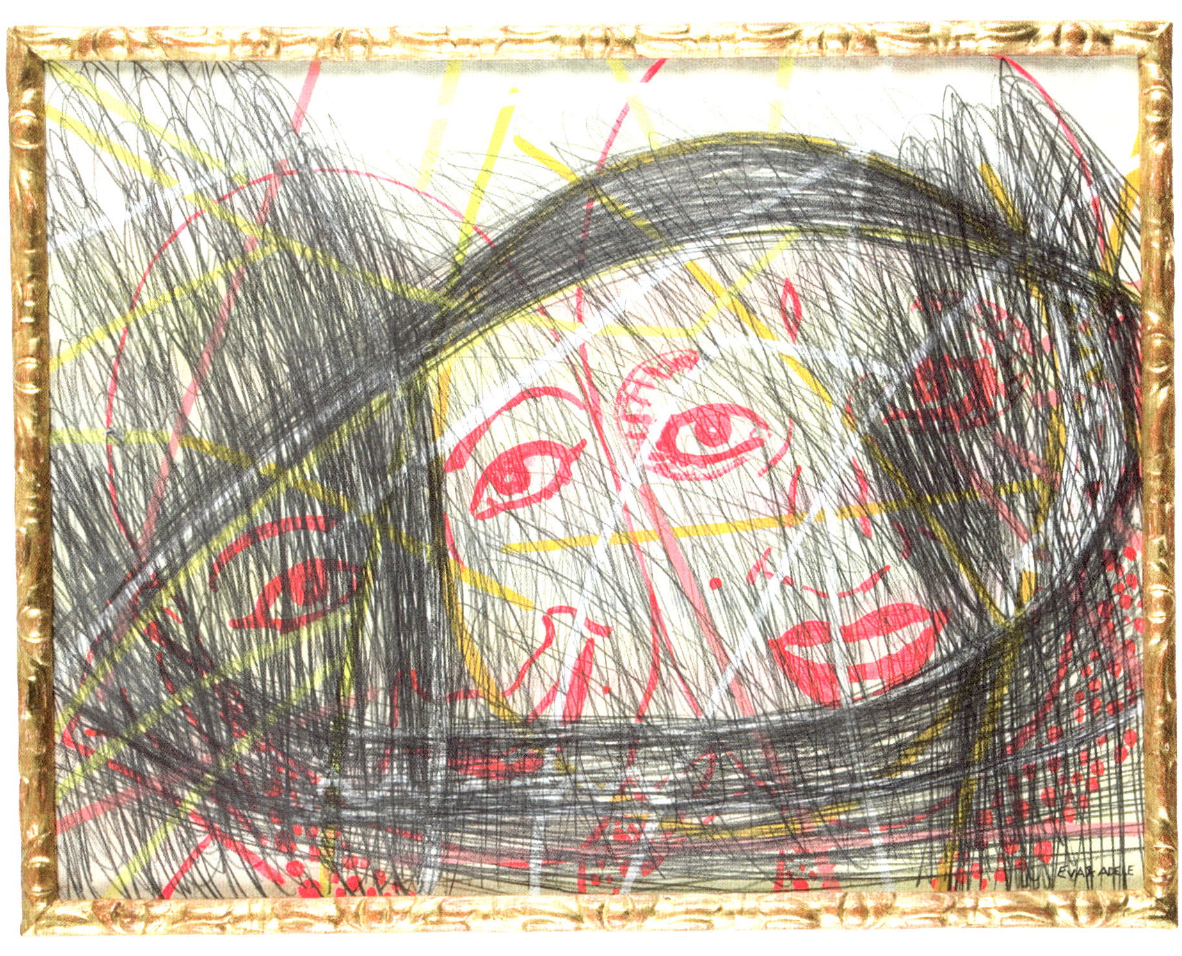

ZEITMASCHINE BETA, 2012

Aquarell, Gouache, Graphit auf Bütten, Künstlerrahmung / Watercolor, gouache, graphite on laid paper, artist framed

50,4 x 66,7 cm

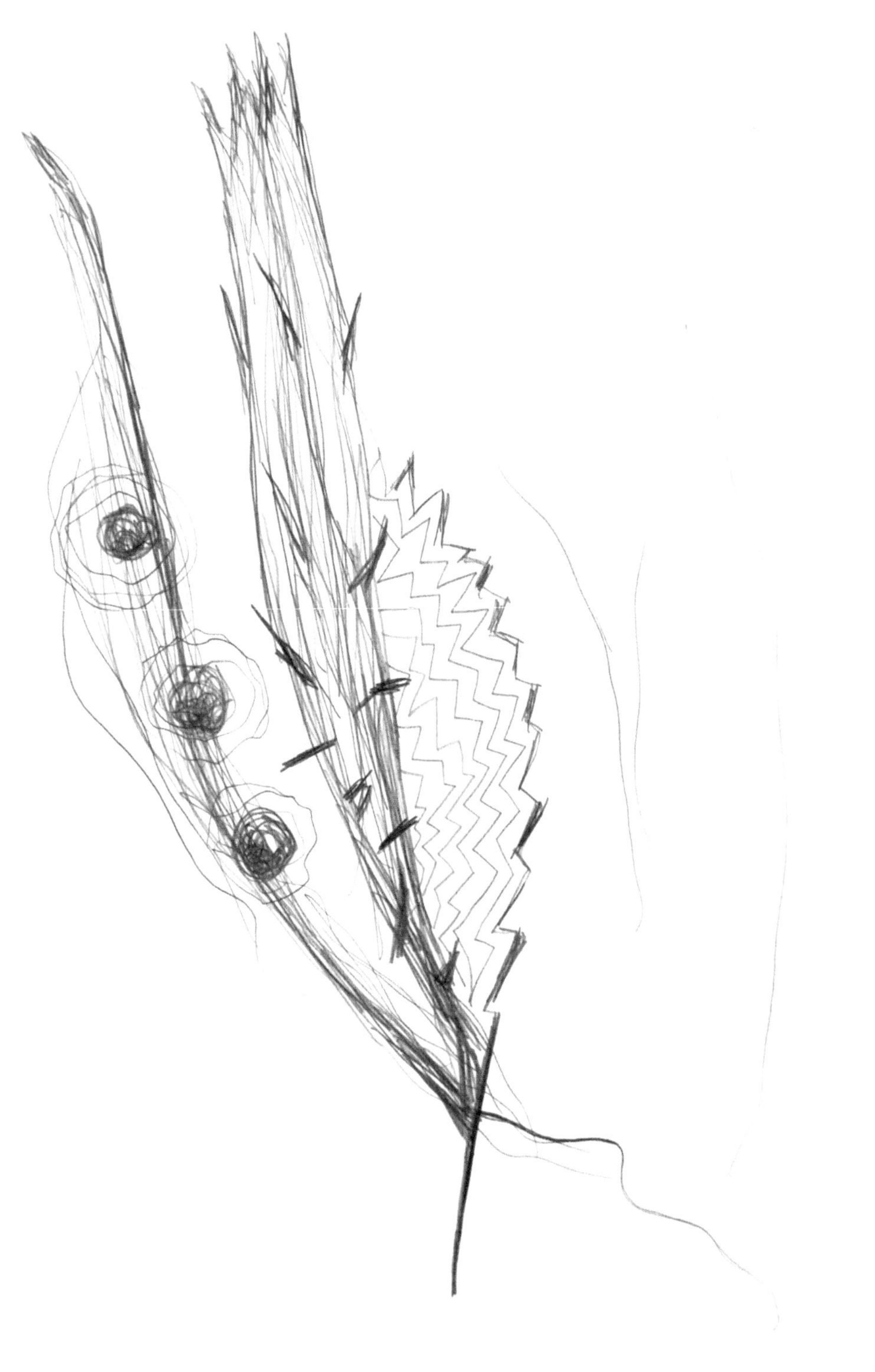

KAKTUSBLÜTE, *Ile de Ré 34, 2009*

Graphit auf Zeichenpapier / Graphite on drawing paper

35,5 x 28 cm

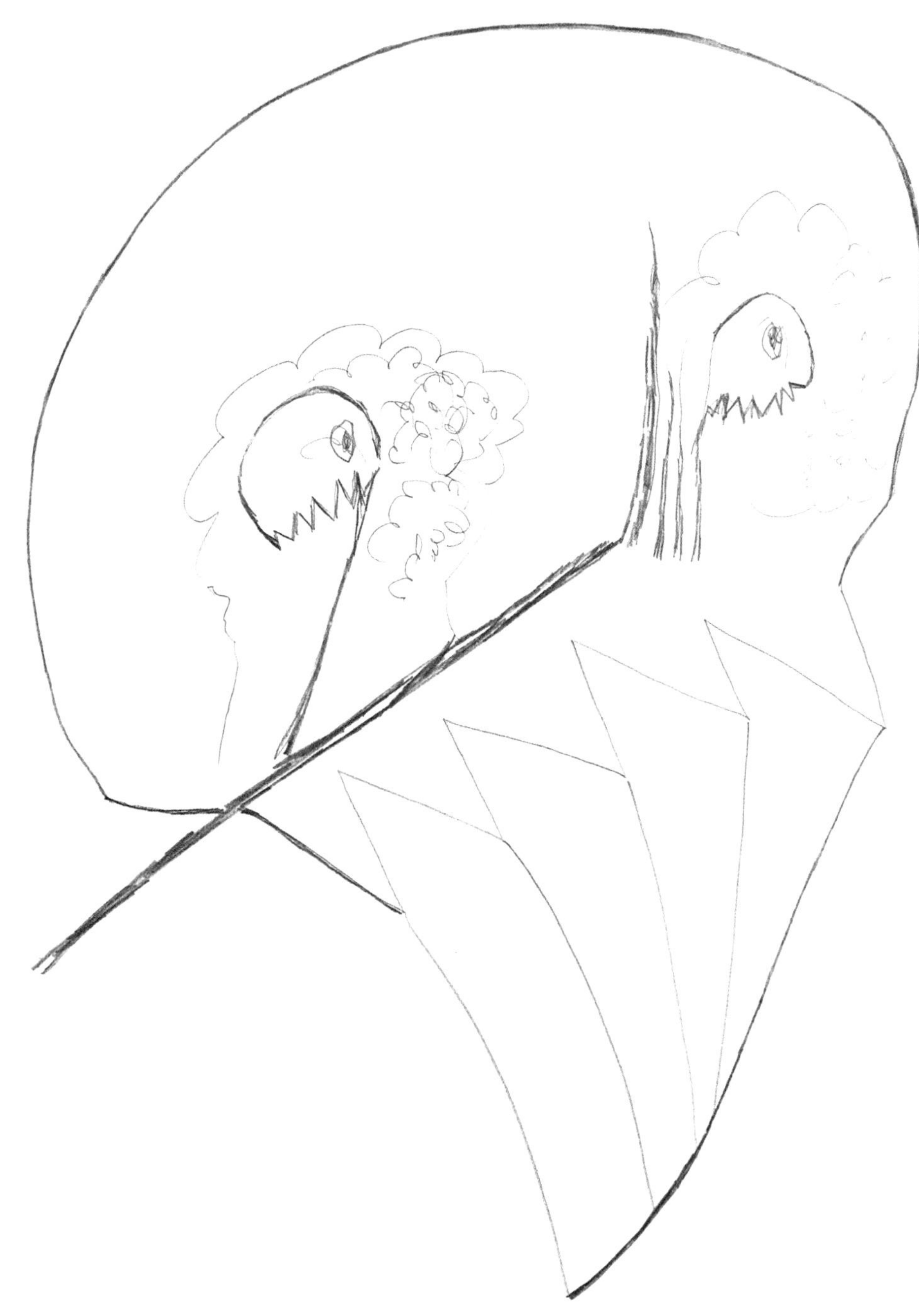

KAKTUSBLÜTE, *Usedom 8, 2010*
Graphit auf Zeichenpapier / Graphite on drawing paper
47,5 x 36 cm

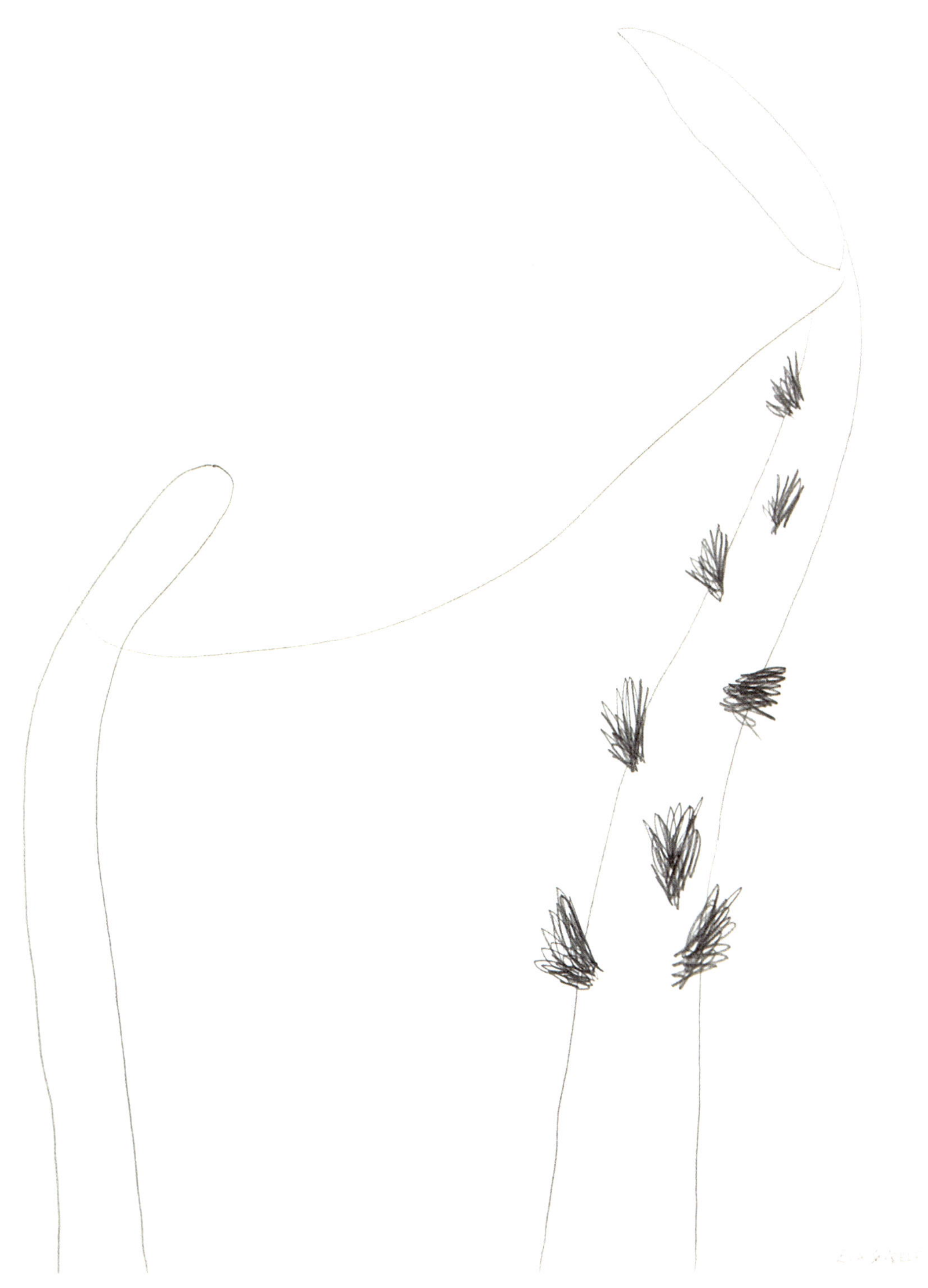

KAKTUSBLÜTE, *Ile de Ré 2, 2009*
Graphit auf Zeichenpapier / Graphite on drawing paper
35,5 x 28 cm

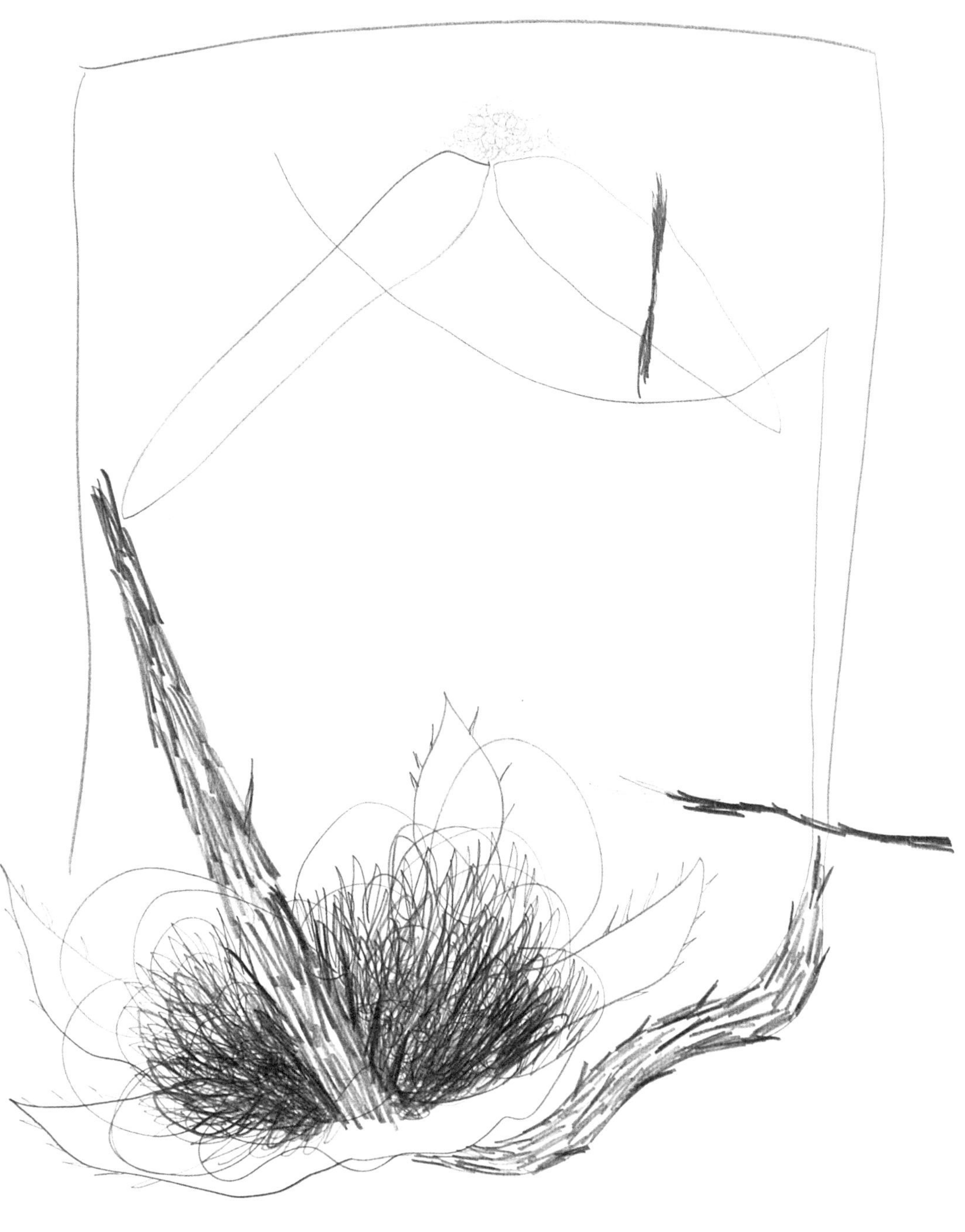

KAKTUSBLÜTE, *Usedom 7, 2010*

Graphit auf Zeichenpapier / Graphite on drawing paper

47,5 x 36 cm

EVA & ADELE, *Performance-Kostümpaar, 1992*
Vinyl Weiss, Satinfutter / Vinyl white, satin lining

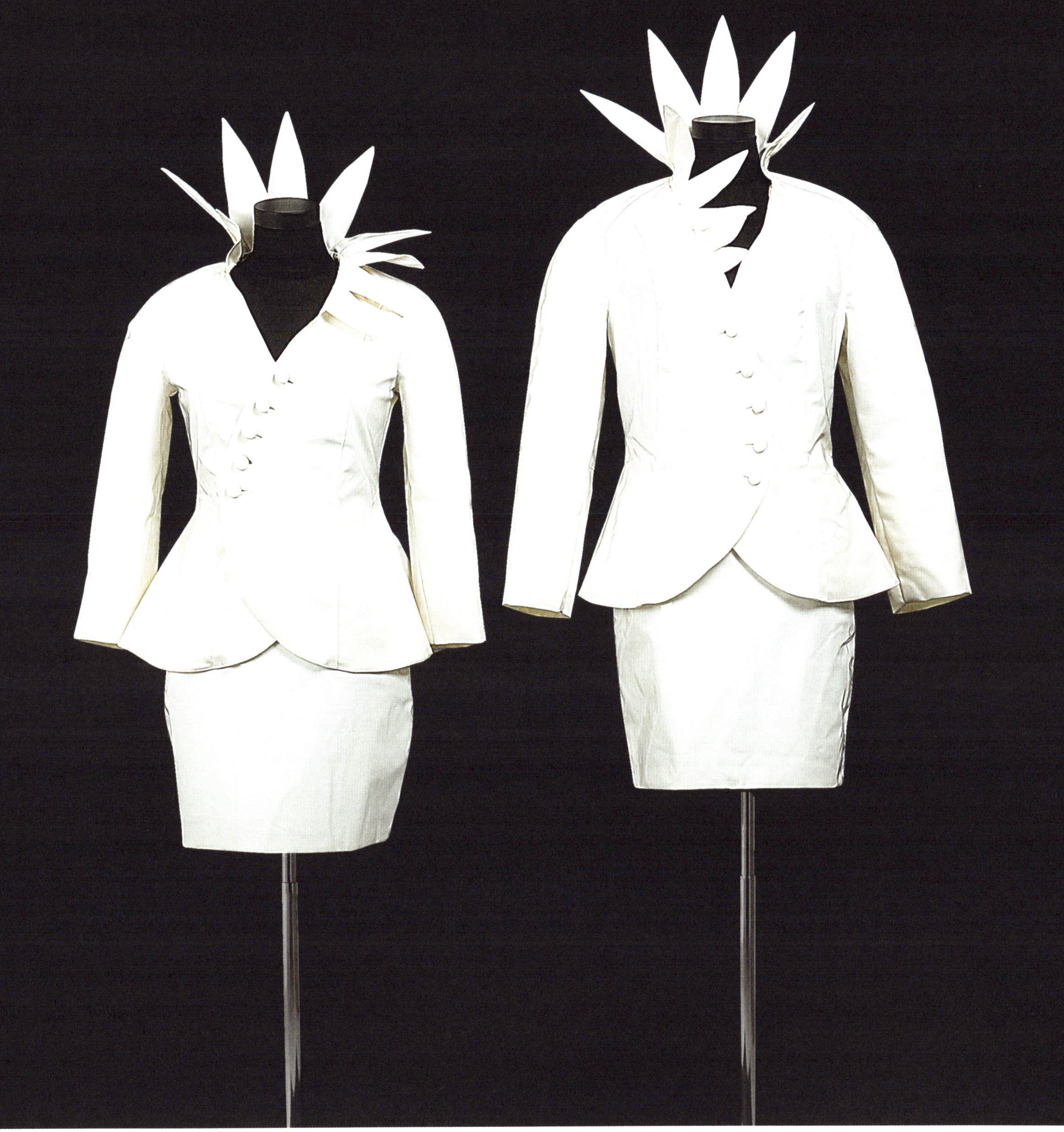

ZURÜCK IN DIE ZUKUNFT

FUTURING AUS DEM GEISTE DER ROMANTIK

Lange galt für die Kunst von EVA & ADELE, dass zwischen den beiden Produzentinnen und ihren Werken eine mimetische Entsprechung existiert, dass sich die unverkennbare, allseits bekannte Erscheinung des ubiquitär operierenden Paares stets auch in den Abbildern zu spiegeln habe. Sie selber als Werk aber auch kein Werk ohne sie selbst darin. Seit der frühen Videoarbeit „Hellas" (1989), dem filmischen Dokument ihrer künstlerischen Selbstwerdung, kreist das bildnerische Universum von EVA & ADELE um die Figuren EVA & ADELE, in dem es stets neue „Self-Images" generiert. Polaroids und andere fotografische Bilder dienten ihnen als Vorlage für Zeichnungen und Malerei. Auch wenn die Wahrnehmung des Publikums in erster Linie eher auf den öffentlichen Performances und den Fotos lag und später dann auf der daraus entstandenen Malerei, gezeichnet wurde im Hause EVA & ADELE schon immer. Fragt man das Paar, welche Rolle speziell dieses Medium für sie spielt, erhält man zur Antwort, dass hier einer der wesentlichen Punkte ihrer künstlerischen Existenz und Produktion berührt wird: Zeichnung, das ist für sie das Gravitationszentrum, der Ort der Selbstvergewisserung, der Infragestellung, des Experiments. Zeichnung ist der visuelle Brandbeschleuniger aber auch Verlangsamungsmedium, Kontemplations-

quelle und Ruhepol, an dem sie zu sich kommen können. Hier formuliert sich eine Idee, klärt sich ein formales Problem und schließt sich der Kreis, der mit den Auftritten in der Öffentlichkeit begann. Neben all diesen Funktionen hat die Zeichnung im Fall von EVA & ADELE noch einen weiteren Aspekt: Sie ist gewissermaßen auch ein unverzichtbares Planungsinstrument des Alltags, indem sie die kleidungstechnischen Rahmenbedingungen der Performances zu organisieren hilft. Die minutiös ausgearbeiteten Kostümpläne in Graphit und rotem Farbstift mit detaillierten Hinweisen auf Kleider, Unterwäsche, Schmuck und Accessoires lesen sich fast als Partitur jedes ihrer Auftritte und sind neben den Fotos auch gleichermaßen Dokumentation und Archiv eben dieser Auftritte. Sie haben eine Bildhauerzeichnungen vergleichbare Funktion und in einigen Beispiele auch diese Qualität. Die Zeichnungen protokollieren einen Weg, bilden ein künstlerisches Itinerar, sind ständiger Reisebegleiter. „Gerade auf Reisen ist das Zeichnen für uns der Rückzug aus der Öffentlichkeit und gleichzeitig die Möglichkeit, durch die äußere Fremde die innere Fremde zu erkunden."[1] An anderer Stelle heißt es: „Wir zeichnen, um uns zu sichern, auch um uns zu orten und um Heimat in der Fremde zu bilden."[2]

KOSTÜME	UNTERWÄSCHE	MIEDER	STRÜMPFE	SCHUHE	TASCHEN	SONST
REISE: SO 7.10.12 BERLIN AB				SCHWARZ	PINK BREE	SCHIRME PINK
DI 9.10.12 MARTA HERFORD	PINK	SCHWARZ	SCHWARZ	ROTE	PINK BREE	
DO 11.10.12 FR.12.10.12 NOTAR 10/18°	PINK	SCHWARZ		ROTE	PINK BREE	
SO ROPAC-PARIS PANTIN 14.10.12 8/14°		WEISSES	SCHWARZ			
MO 15.10.12 FIAC VIP CARD REGEN 7/14°	SCHWARZ	SCHWARZ		SCHWARZ	PINK	
DI 16.10.12 MUSÉE DE LA VILLE D.P. 6/14°	WIE 15.10	WIE 15.10	WIE 15.10	WIE 15.10		RESERVE
MI 17.10.12 VERNISSAGE FIAC 6/14°		SCHWARZ	SCHWARZ	SCHWARZ STIEFEL	VIELE NERZ	
DO 18.10.12 FIAC PARIS	WEISSE	SCHWARZ	SCHWARZ NAHT	SCHWARZ LACK	VIELE NERZ	GOLDSCHIR.

KOSTÜMPLAN, *Oktober/November, 2012*

Graphit, Farbstift auf Zeichenpapier / Graphite, coloured pencil on drawing paper, *30 x 40,5 cm*

Bereits die Ausstellungen im Sprengel Museum 1997 und im schwedischen Aquarellmuseum 2003 zelebrierten ausgiebig die zu Papier gebrachten Selbstbildnisse. Und auch die Präsentationen im Salzburger Museum der Moderne und im Lentos Kunstmuseum Linz im Jahr 2008 knüpften hier an – und doch war etwas anders als zuvor. Die „Performative Installation 208" auf 12 Meter Wandlänge vereinte die bekannten Autoporträts mit Arbeiten, die auf das eigene Konterfei verzichteten: 208 kleinformatige mit Spitzenbordüren umrahmte Zeichnungen umkreisten Vanitassymbolik, Kunstgeschichte, Fetisch- und Pornokultur.[3] Das bunte Treiben hatte etwas von einem „Danse Macabre", das volle Leben in Extravaganz und Ausschweifung trifft auf eine Armee von Totenschädeln, deren „Memento Mori" allerdings nicht wirklich ernst zu nehmen war, zu skurril, verspielt und komplizenhaft schauten sie aus der Spitzenwäsche.

Einige der nun im Marta Herford versammelten Blätter, und wir sprechen hier im besonderen von den Zeichnungsserien „Nebelglanz" und „Kaktusblüte", scheinen zu neuen Ufern aufzubrechen und doch an motivischen Resten zu kratzen, die möglicherweise aus der Frühzeit der gemeinsamen Arbeit stammen und sich im Sediment der Erinnerung abgelagert haben.

Bei aller Opulenz und schrill-heftiger Farbenfreude (pink!), die in der Regel vorherrscht, sind diese neuen Zeichnungen und Collagen ein verblüffender Akt bildnerischer Askese. Der Verzicht auf das eigene Imago, die bewährte Beschwörungsformel Doppelantlitz erstaunt und ist in dieser Hinsicht ein kühnes Manöver, da EVA & ADELE sich nun von konzeptionellen Performern, die zwar schon immer auch Bilder und Objekte produziert haben, wenngleich auch stets mit Bezug zur eigenen Ikonischen „Marke", zu scheinbar konventionellen

Produzenten transformieren, sich selbst den sicheren Boden etablierter Ikonographie unter den Füssen wegziehen und plötzlich ganz einfach „nur" Kunst machen wie andere auch. Wie andere auch? Haben sie in den Selbstbildnissen nach Fotografien verschiedene Haltungen und Stile ausprobiert und angenommen,[4] haben mutig und eigenhändig die Grube zum Kitsch und Trash ausgehoben um erhobenen Doppelhauptes hineinzuspringen, fungierte das schablonenhafte Doppelselbst auch als Schutzschild, als konzeptionelles Teflon, an dem Kritik auch abzuperlen verdammt war. In den Zeichnungen ohne fotografische Vorlage zeigen sie sich nun fast nackt und bloß und sehr verletzbar.

Die Abwesenheit des bekannten Zwillingslogos in diesen Zeichnungen verhilft einer anderen, in den Performances nicht ausgelebten, expressiven Geste ans Tageslicht. Mit ungebremstem Furor wirken manche Blätter exekutiert. In Graphit auf Bütten. Der Zyklus „Kaktusblüte" entstand auf der französischen Ile de Ré, auf Usedom und in Berlin. Erotische Flora, botanischer Sex: Vieles sieht aus nach einer Melange aus Mensch und Pflanze, wie eine Ovid-Illustration, der man das Drama der Verwandlung ausgetrieben und durch bizarren Humor ersetzt hat. Nicht umsonst sind Kaktusblüten zwittrig. Stachel, Blüten, Haare, Schlingen, Münder, Augen. Natur als Spiegel der Seele und des Unterleibs. Es keimt und sprießt, umschließt, steht klaffend offen und penetriert. Und auch die Totenschädel, diesmal ohne Spitzenbordüren, tauchen wieder auf.

Die Blätter der Serie „Kaktusblüte" teilen eine erotischgrotesk-morbide Bildwelt, die humorvoll abgefedert, zweifelsfrei auch als versteckte (?) Selbstporträts gesehen werden dürfen. Interessant dabei ist, dass das Kaktusmotiv auf kunsthistorische Vorbilder verweist und zu einer

Schlüsselfigur nachtschwarzer Romantik und protosurrealistischer Vision führt: Odilon Redon. Sein „Kaktusmann" auf einer Kohlezeichnung von 1881 ist ein melancholisch dreinschauender Schmerzensmann, der die Dornen auch als Krone trägt. Derlei christliches Pathos passt nicht so recht in EVA & ADELEs frohe Botschaft: „Das Lächeln als Werk des FUTURING soll ein Raum sein, der nicht von der traditionellen christlichen Leidensgeschichte besetzt ist", heißt es kürzlich in einem Interview.[5] Und doch bei aller zur Schau getragenen Fröhlichkeit gibt es immer auch leise Molltöne und eine komplexe emotionale Architektur, die das Projekt EVA & ADELE trägt.

In den „Kaktusblüte"- Blättern taucht ein Wort auf, das seinerseits Titel einer eigenen Bildfolge geworden ist: „Nebelglanz". Die Blätter dieser Serie sind, wie die „Kaktusblüte"-Zeichnungen, an verschiedenen Orten und über einen gewissen Zeitraum entstanden. Das dunkel glänzende Graphit wird umspielt von Feldern und Flächen aus zerknülltem Silberpapier. Teils zerbrochener Spiegel, teils reliefartige Formgebilde, die aus den Arbeiten weniger Collagen als skulptural-zeichnerische Dialoge machen. Fundstücke aus der Kostümabfallkiste in farbigem Leder ergänzen das Materialspiel. Es gibt Anklänge an Figuratives, reduzierter als in den „Kaktusblüte"-Blättern. Formal beruhigt und in einigen Blättern fast klassisch-konstruktiv.

Jenseits aller Gender-Debatten und selbstreferentiellen Diskurse führt die Vokabel „Nebelglanz" noch weiter zurück als bis zu Redon. Das Wort, für das sich Jorge Luis Borges begeistern konnte, weil es ein wunderbar typisch deutsches Kompositum ist, entstammt dem berühmten Goethe-Gedicht „An den Mond" (Spätere Fassung von 1789):

Füllest wieder Busch und Tal
Still mit Nebelglanz,
Lösest endlich auch einmal
Meine Seele ganz;

Breitest über mein Gefild
Lindernd deinen Blick,
Wie des Freundes Auge mild
Über mein Geschick.

Jeden Nachklang fühlt mein Herz
Froh- und trüber Zeit,
Wandle zwischen Freud' und Schmerz
In der Einsamkeit.

Fließe, fließe, lieber Fluß!
Nimmer werd' ich froh;
So verrauschte Scherz und Kuß,
Und die Treue so.

Ich besaß es doch einmal,
Was so köstlich ist!
Daß man doch zu seiner Qual
Nimmer es vergißt!

Rausche, Fluß, das Tal entlang,
Ohne Rast und Ruh,
Rausche, flüstre meinem Sang
Melodien zu,

Wenn du in der Winternacht
Wütend überschwillst,
Oder um die Frühlingspracht
Junger Knospen quillst.

Selig, wer sich vor der Welt
Ohne Haß verschließt,
Einen Freund am Busen hält
Und mit dem genießt,

Was, von Menschen nicht gewußt
Oder nicht bedacht,
Durch das Labyrinth der Brust
Wandelt in der Nacht.[6]

In diesen Zeilen verschmelzen emphatische Naturbetrachtung mit einer tief empfundenen Freundschaftsode. Möglicherweise liegt hier der romantische Urgrund, an

dem EVA & ADELEs Zukunftsprojekt sich ideengeschichtlich entzündet hat. In der Beschreibung romantischen Gedankenguts durch die Jahrhunderte hin finden sich Elemente und Motive wieder, die man ohne große Anstrengungen in Bezug zur künstlerischen Praxis des Paares setzen kann: Aus dem romantischen Bewusstsein spricht die Sehnsucht nach der Wiederherstellung einer verlorenen Einheit, die Erinnerung an Harmonie und einen ehemaligen Glückszustand.[7] Wie die imaginierte ideale Vergangenheit, das „verlorene Paradies", so stellt sich auch die Fiktion einer Zukunft dar als Sphäre, in der Trennendes überwunden scheint. Das utopische Doppelselbst wird zum Sehnsuchtsbild eines Lebens- und Liebesideals. EVA & ADELEs Konzept des FUTURING scheint somit anschlussfähig an die Ideale der Romantiker, deren „Suchbewegung der entzauberten Welt der Säkularisierung etwas entgegensetzen wollen", einen Triumph über das Realitätsprinzip.[8]

Wie Paolo Bianchi schrieb: „In diesem Sinne ist die Kunstfigur EVA & ADELE weniger ein postmodernes Schizosubjekt als vielmehr eine romantische Doppelgängerfigur".[9] In EVA & ADELEs Selbstfiktion und Selbstdefinition[10] heißt das: eine Kunst und Leben transzendierende Seeleneinheit aus zwei Körpern, die jegliche Gender-Grenzen und Rollendeterminiertheiten unterwandern und überwinden. Das logohafte Doppelbildnis in Herzform, Wange an Wange, figuriert dabei als fernes Echo auf einen Bildtypus, der einerseits der Darstellungstradition von „Nächstenliebe und Gerechtigkeit"[11] folgt, aber auch Overbecks Bild „Italia und Germania" (auch Freundschaft) zitiert, eine Ikone der romantischen Malerei.[12]

Als hochprofessionelle Protagonisten des Kunstbetriebs operieren EVA & ADELE zwar mit größter Konsequenz, dabei immer aber auch durchaus pragmatisch und flexibel. Bei aller Treue zu sich selbst, lassen sie sich nicht festlegen auf eine auf Permanenz angelegte Ästhetik oder Geste. Ebenso wie sie ein „romantisches Projekt" verfolgen, verfolgen sie selbstverständlich auch ein „Pop-Projekt". In diesem Modus der Dualität entfaltet sich erst der Rahmen, in dem Performance, Mediaplastic und auch das intime Rückzugs- und Reflexionsmedium Zeichnung in Relation zueinander produktiv werden können. Ebenfalls von Goethe (!) stammt die Wortprägung „Doppelleben" – ursprünglich gemünzt auf den Maler Mantegna, in dessen Werken er die unauflösbare Dichotomie von Antike und Natur, Ideal und Wirklichkeit, verkörpert sah. Im Bezug auf ihre Aquarellmalerei bemerkte Andreas Schalhorn, dass sich EVA & ADELE im Spannungsfeld von Wahrheit und Theatralität befinden, zwischen Rollenspiel und Authentizität.[13] Sie führen ein oder sogar mehrere Doppelleben, wobei sich die unterschiedlichen Diskurse, sei es Gender, Romantik, Pop, Natur, Kunst, verschränken und wiederum neue Fragen

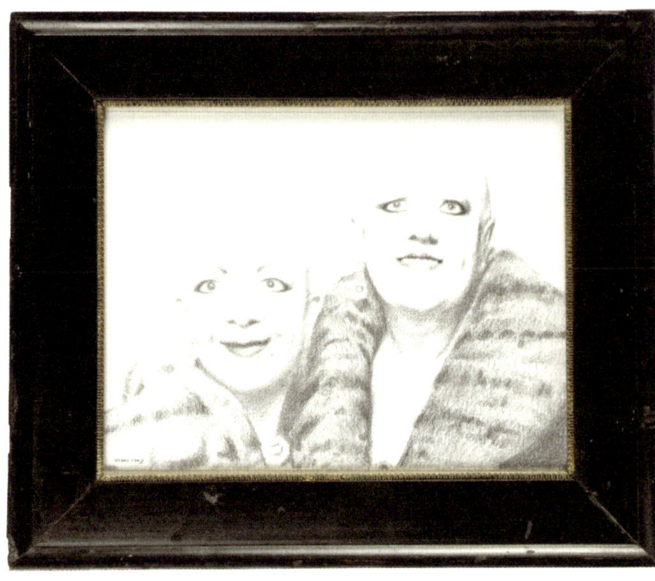

CUM ZEICHNUNG, *New York, 1995*
Kopierbleistift auf Zeichenpapier, Künstlerrahmung /
Copy pencil on drawing paper, artist framed, *46,1 x 54,6 cm*

generieren. Und in diesen Prozessen ist die Zeichnung immer das Navigationssystem, das die richtigen Umwege findet, und seien sie noch so unbequem.

Jan-Philipp Fruehsorge

[1] Zeitmaschine. Interview mit Nina Kirsch. In: Rosa Rot. Katalog, Museum der Moderne, Salzburg;
Lentos Kunstmuseum, Linz, 2008, S. 94.
[2] Ihr macht FUTURING. EVA & ADELE im Gespräch mit Meinrad Maria Grewenig.
In: FUTURING. Katalog, Weltkulturerbe Völklinger Hütte.
Europäisches Zentrum für Kunst und Industriekultur, Völklingen, 2012, S. 21.
[3] Rosa Rot. 2008, S. 95.
[4] Andreas Schalhorn: Einheit in der Vielfalt – Selbstbildnis und Aquarellmalerei bei EVA & ADELE.
In: Day by Day Painting. Katalog, Nordiska Akvarellmuseet, Skärhamn, 2003, S. 30.
[5] FUTURING. 2012, S. 22.
[6] Erich Trunz (Hrsg.): Goethe. Gedichte. München, 1981, S. 129f.
[7] Peter Klaus Schuster: In Search of Paradise Lost. Runge, Marc, Beuys. In: The Romantic Spirit in German Art
1790-1990. Katalog, Scottish National Gallery of Modern Art, Edinburgh; Hayward Gallery, London, 1994, S. 62.
[8] Rüdiger Safranski: Romantik. Eine deutsche Affäre. München, 2007, S. 13.
[9] Paolo Bianchi: Kunst als Erfindung des Lebens. In: CUM. Katalog, Sprengel Museum, Hannover, 1997, S. 24.
[10] Rosa Rot. 2008, S. 94.
[11] Beispielsweise Rosalba Carriera, 18. Jhd., Abb. in: Eva und die Zukunft.
Das Bild der Frau seit der Französischen Revolution.
Katalog, Hamburger Kunsthalle, 1986, S. 257.
[12] Vgl. Overbecks „Sulamith und Maria" von 1811/12, Abb. in: Eva und die Zukunft.
Das Bild der Frau seit der Französischen Revolution. Katalog, Hamburger Kunsthalle, 1986, S. 362.
[13] Vgl. Anm. 4.

BACK TO THE FUTURE

FUTURING - ECHOING THE SPIRIT OF ROMANTICISM

It was long said of the art of EVA & ADELE that they were joined to their works by a mimetic relationship, and that the distinctive, universally known appearance of the ubiquitously operating pair always had to be reflected in their images. In other words, they themselves were a work of art – and there were no works of art of their own creation in which they did not appear. Ever since their early video work 'Hellas' (1989), a documentary about their artistic self-realization, EVA & ADELE's universe of images has revolved around the characters of EVA & ADELE themselves by constantly generating new 'self-images'. They used Polaroids and other photographs as patterns for their drawings and paintings. However, although the general reception of their work mainly focused on their public performances and photos, and subsequently their resulting paintings, EVA & ADELE have always drawn. When asked what the medium of drawing meant to them, they replied that it was one of the most important parts of their artistic existence and production. For them, drawing is the centre of gravity; it is a place of self-assurance, questioning and experimentation. Drawing is both a visual accelerant and a retardant, a source of contemplation and an oasis of calm where they can be their normal selves. It's the place where ideas are formulated, where questions of form are resolved, and where the circle that began with public appearances is completed. Yet drawing also has another function for EVA & ADELE. In a sense it's also an indispensable planning tool for their everyday activities by helping them to structure the sartorial style used in their performances. The meticulous costume plans in graphite and red crayon containing detailed instructions concerning dresses, underwear, jewellery and accessories is something akin to the musical score of each of their performances, since it's another way of documenting and archiving them alongside photography. These costume plans have a similar function to sculptural drawings and in some examples possess the same quality, too. They record a journey, form an artistic itinerary, and are a constant travel companion. "Especially when we're travelling, drawing is for us a way of withdrawing from the public eye and also a means to fathom the 'foreign parts' inside us by exploring the foreign parts we see around us."[1] Elsewhere we learn: "We draw in order to protect ourselves, but also to find out where we are, and to create a home for ourselves when we're away from home."[2]

EVA & ADELE's extensive self-portraits were first celebrated by exhibitions at the Sprengel Museum in 1997 and the Nordic Watercolour Museum in 2003. This aspect of EVA & ADELE's work was also tackled at displays at Salzburg Museum of Modern Art and the Lentos Museum of Modern Art in Linz in 2008 – yet on these occasions there was something different from before. 'Performative Installation 208' on a wall 12 metres long combined the familiar self-portraits with works which didn't contain likenesses of EVA & ADELE: instead, the 208 small drawings framed with lace borders played with vanitas symbols, art history, and fetish and pornographic culture. This flurry of colour[3] was something of a 'Danse Macabre', a life of extravagance and debauchery encountering an army of skulls, although the memento mori couldn't be taken too seriously since it was far too quirky, playful and complicit in its 'lacy underwear'.

Some of the drawings now gathered at Marta Herford, especially the series of drawings 'Nebelglanz' (Silver Haze) and 'Kaktusblüte' (Cactus Blossom), seem to be reaching out for new horizons, yet also to be scratching at residual motifs which may stem from the early days of their joint work and have accumulated in the sediments of memory.

Notwithstanding the sheer opulence and blaze of shrill pink generally prevailing, these new drawings and collages are an astonishing act of artistic asceticism. EVA & ADELE's renunciation of their own imago, the proven mantra of the double face, comes as a surprise and is a bold move. EVA & ADELE are changing from conceptual performers who, although they have always produced images and objects, always referred to their own iconic 'brand', into seemingly conventional producers. By pulling the safe ground of established iconography from beneath their feet, suddenly they are simply making 'just' art like everybody else. Like everybody else? Whereas in their self-portraits based on photographs they tried out different attitudes and styles,[4] whereas courageously they dug up kitsch and trash with their bare hands and jumped double-headstrong into the resulting hole, the stencil-like twin-self also acted as a shield, as conceptual Teflon on which criticism was condemned to roll off like water off a duck's back. In the

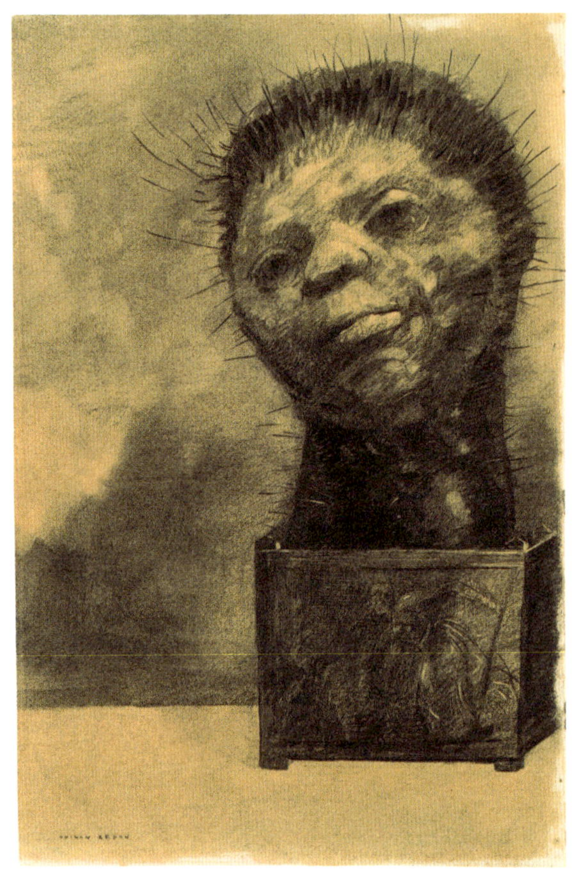

ODILON REDON, *Cactus Man, 1881*
Kohle auf Velinpapier / Charcoal on wove paper, 49 x 32,5 cm
Courtesy: Andrea Woodner, New York, Promised Gift to the
National Gallery of Art, Washington

drawings not based on photographs, they appear almost naked, exposed and very vulnerable.

The absence of the familiar twins logo in these drawings reveals another expressive gesture not acted out in the performances. Some drawings – graphite on laid paper – seem to have been executed with unabated furore. The 'Kaktusblüte' (Cactus Blossom) cycle was produced on the French Isle of Rhé, on Usedom and in Berlin. Erotic flora, botanical sex: much of it looks like a blend of humans and plants, like an Ovid illustration in which the drama of transformation has been purged and replaced by a bizarre humour. Not for nothing are cactus flowers hermaphroditic. Spines, flowers, hairs, tendrils, mouths, eyes. Nature as a mirror of the soul and the lower abdomen. Germination and sprouting are to be seen; enfolding, opening and penetration. And the skulls put in a reappearance, albeit this time without lace borders.

The drawings in the 'Kaktusblüte' (Cactus Blossom) series share a morbid, erotically grotesque imagery that humorously cushions the impact, yet can doubtless also be regarded as concealed (?) self-portraits. Interestingly, the cactus motif echoes historical precursors and leads back to a key figure of jet-black Romanticism and proto-surrealist vision: Odilon Redon. His 'Cactus Man', a charcoal drawing from 1881, shows a pained, melancholic figure who is also adorned with a crown of thorns. Such Christian pathos doesn't go so well with EVA & ADELE's glad tidings: "The smile as a work of FUTURING is intended to be an area which hasn't been occupied by the traditional Christian story of suffering," according to a recent interview with EVA & ADELE.[5] Yet despite all the happiness displayed, there is always an air of despondency and complex emotional architecture underlying EVA & ADELE's FUTURING project.

A word appears in the 'Kaktusblüte' (Cactus Blossom) drawings which later became the title of a separate series of pictures: 'Nebelglanz' (Silver Haze). Like the 'Kaktusblüte' (Cactus Blossom), the drawings in this series were created at different places and over a protracted period. Lapping around the dark shiny graphite are areas of crumpled tinfoil. Partly a broken mirror, partly a relief-like structure, they turn the drawings into not so much collages as sculptural and graphic dialogues. This play of materials is augmented by finds from the costume bin in coloured leather. There are echoes of figurative elements, although more reduced than in the 'Kaktusblüte' (Cactus Blossom) drawings. The drawings have a calmer form, with some featuring an almost classical design.

Beyond all the gender debates and self-referential discourse, the term 'Nebelglanz' (Silver Haze) goes back even further than Redon. Found so inspiring by Jorge Luis Borges because it was

such a wonderfully typical German compound word ('Nebelglanz'), it comes from Goethe's famous poem 'To the Moon' (the latter version from 1789):

> *Push and vale are filled by thee*
> *With a silver haze,*
> *And my soul thou hast set free*
> *With thy soothing rays.*
>
> *And thy gentle beams descend*
> *Kindly where I go,*
> *Like the mild eye of a friend*
> *On my joy and woe.*
>
> *Echoes of the times gone by*
> *Tremble through my heart,*
> *'Twixt delight and grief I ply,*
> *Evermore apart.*
>
> *Dearest river, flow, oh flow!*
> *Joy cannot abide.*
> *Play and kisses vanished so,*
> *Faithfulness beside.*
>
> *Once – oh, could I but forget! –*
> *It was mine: the rare!*
> *And it is a torture yet*
> *Memories to bear.*
>
> *River, flow the vale along,*
> *Without rest or ease,*
> *Murmur, whisper to my song*
> *Gentle melodies!*
>
> *Swelling in the winter night*
> *With thy roaring flood,*
> *Bubbling in the spring's delight*
> *Over leaf and bud!*
>
> *Blessed is he who walks apart,*
> *Though no hate he bears,*
> *Holds a friend within his heart;*
> *And with him he shares*
>
> *All that steals, by men unguessed,*
> *Or by men unknown,*
> *Through the maze of his own breast*
> *In the night alone.[6]*

In these lines, an emphatic view of nature merges with a deeply felt ode to friendship. Perhaps this was the Romantic basis which inspired EVA & ADELE's FUTURING project. The description of the Romantic body of thought over the centuries contains elements and motifs which can be easily related to EVA & ADELE's artistic activities. The yearning for the restoration of a lost unity as well as remembrance of harmony and a former state of happiness stem from the Romantic consciousness.[7] Like the rose-tinted view of times past, the 'paradise lost', the fiction of a future appears as a sphere in which all division seems to have been overcome. The utopian double-self becomes a longed-for vision of the epitome of life and love. EVA & ADELE's concept of FUTURING hence appears to tie in with the ideals of the Romantics, whose "quest was intended to oppose the disenchanted world of secularization" – a triumph over the reality principle.[8]

As Paolo Bianchi wrote: "In this sense, the artistic character of EVA & ADELE is not so much a postmodern schizophrenic subject as a Romantic double."[9] In EVA & ADELE's self-fiction and self-definition,[10] this means a unity of souls comprising two bodies which transcends art and life, and which undermines and overcomes all gender boundaries and role constraints. The logo-like heart-shaped double portrait showing EVA & ADELE cheek to cheek acts as a distant echo of a type of image which on the one hand follows the traditional depiction of 'charity and justice',[11] yet also quotes Overbeck's painting of 'Italia and Germania' (also friendship) – an icon of Romantic painting.[12]

As highly professional protagonists of the art world, EVA & ADELE operate with great consistency, yet also always very pragmatically and flexibly. Despite all their loyalty to them-

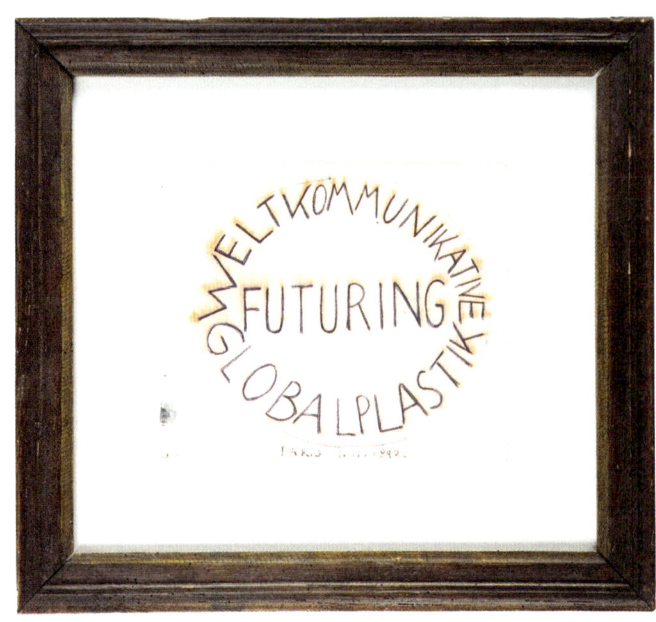

STEMPELENTWURF, *Paris, 1992*
Tinte auf Bütten, Künstlerrahmung / Ink on laid paper, artist framed
39,2 x 43,1 cm

selves, they refuse to commit themselves to a permanent aesthetic style or gesture. Just as they pursue a 'Romantic project', they think nothing of tackling a 'pop project'. It is in this mode of duality that the framework develops in which performance, Mediaplastic, and also drawing – EVA & ADELE's private means of retreat and reflection – can be productive in relation to each other. Once again, it was Goethe who coined the term 'double life', originally for the painter Mantegna, whose works he believed embodied the indissoluble dichotomy of antiquity and nature, ideal and reality. Regarding EVA & ADELE's watercolours, Andreas Schalhorn once remarked that they were poised between truth and theatricality, between role-play and authenticity.[13] In fact they lead a double life, maybe even more than one, in which the different discourses, be it gender, Romanticism, pop, nature or art, become entwined and in turn generate new questions. And in these processes, drawing is always the navigation system which finds the right detours, no matter how inconvenient they are. **Jan-Philipp Fruehsorge**

[1] *Zeitmaschine. Interview mit Nina Kirsch. In: Rosa Rot. Catalogue, Museum der Moderne, Salzburg;
Lentos Kunstmuseum, Linz, 2008, p. 94.*

[2] *Ihr macht FUTURING. EVA & ADELE im Gespräch mit Meinrad Maria Grewenig.
In: FUTURING. Catalogue, Weltkulturerbe Völklinger Hütte.
Europäisches Zentrum für Kunst und Industriekultur, Völklingen, 2012, p. 21.*

[3] *Rosa Rot. 2008, p. 95.*

[4] *Andreas Schalhorn: Einheit in der Vielfalt – Selbstbildnis und Aquarellmalerei bei EVA & ADELE.
In: Day by Day Painting. Catalogue, Nordiska Akvarellmuseet, Skärhamn, 2003, p. 30.*

[5] *FUTURING. 2012, p. 22.*

[6] *http://www.bartleby.com/177/31.html, retrieved on 21 January 2013.*

[7] *Peter Klaus Schuster: In Search of Paradise Lost. Runge, Marc, Beuys.
In: The Romantic Spirit in German Art 1790–1990.
Catalogue, Scottish National Gallery of Modern Art, Edinburgh; Hayward Gallery, London, 1994, p. 62.*

[8] *Rüdiger Safranski: Romantik. Eine deutsche Affäre. Munich, 2007, p. 13.*

[9] *Paolo Bianchi: Kunst als Erfindung des Lebens. In: CUM. Catalogue, Sprengel Museum, Hanover, 1997, p. 24.*

[10] *Rosa Rot. 2008, p. 94.*

[11] *e.g. Rosalba Carriera, 18th century, illustration. In: Eva und die Zukunft.
Das Bild der Frau seit der Französischen Revolution. Catalogue, Hamburger Kunsthalle, 1986, p. 257.*

[12] *See Overbeck's 'Italia and Germania' painted in 1811/12, ibid., p. 362.*

[13] *See Note 4.*

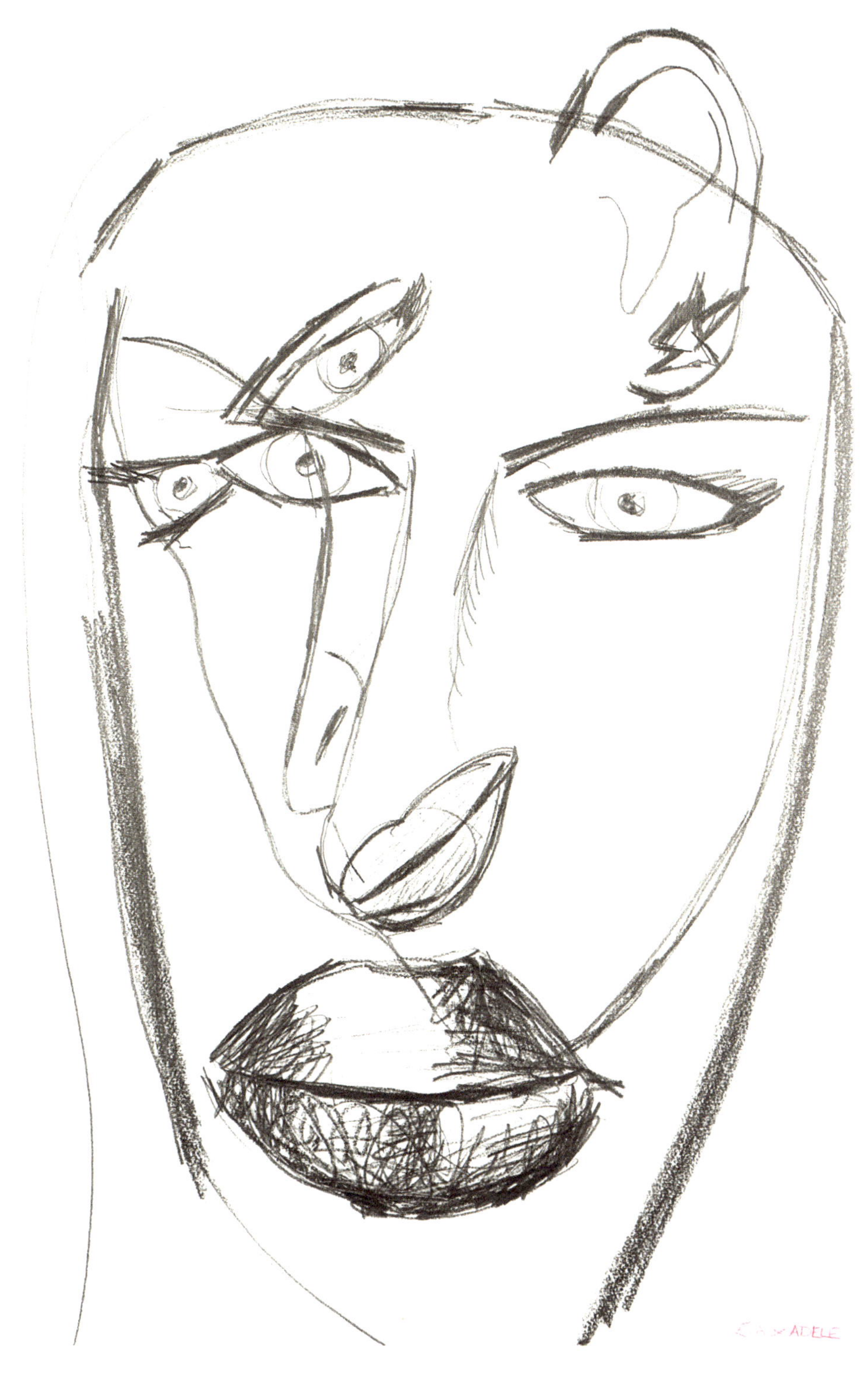

TSG I-1, *2009*

Graphit auf Arches Bütten / Graphite on Arches laid paper

56,7 x 38,1 cm

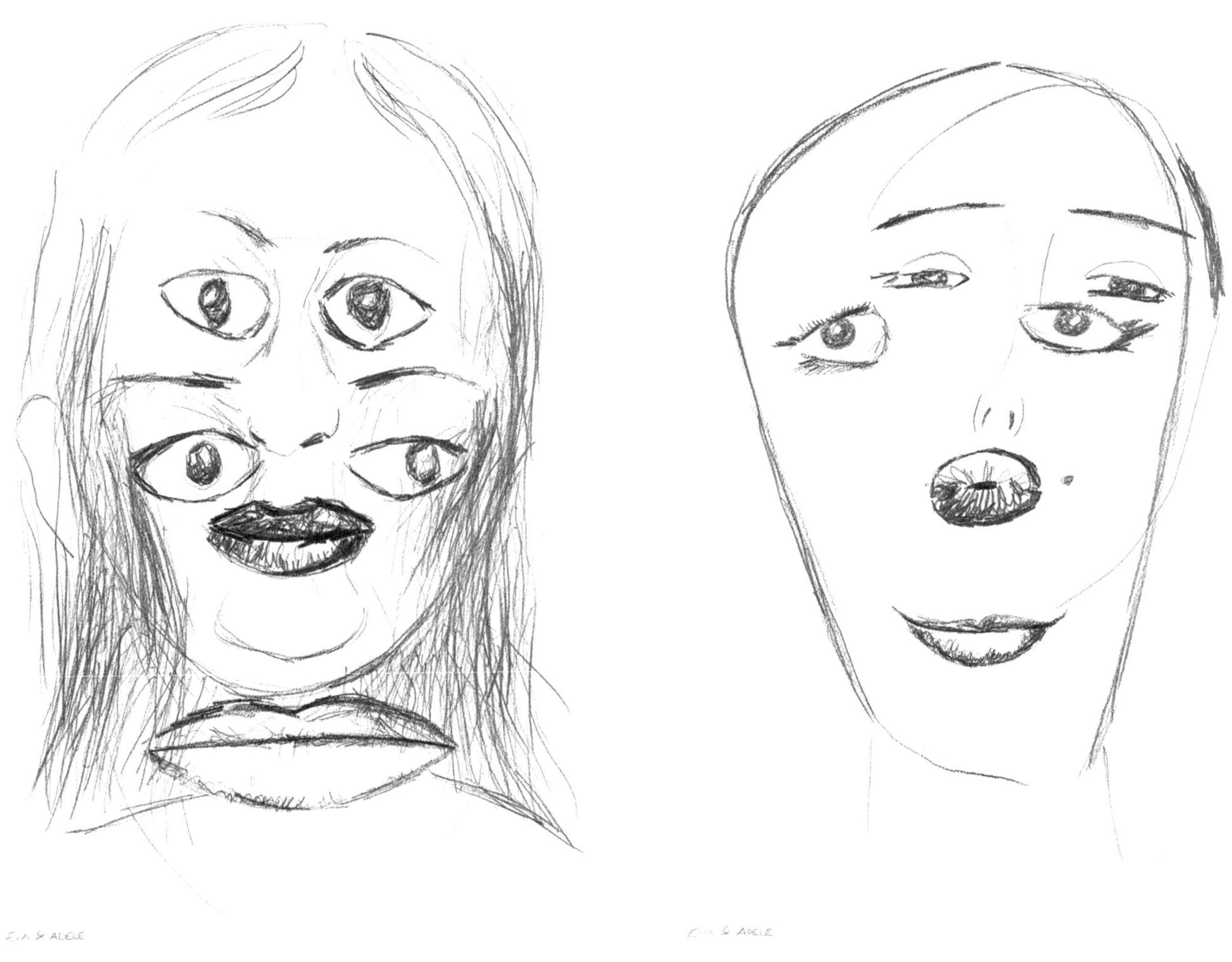

TSG I-3, 2009 *(links)*
TSG I-5, 2009 *(rechts)*
Graphit auf Arches Bütten / Graphite on Arches laid paper
56,7 x 38,1 cm

222

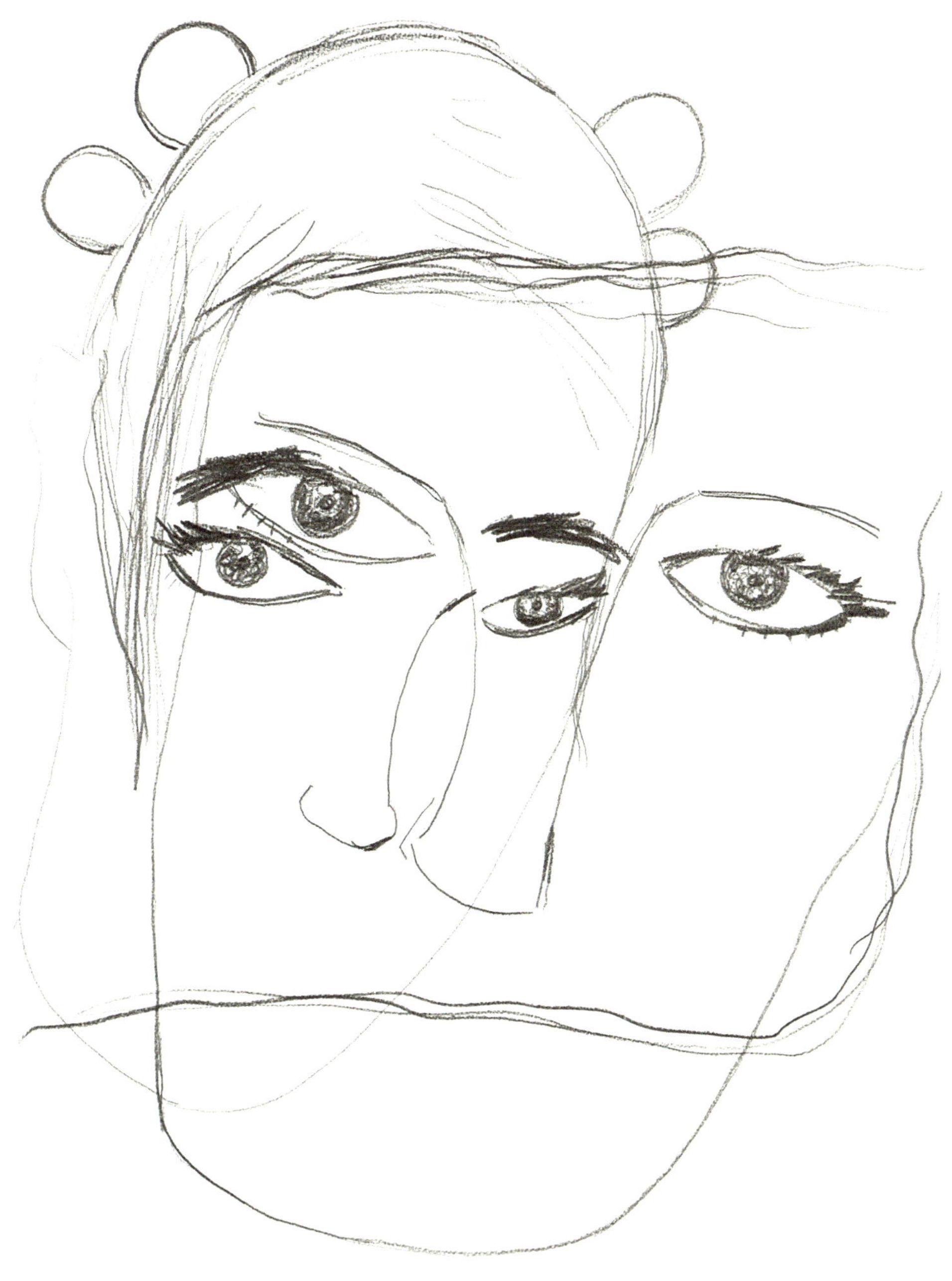

TSG I-20, 2009
Graphit auf Arches Bütten / Graphite on Arches laid paper
56,7 x 38,1 cm

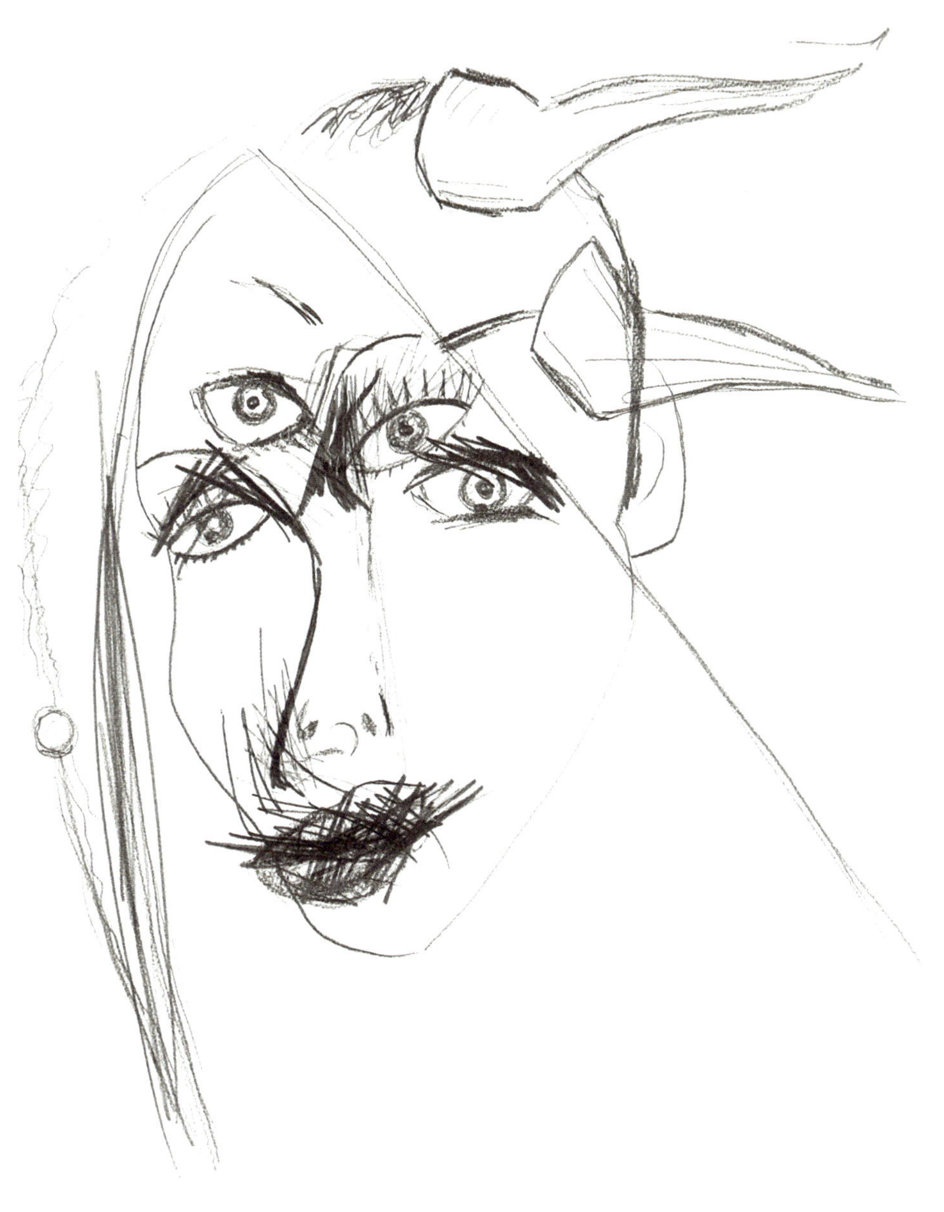

TSG I-14, *2009*
Graphit auf Arches Bütten / Graphite on Arches laid paper
56,7 x 38,1 cm

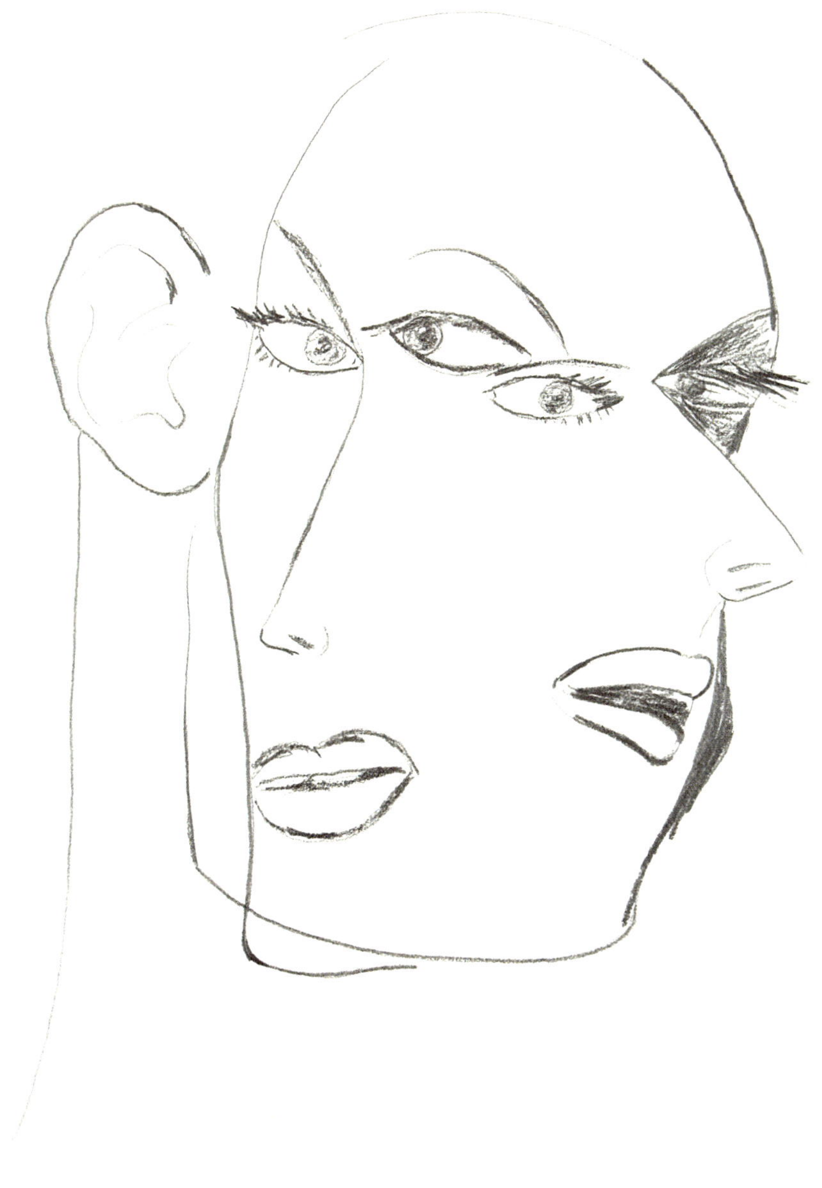

TSG I-9, *2009*
Graphit auf Arches Bütten / Graphite on Arches laid paper
56,7 x 38,1 cm

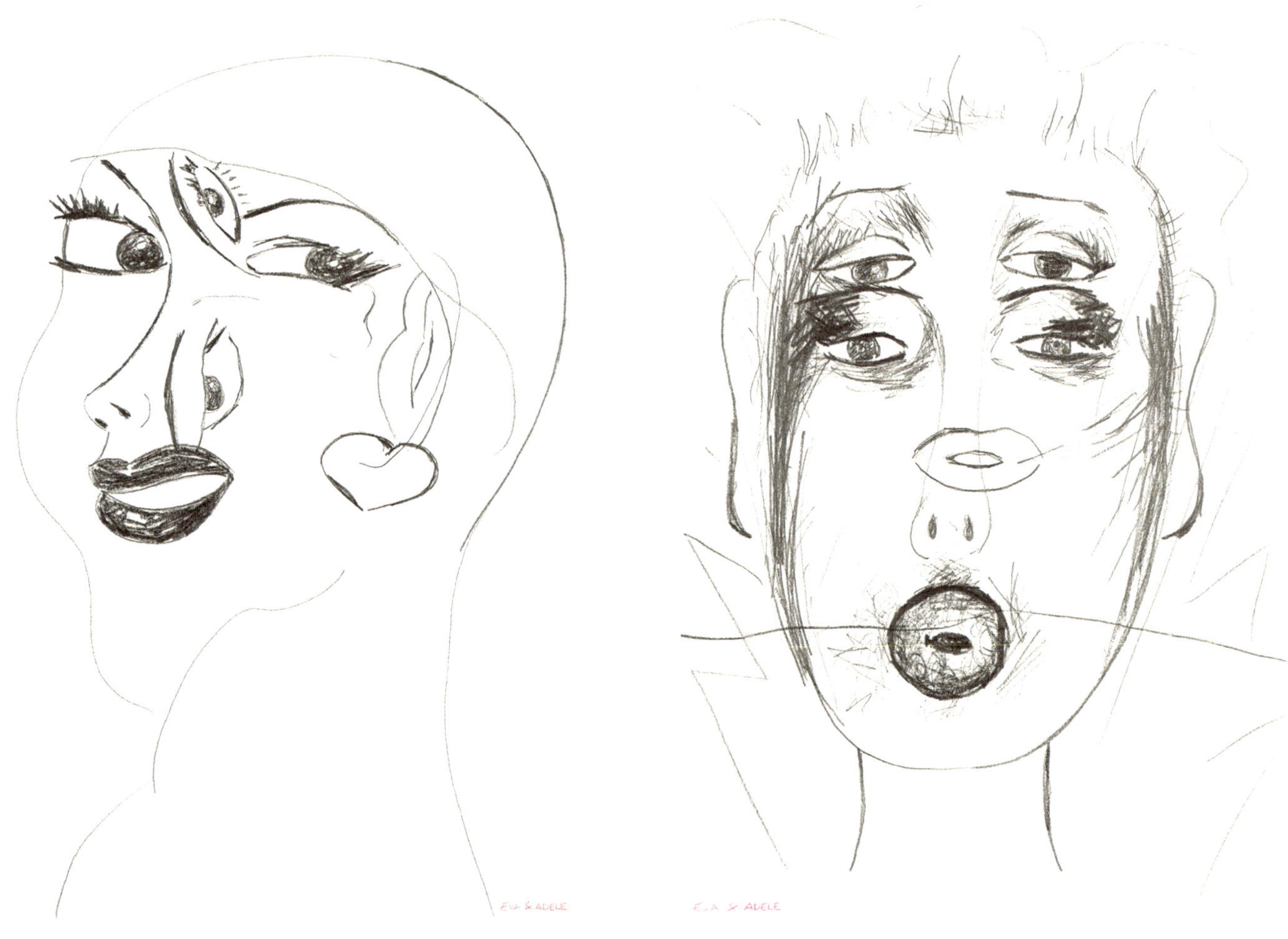

TSG I-19, *2009 (links)*
TSG I-15, *2009 (rechts)*
Graphit auf Arches Bütten / Graphite on Arches laid paper
56,7 x 38,1 cm

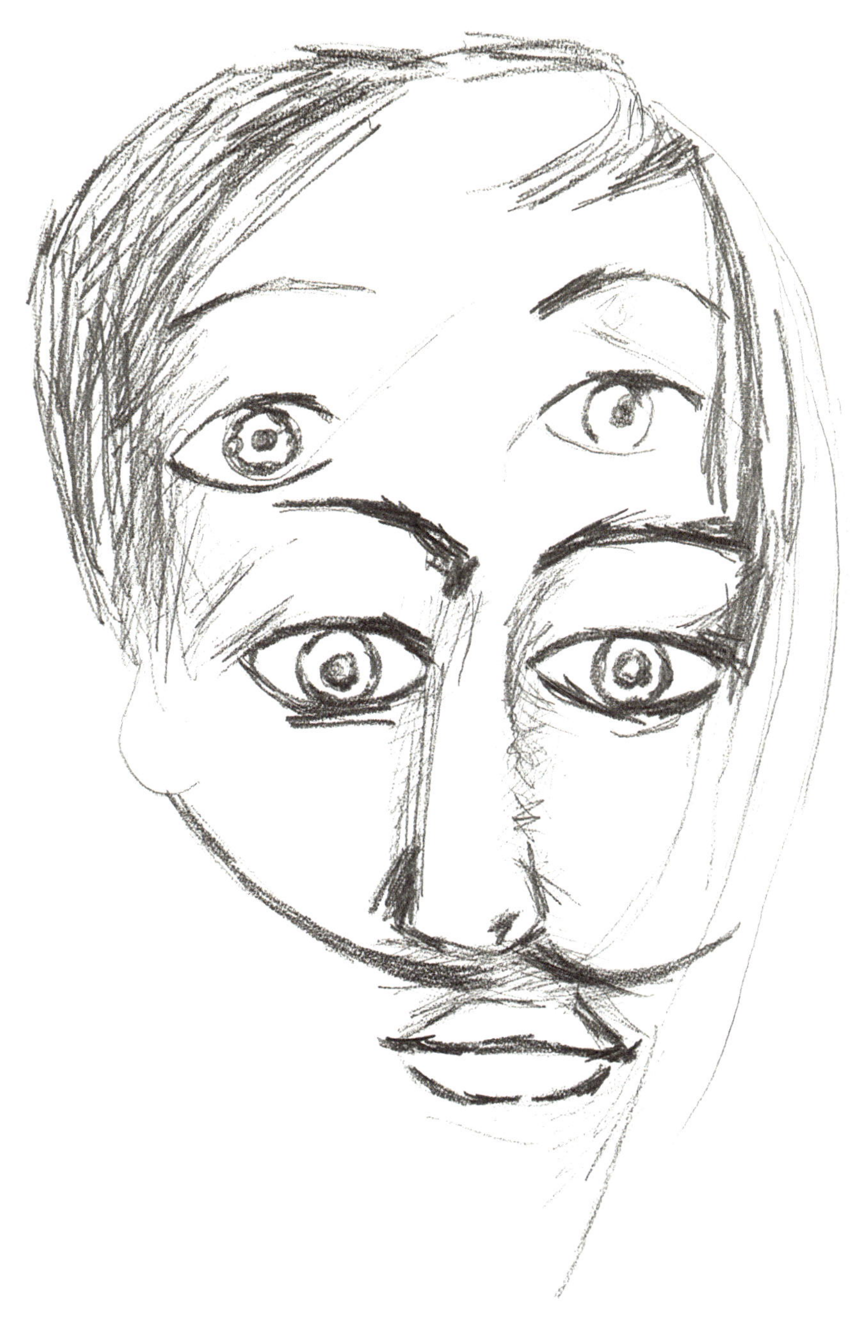

TSG I-4, *2009*
Graphit auf Arches Bütten / Graphite on Arches laid paper
56,7 x 38,1 cm

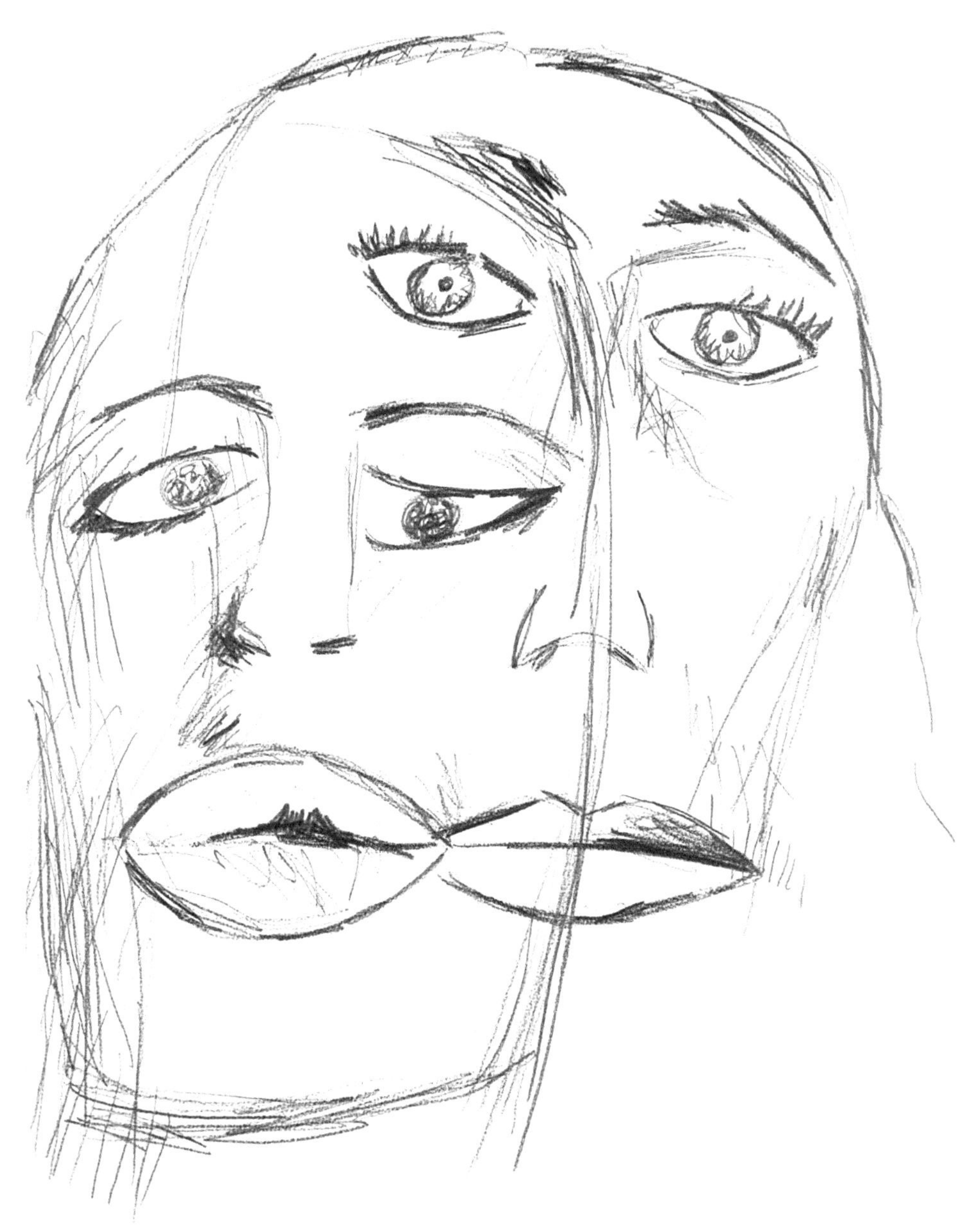

TSG I-6, *2009*
Graphit auf Arches Bütten / Graphite on Arches laid paper
56,7 x 38,1 cm

EVA & ADELE, *Performance-Kostümpaar, 1994*
Vinyl Grün, Satinfutter / Vinyl green, satin lining

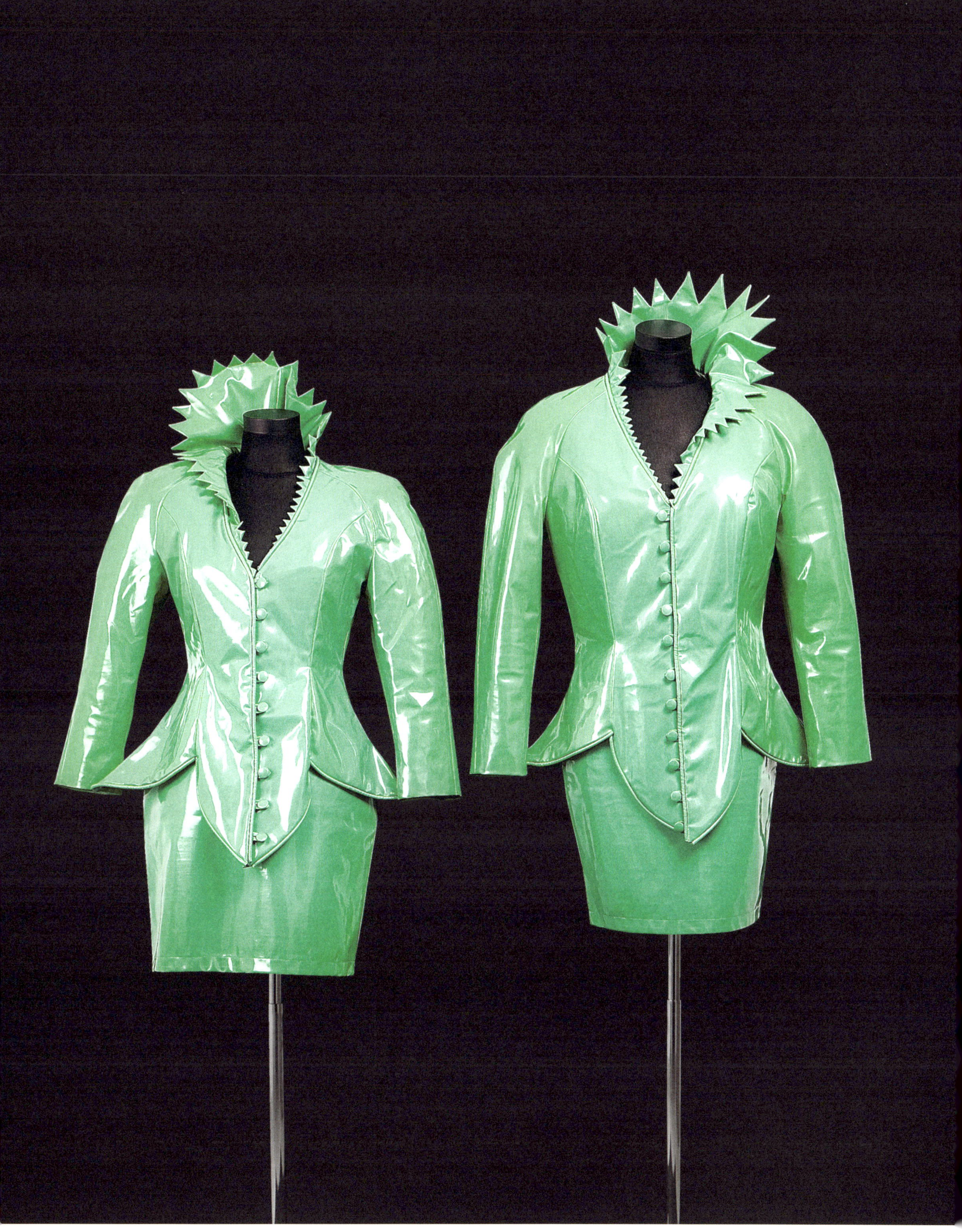

EVA & ADELE

BIOGRAFIE / *BIOGRAPHY*

EVA & ADELE – KOMMEN AUS DER ZUKUNFT / *COMING OUT OF THE FUTURE*

	EVA	**ADELE**
KÖRPERGRÖSSE / *Height*	*176*	*161*
OBERWEITE / *Bust*	*101*	*86*
TAILLE / *Waist*	*81*	*68*
HÜFTE / *Hip*	*96*	*96*

WO IMMER WIR SIND IST MUSEUM / *WHEREVER WE ARE IS MUSEUM*

EVA & ADELE LEBEN UND ARBEITEN IN BERLIN / *LIVE AND WORK IN BERLIN*

BEST OF KUNSTRAUM
INNSBRUCK 2004 – 2009,
The Forgotten Bar, Berlin

ZEIGEN, eine Audiotour durch
Berlin von Karin Sander, Temporäre
Kunsthalle, Berlin

ANONYME ZEICHNER N° 10,
Kunstraum Kreuzberg / Bethanien,
Berlin

2008
ARTE E OMOSESSUALITÀ,
Palazzina Reale, Firenze

UNSTERBLICH, Der Kult des
Künstlers, Staatliche Museen zu Berlin,
Kulturforum, Berlin

30 x 2 SESSEL / STÜHLE,
Artelier Collection, Graz

2007
J'EMBRASSE PAS, Collection
Lambert en Avignon, Avignon

ARTE E OMOSESSUALITÀ,
Palazzo della Ragione, Milano

THEATRE OF OBSESSION,
Galerie Ron Mandos, Amsterdam

DUOS, Galerie Patrick Ebensperger,
Graz

2006
MIROSLAV TICHÝ. ARTISTS FOR
MIROSLAV TICHÝ – TICHÝ FOR
ARTISTS, Moravská galerie
(Südmährische Nationalgalerie), Brno

2005
FRACTURES OF LIFE. Political
Contemporary Art in Kiasma´s
Collections, Kiasma – Nykytaiteen
museo, Helsinki

PIERRE MOLINIER – JEUX DE
MIROIRS, Musée des Beaux-Arts,
Bordeaux

SUPERSTARS. Das Prinzip Prominenz
– Von Warhol bis Madonna,
Kunsthalle Wien

2004
CARNEVAL, Centro Cultural Banco
do Brasil, Rio de Janeiro

I NEED YOU, Centre PasquArt, Biel

RE:LOCATION SHAKE,
Jan Koniarek Gallery, Trnava

2003
FACE & CIE (FACÉTIES), Musée des
Beaux-Arts de Tourcoing, Tourcoing

LA FÊTE, Espace Bellevue, Biarritz
(France), Museo Valenciano de la
Ilustración y la Modernidad, Valencia

SOMETHING ABOUT LOVE,
Casino Luxembourg, Forum d'art
contemporain, Luxembourg

2002
DESSIN XXL, Le Lieu Unique, Nantes

2001
THE PROMISE OF PHOTOGRAPHY,
Schirn Kunsthalle, Frankfurt / Main

JHERONIMUS BOSCH EXHIBITION,
Museum Boijmans van Beuningen,
Rotterdam

2000
THE PROMISE OF PHOTOGRAPHY,
Akademie der Künste, Berlin

MADE FOR YOU, Städtische Galerie
Nordhorn

EXENTRIQUES – UN MANIFESTE
DE L'APPERANCE, Le Printemps,
Paris

OVER THE EDGES, Stedelijk
Museum voor Actuele Kunst, Gent

1999
THE PROMISE OF PHOTOGRAPHY,
Kestner-Gesellschaft, Hannover;
Centre National de la Photographie,
Paris; PS 1 Center of Contemporary
Art, New York

LICHT AUF WEIMAR, Stadtschloss,
Neues Museum & Stadtraum Weimar,
Weimar

WELTUNTERGANG UND PRINZIP
HOFFNUNG, Kunsthaus Zürich

DIE LESBARKEIT DER KUNST –
DAS XX. JAHRHUNDERT.
Ein Jahrhundert Kunst in Deutschland,
Kunstbibliothek, Berlin

ACIMMA DO BEM E DO MAL /
ABOVE THE GOOD AND DEVIL,
Paço das Artes, São Paulo

1994
SUTURE – PHANTASMEN DER
VOLLKOMMENHEIT, Salzburger
Kunstverein, Salzburg

KÖRPERNAH, Galerie Krinzinger,
Wien

**ARBEITEN IN
ÖFFENTLICHEN
SAMMLUNGEN /**
*WORKS IN PUBLIC
COLLECTIONS*

STAATLICHE MUSEEN ZU BERLIN,
KUPFERSTICHKABINETT, Berlin

SPRENGEL MUSEUM, Hannover

STAATSGALERIE, Stuttgart

MUSEUM DER MODERNE, Salzburg

LENTOS KUNSTMUSEUM, Linz

FREDERICK R. WEISMAN ART
FOUNDATION, Los Angeles

NORDISKA AKVARELLMUSEET,
Skärhamn

KIASMA – NYKYTAITEEN MUSEO,
Helsinki

MUSEUM BOIJMANS VAN
BEUNINGEN, Rotterdam

TATE GALLERY, London

WESTFÄLISCHES LANDESMUSEUM,
Münster

MAISON EUROPÉENNE DE LA
PHOTOGRAPHIE, Paris

VIDEO-FORUM, Neuer Berliner
Kunstverein, Berlin

DZ BANK COLLECTION,
Frankfurt/Main

ÖSTERREICHISCHER
SKULPTURENPARK, Graz

ABSOLUT COLLECTION, Stockholm

MONTBLANC CUTTING EDGE
COLLECTION, Hamburg

MOCAK, Museum for Contemporary
Art, Kraków

WELTKULTURERBE VÖLKLINGER
HÜTTE, Europäisches Zentrum für
Kunst und Industriekultur, Völklingen

MUSEE D´ART MODERNE DE LA
VILLE DE PARIS, Paris

KUNSTHALLE HGN, Duderstadt

BIBLIOGRAFIE:
MONOGRAFIEN/
BIBLIOGRAPHY:
MONOGRAPHS

2013
EVA & ADELE, OBSIDIAN.
Katalog: Marta Herford
(mit Texten von Roland Nachtigäller,
Dr. Reinhard Ermen, Jan-Philipp
Fruehsorge).

2012
EVA & ADELE, FUTURING.
Katalog: Weltkulturerbe Völklinger
Hütte, Europäisches Zentrum für
Kunst und Industriekultur, Völklingen
(mit Texten von Meinrad Maria
Grewenig, Frank Krämer, Angeli
Janhsen).

EVA & ADELE, THE ARTIST =
A WORK OF ART.
Katalog. MOCAK, Kraków
(mit Texten von Masza Potoska,
Ulrich Krempel, Angeli Janhsen,
Delfina Piekarska).

2010
EVA & ADELE. Kritisches Lexikon
der Gegenwartskunst: München 2010
(mit einem Text von Hans-Joachim
Müller).

2009
EVA & ADELE, STEREOEFFECT.
Katalog: Tallin Art Hall
(mit Texten von Harry Liivrand
und Eugenio Viola).

2008
EVA & ADELE. ROSA ROT.
Katalog: Lentos Kunstmuseum, Linz;
Museum der Moderne Salzburg
(mit Texten von Margit Zuckriegl,
Sabine Kampmann und Nina Kirsch).

2004
EVA & ADELE. Geschlossene
Gesellschaft.
Katalog: Galerie Michael Schultz, Berlin
(mit einem Text von Mark Gisbourne).

2003
EVA & ADELE. DAY BY DAY –
PAINTING. Katalog: nordiska
akvarellmuseet, Skärhamn
(mit Texten von Bera Nordal, Sabine
Kampmann und Andreas Schalhorn).

2000
EVA & ADELE. CLOSE-UP & BLOW-UP.
Katalog: Galerie Jérôme de Noirmont,
Paris (mit einem Text von Robert Fleck).

EVA & ADELE. LOGO -
MEDIAPLASTIC- WINGS-LINGERIE.
Katalog: Saarlandmuseum, Saarbrücken;
Overbeck-Gesellschaft, Lübeck; Neuer
Sächsischer Kunstverein, Dresden
(mit Texten von Gesine Last, Dietmar
Kamper und Thea Herold).

1999
EVA & ADELE. WHEREVER WE ARE
IS MUSEUM. Katalog: Neuer Berliner
Kunstverein, Berlin (mit Texten von
Renate Puvogel, Robert Fleck, Thomas
Wulffen und Paolo Bianchi).

EVA & ADELE. NOTA -
LICHT AUF WEIMAR.
Katalog: Stadtschloss, Neues
Museum & Stadtraum, Weimar
(mit Texten von Dietmar Kamper
und Bernd Rosner).

1997
EVA & ADELE. CUM.
Katalog: Sprengel Museum, Hannover
(mit Texten von Paolo Bianchi und
Ulrich Krempel).

WIR DANKEN DEN UNTERSTÜTZERN /
WE WOULD LIKE TO THANK THE SUPPORTERS

der Ausstellung / *of the exhibition*:   des Katalogs / *of the catalogue*:

PB
0 1 1 0
(   )

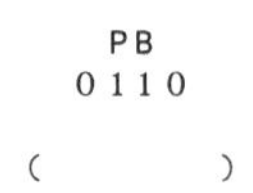
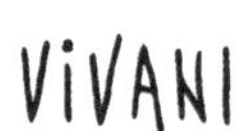
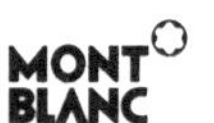
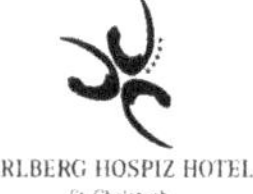

Marta Sponsoren / *Marta sponsors*:

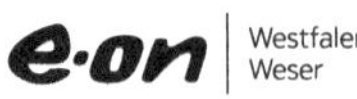
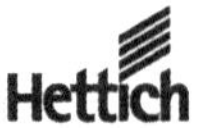
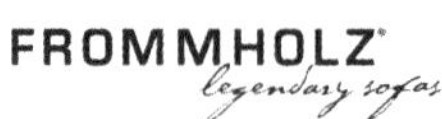
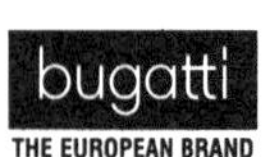
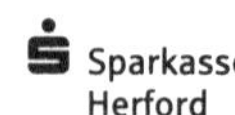
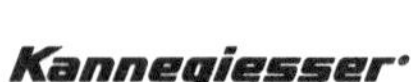

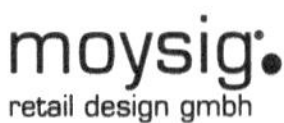
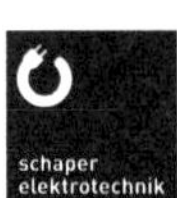
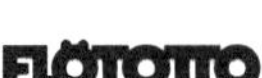
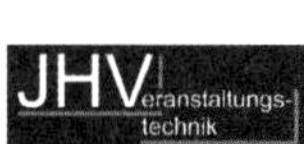
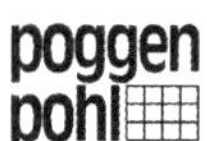
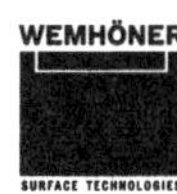

Marta Förderer / *Marta supporters*:   Kulturpartner / *Cultural partners*:   Medienpartner / *Media partners*:

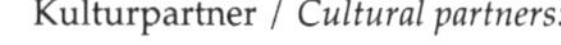
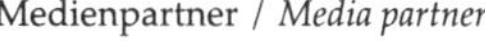

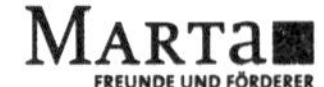
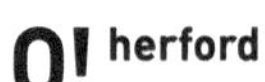
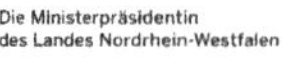

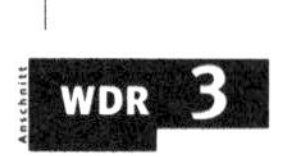
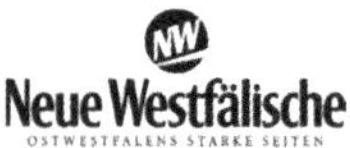

IMPRESSUM / *COLOPHON*

Diese Publikation erscheint anlässlich der Ausstellung / *This book is published on the occasion of the exhibition*

EVA & ADELE – Obsidian
10. März – 26. Mai 2013 /
March 10 – May 26, 2013

AUSSTELLUNG / *EXHIBITION:*

EVA & ADELE mit / *with*
Roland Nachtigäller

Marta Herford gGmbH
Goebenstraße 2–10
32052 Herford, Deutschland
Tel. +49 (0)5221 994430 - 0
Fax +49 (0)5221 994430 - 23
info@marta-herford.de
www.marta-herford.de

Künstlerischer Direktor / *Artistic director:*
Roland Nachtigäller

Geschäftsführung / *CEO:* Helga Franzen

Kuratorisches Team / *Curatorial team*:
Franziska Brückmann, Friederike Fast,
Michael Kröger

Registrarin / *Registrar:* Ute Willaert

Presse- und Öffentlichkeitsarbeit / *Press and public relations:* Gwendolin Ross

Bibliothek / *Library:* Michael Trapp

Veranstaltungsmanagement / *Event management:* Nicola Sudhues, Siegrid Brunsch,
Melanie Heilmann, Angela Wöhler

Bildung und Vermittlung / *Education:* Angela Kahre, Angelika Höger, Frauke Wesemann

Wissenschaftliches Volontariat / *Scientific trainees:* Anja Kessel, Ann Kristin Kreisel,
Johanna Puchta

Führungen und Workshops / *Guided tours and workshops:* Mechthild Achelwilm,
Maren Ackenhausen, Pia Kalenborn, Sabine
Marzinkewitsch, Bart Merkelbach, Inga
Michaelis, Lars Rosenbohm, Ingvild
Scheele-Kolesch, Johanna Schuler, Sarah
Straßmann, Jan Welz

Verwaltung / *Administration:*
Claudia Konschak

Empfang und Bookshop / *Reception and bookshop:* Katharina Stratmann, Marianne
Marten, Karin Wille

Leitung Ausstellungstechnik / *Technical supervision of the exhibition:* Michael Train

Museumstechnik, Hausfotograf / *Technician, internal photographer:* Hans Schröder

Haustechnik / *House technician:* Dirk Friedrich

Aufbauteam / *Exhibition team:* Bernd Klausing,
Angelika Möser-Pecht, Martin Mühlhoff, Uwe
Schaeperkoetter, Robert Schlotter, Christian
Vossiek

Aufsichtsteam / *Attendants:* Esther Althage,
Petra Burbulla, Stefanie Kirchhoff, Bernd
Klausing, Lisa Kreyenmeier, Michael Libert,
Violetta Marx, Carolin Rasche, Felix Roeder,
Susanne Schiwek, Christian Stahn

Freie Mitarbeit / *Freelancer:*
Michelle van der Veen

Praktikantin / *Intern:* Kim Lempelius

KATALOG / *CATALOGUE*

Herausgeber / *Editor*
Marta Herford gGmbH

Redaktion / *Editing:* Ann Kristin Kreisel,
Roland Nachtigäller

Übersetzung / *Translation:* Chris Abbey

Konzept und Gestaltung / *Concept and layout:*
Caroline Curtius, pux-design

Lithografie / *Lithography:* Lorena Volkmer

Produktion / *Production management:*
DISTANZ Verlag, Nicole Rankers

Gesamtherstellung / *Production:*
optimal media GmbH, Röbel / Müritz

Die Deutsche Nationalbibliothek
verzeichnet diese Publikation in der
Deutschen Nationalbiografie; detaillierte
bibliografische Daten sind im Internet
über http://dnb.ddb.de abrufbar.
*The National Library lists this publication
in the German National Library, detailed
biographic data are available on the Internet
at http://dnb.ddb.de.*

© 2013 EVA & ADELE, VG Bild-Kunst, Bonn;
Fotografen und Autoren / *Photographers and authors;* Marta Herford gGmbH und / *and*
DISTANZ Verlag GmbH, Berlin

Vertrieb / *Distribution:* Gestalten, Berlin
www.gestalten.com, sales@gestalten.com

ISBN 978-3-95476-014-5
Printed in Germany

Erschienen im / *Published by*
DISTANZ Verlag, www.distanz.de

DANKSAGUNG /
ACKNOWLEDEGMENTS

EVA & ADELE bedanken sich herzlich
bei / *EVA & ADELE would like to thank*
Roland Nachtigäller, Ann Kristin Kreisel,
Hans Schröder, Michael Train, Ute Willaert,
Franziska Brückmann, Gwendolin Ross,
Caroline Curtius, Uta Grosenick, Christian
Boros, Nicole Rankers, Reinhard Ermen,
Jan-Philipp Frühsorge, Ingrid Roosen-
Trinks, Philipp Bree, Florian Werner,
Monika Noack, Erich Spitzbart und dem
gesamten / *and the* Marta-Team.

BILDNACHWEIS / *PHOTO CREDITS:*

Für die Abbildung der Arbeit von / *For the reproduction of the work by* Odilon Redon,
S. / *p.* 216: © Andrea Woodner, New York

Für die Abbildungen auf den Seiten / *For the reproductions on pages* 1, 8, 9, 114, 122, 240:
© 2013 EVA & ADELE, VG Bild-Kunst, Bonn;
144: Eva Maria Ocherbauer (oben rechts / *top right*); 119: Maria Anna Potocka

Für alle anderen Abbildungen / *All other reproductions of works by* EVA & ADELE:
Hans Schröder / Marta Herford

Erste Seite / *First page:* EVA & ADELE,
Daily Selfportrait-Diary, Berlin 14.11.2012

Letzte Seite / *Last page:* CUM P.56,
New York City, 1998

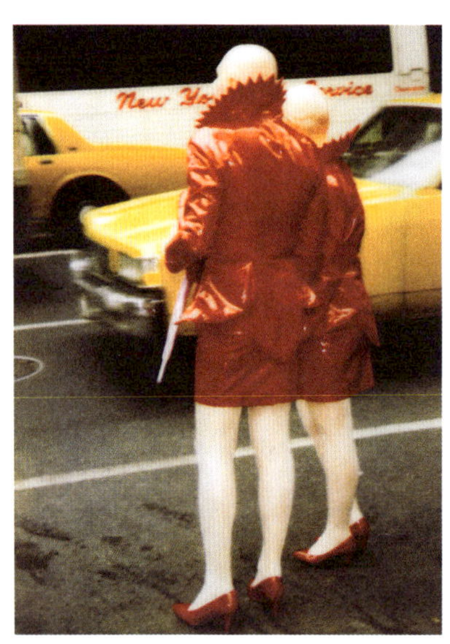